W0181360

PEPPER LEWIS

Lösungen für einen kleinen Planeten

Die Weisheit von Mutter Erde

Einleitung von Lee Carroll

Aus dem Amerikanischen von
Silvia Autenrieth

Titel des amerikanischen Originals:
SOLUTIONS FOR A SMALL PLANET (PART 1)

Copyright © 2010 by Pepper Lewis

Besuchen Sie uns im Internet:
www.AmraVerlag.de

Deutsche Ausgabe:
Copyright © 2010 by AMRA Verlag
Auf der Reitbahn 8, D-63452 Hanau
Telefon: + 49 (0) 61 81 – 18 93 92
Kontakt: Info@AmraVerlag.de

Published by Arrangement with InterLicense, Ltd.,
Manfred Mroczkowski, California, USA.

Beim vorliegenden Buch handelt es sich um eine weltweite
Erstveröffentlichung. Die Übersetzung erfolgte auf der
Grundlage des amerikanischen Originalmanuskripts.

Herausgeber & Lektor	Michael Nagula
Umschlag & Covergestaltung	Devam Will
Verwendete Fotomontage	Elena Ray
Layout & Satz	nimatypografik
Druck	CPI Moravia Books

ISBN 978-3-939373-49-0

Inhalt

Teil zwei - Globale Veränderungen

Teil drei - Die Beschleunigung der Evolution

Einleitung von Lee Carroll

Ich werde nie vergessen, wie es war, als ich Pepper Lewis zum ersten Mal channeln sah. Die hinreißende junge Frau war verschwunden, und an ihrer Stelle befand sich ein Energiebündel – mit einer Power, die buchstäblich den ganzen Raum ausfüllte! Sie verließ die Bühne und wandte sich von Angesicht zu Angesicht an Einzelne im Publikum! (Schluck ...) Sie beantwortete Fragen, die wissenschaftlicher, esoterischer und persönlicher Natur waren. Oft waren die Antworten so tiefschürfend, dass das Publikum in stürmischen Applaus ausbrach, um seiner Wertschätzung dessen, was es gerade erlebt hatte, Ausdruck zu verleihen. Wenn jemand sie durch eine fingierte Frage vorzuführen versuchte, wendete sich das Blatt sofort, und der Fragesteller sah die Torheit seines Verhaltens ein, weil Gaia es unmittelbar ansprach. Das waren die Momente, in denen ich mit angehaltenem Atem dasaß und breit grinsend murmelte: »Lege dich nicht mit Gaia an!«

Pepper channelt Gaia, wie die Energie der Erde genannt wird, das Spürbewusstsein oder die Seele unseres Planeten. Wir können uns oft nicht vorstellen, dass diese Wesenheit uns persönliche Botschaften zukommen lässt, die gleichermaßen fundamental wie humorvoll sind, aber das ist das Geschenk, das Pepper uns in den letzten Jahren gemacht hat: die Offenbarung, dass Gaia ein Wesen mit einer eigenen Persönlichkeit ist, die für die Energie allen Lebens steht und für uns abrufbar ist. Witzig daran ist, dass diese enorme Energie sich ein kleines Kraftpaket ausgesucht hat, um sie zu channeln und uns noch mehr Ehrfurcht vor diesem

Prozess einzuflößen, weil wir Zeuge der erstaunlichen Veränderung sein dürfen, die jedes Mal in Pepper stattfindet, bevor sie aufsteht und in Trance auf der Bühne umhergeht.

Im Jahre 2006 nahm ich Pepper auf zwei große Veranstaltungen nach Europa mit. Mir war klar, was ich von ihr zu halten hatte, und überschwänglich machte ich die Europäer mit etwas bekannt, was sie noch nie zuvor gesehen hatten. Ich hatte mir keine weiteren Gedanken gemacht, ob sie bei den Österreichern und Schweizern gut »ankommen« würde, aber das wäre auch unnötig gewesen. Im selben Moment, als sie die Bühne betrat, verliebten die Menschen sich in sie – in beiden Ländern! Alle kulturellen Grenzen wurden niedergerissen. Inzwischen kehrt sie regelmäßig aus eigenem Antrieb zurück und tritt noch in vielen anderen europäischen Ländern auf, in denen sie ebenso geliebt wird. Wie könnte es auch anders sein?

Ich bin zwiegespalten: Ich liebe gutes Channeling, weil ich ein Channelmedium bin. Und Pepper ist eine sehr gute Channelerin. Aber darüber hinaus möchte ich, dass die metaphysisch interessierten Menschen überall auf der Welt verstehen, dass viele von uns zusammenhalten und keine getrennten Wege gehen. Wir treten nicht gegeneinander an, sondern unterstützen einander vielmehr. Wir haben alle eine gemeinsame Botschaft, die da lautet, wie mächtig der Mensch in diesen beschwerlichen Zeiten ist, und wie viel für unseren wunderschönen Planeten erreicht werden kann, wenn wir unsere Intentionen rein halten und unsere Energien konzentrieren. Wie Gaia einmal sagte: »Heute Klarheit und Mut, morgen Führung und Weisheit.«

Erfreuen Sie sich an den Botschaften in diesem Buch. Sie werden Ihr Herz erwärmen und sie gleichzeitig im tiefsten Inneren Ihrer Seele bilden. Sie halten für jeden etwas bereit. Und danach gehen Sie auf Peppers Website www.ThePeacefulPlanet.com und finden heraus, wo sie demnächst auftritt, um sie persönlich erleben zu können. Sie werden es nicht bereuen.

Lee Carroll, Channel für Kryon

Eine Begrüßung von Mutter Erde

Ich bin das, was Ihr die Seele oder das Spürbewusstsein dieses Planeten nennt. Den physischen Planeten nennt ihr Erde, aber man kennt ihn auch unter anderen Namen. Heute nennt Ihr mich Mutter Erde, die Stimme der Natur, Gaia und Terra. Mein Spürbewusstsein belebt alles, was den Planeten umgibt, was auf ihm ist und in ihm, und leitet es an. Mein Spürbewusstsein beseelt die Luft, die Ihr atmet, die Energie, die Ihr verbrennt, und das Wasser, das Ihr trinkt. Alle Elemente unterstehen meiner Obhut und Anleitung, ebenso wie die Jahreszeiten und das, was ihr Wetter nennt. Ich bin eine hingebungsvolle Begleiterin und vertrauenswürdige Freundin aller Lebensformen, einschließlich der Naturreiche von Tieren, Pflanzen und Mineralien, die sich den Planeten mit Euch teilen.

Im Laufe der Zeit wurde viel über die Erde gesagt und geschrieben, doch nur wenig war zutreffend. Wenn Ihr Eure Ursprünge weiterhin neu entdeckt, entdeckt Ihr auch meine neu. Ich bin seit Anbeginn das Spürbewusstsein dieses Planeten gewesen und war es sogar schon früher. Ich war bereits hier, als er noch nichts als ein Gedanke im unendlichen Schöpfergeist war.

Als die Feuer endlich gelöscht waren und der geschmolzene Fels abzukühlen begann, entwickelte sich ein dynamisches Wechselspiel der Elemente. Viele Lebensformen sind in den ewigen Zeiten gekommen und wieder gegangen, und die Existenz der Menschheit auf der Erde ist nur ein Tropfen im kosmischen Ozean. Und doch hat die Menschheit das größte Potenzial von allem, weil sie das Ergebnis von Schöpfung und Evolution gleichermaßen ist.

Eure kosmischen Ursprünge geben Euch Möglichkeiten an die Hand, die Eure Vorstellungen bei Weitem übersteigen. Meine Fähigkeit, mit den Menschen zu kommunizieren, hat mit der Zeit zugenommen und ist wieder abgeflaut, obwohl ich diese Richtung stets kreativ verfolgt habe. Unsere Kommunikation wurde von vielen Faktoren beeinflusst, darunter dem Bewusstsein des Einzelnen und der Masse, religiösen und spirituellen Vorlieben, der Evolution des Planeten und Umbrüchen, genetischen Mutationen sowie Manipulationen, aber auch Veränderungen und Abweichungen darin, wie die jeweilige Zeit zum Ausdruck kommt. Heute leiten zwei Prioritäten mein Spürbewusstsein an. Die erste besteht darin, die Wahrnehmung der Getrenntheit aufzuheben, die den Planeten augenscheinlich bedroht. Annahmen, Unterstellungen und Fehlinterpretationen haben dafür gesorgt, dass Angst und Misstrauen zunehmen. Bald wird die Getrenntheit ihre Bedrohlichkeit verlieren, und die Falschheiten werden sich auflösen. Der unablässige Austausch zwischen allen Lebensformen wird neu einsetzen, und eine wahre Sprache, die mit einer Stimme spricht und alle Herzen erreicht, wird wieder Standard sein. Die zweite Priorität besteht darin, das Massenbewusstsein, das viele Herzen und Gemüter hat versteinern lassen, zu wecken und zu erweitern.

Auch wenn viele an eine intelligente und empfindungsfähige Erde glauben, sind doch nicht alle darauf eingestellt. Das Verfahren, das Channeling genannt wird, bietet in dieser Hinsicht einen einzigartigen Vorteil, weil es die Übertragung von Schwingungen und Eindrücken ermöglicht, die als Sprache kommuniziert werden. Die Vorteile dieses Werkzeugs überwiegen die offensichtlichen Nachteile wie unbewusste Behinderung und unbewusste Entstellung bei Weitem. In der Öffentlichkeit werden meine Worte durch einen reinen und aufnahmefähigen Kanal wiedergegeben, dessen Pflichtgefühl und Ergebenheit mit Hilfe von Zeit, Opferbereitschaft und Dienstbarkeit aufs rechte Maß gebracht worden sind. Der tiefe und anhaltende Wunsch, mit Euch allen zu kommunizieren, drängt mich dazu, mich auf diese alte Kunst und die Dienste eines vertrauenswürdigen Mediums zu verlassen, das schon viele Male mein Wegbegleiter war. Die Worte, die ich spreche, sind nicht neu, aber Ihr werdet sie wie zum ersten Mal hören. Sie werden in der ersten Person dargeboten statt in der zweiten oder dritten, durch die sie den Eindruck erwecken würden, entfernter zu sein. Ihr werdet meine Worte innerlich wie äußerlich gleichermaßen empfangen, denn sie sind nicht von Euch getrennt. Ich bin eine Ergänzung und Erweiterung dessen, was Ihr seid. Diejenigen, die meine Worte hören, hören sie trotz der anderen Stimmen und Aufforderungen, die in der geschäftigen modernen Welt um Aufmerksamkeit buhlen. Sie sind in Eurem Leben dann am präsentesten, wenn Ihr in Eurem Leben am präsentesten seid.

Es liegt nicht in meinem Interesse, die Menschheit für die Probleme, die es gegenwärtig auf der Welt gibt, zu maßregeln, und meine Botschaften werden Euch oder den Planeten nicht retten. Es gibt keine ungünstige Situation, die man durch die Kraft der Intention und den rechten Gebrauch des Willens nicht wieder hinbekäme. Was Ihr heute willkommen heißt oder zurückweist, wird bedeutende Auswirkungen auf das Ergebnis der nächsten paar Jahre haben, und meine Botschaften sind nur einige von zahlreichen Quellen, aus denen Ihr Euch bedienen könnt.

Wo ein Wille ist, da eröffnet sich auch ein Weg, der klar, präzise und begehbar ist. Wenn Leidenschaft und Authentizität weiterhin zunehmen, wird die Menschheit den Mut und die Bereitschaft finden, die Umwelt und die Welt zu heilen. An die Stelle von Mangel, Armut und Furcht werden Fülle, Gesundheit und Freude treten.

Es ist meine Hoffnung, dass Ihr meine Botschaften sinnvoll findet und dass Eure Wertschätzung für das, wer und was Ihr seid, weiterhin zunimmt. Eure Suche nach Wahrheit und Wissen hat nicht hier begonnen, und sie wird auch nicht hier enden. Dies ist nur einer von vielen Wegen, die Euer Herz nimmt und auch das meine – auf unserer Reise.

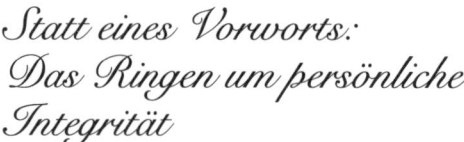

Statt eines Vorworts: Das Ringen um persönliche Integrität

FRAGE AUS DEM PUBLIKUM: Ich betrachte mich nicht als eine Vorzeigeschülerin von Dir. Ich verstecke mich zwischen denen, die geistig offen sind und ein offenes Herz haben, weil ich mich dabei besser fühle im Hinblick auf mich selbst. Ich tröste mich mit der Tatsache, dass ich meines Erachtens nicht zu den schlimmsten Missetätern gehöre. Und doch sage ich nicht immer die Wahrheit. Ich habe schon unnötige Kleinigkeiten gestohlen, ich bin in meiner Ehe untreu gewesen und habe bei mehr Gelegenheiten, als ich zählen kann, mit dürftiger oder gar keiner Integrität gehandelt. Bitte sage mir, Gaia: Wie anders wird meine Zukunft sein als die von denen, die viel gewissenhafter sind als ich? Kann ich einiges von meinem Karma in diesem Leben ungeschehen machen, oder muss ich dazu bis zum nächsten Leben warten? Wie viele Chancen, es richtig zu machen, bekommen wir in einem Leben?

GAIA, DIE ERDE, SPRICHT: Wie sieht eine Musterschülerin denn aus, frage ich Dich? Auf Deine Anregung hin habe ich mich einmal umgeschaut unter denen, die geistig offen sind und ein offenes Herz haben. Schon eigenartig: Sie sehen Dir recht ähnlich. Scheinbar hast Du das mit dem Verstecken richtig gut hinbekommen! Deine Fragen sind gute Fragen, aber sie kämen besser an, wenn sie nicht zwischen Selbstverurteilung und Selbstverunglimpfung angesiedelt wären. Solltest Du in dem Bestreben gekommen sein, eine Beichte abzulegen, so werde ich dem nicht nachkommen, denn Du würdest mir nur wieder die Worte im Mund umdrehen, um sie gegen Dich selbst zu verwenden. Besser sich jetzt abwenden als den Weg einschlagen, auf den ich Dich sonst schicken würde, nicht wahr? Hast Du Mut? Bist Du stark genug, Dein Gesicht in den Regen zu strecken und den Sturm zu überstehen? Ein stellares Menschenwesen ist eines, das hinter jener Sorte Wahrheit her ist, die Selbstfindung und Selbstverwirklichung mit sich bringt. Das *Selbst* ist die Natur und der Charakter des Menschen – jener Anteil, der hinter jeglicher eingebildeter Identität oder Persönlichkeit steckt. Also ganz gleich, was Ihr von Euch denken mögt: Euer Selbst wird wissen, dass es sich anders verhält. Während Ihr die Vorstellung habt, aus den letzten Resten der Menschheit zusammengekratzt worden zu sein, haben andere interessanterweise die Vorstellung, sie seien aus Flachsfäden und sternenheller Seide genäht worden. Die Menschheit ist in dieser Hinsicht schon faszinierend!

Du versteckst Dich unter denen, die geistig offen sind und ein offenes Herz haben, weil Du ihnen eher gleichst, als Dich von ihnen zu unterscheiden. Diese Gruppe bringt perfekt zum Ausdruck, was hinter Deiner ramponierten Persönlichkeit existiert. Deshalb versteckst Du Dich so allseits sichtbar. Kein Wunder, dass Du Dich damit besser fühlst im Hinblick auf Dich selbst, da es sich um eine der wenigen humanitären Akte der Güte handelt, die Du Dir selbst gegenüber aufbringst.

Warum sich selbst derart verunglimpfen? Siehst Du nicht, dass der Versuch, Deine Seele mit etwas zu füttern, was sie nicht verdauen kann, sie zwingt, diese gröberen Brocken Leben wieder von sich zu geben, um damit Deine Persönlichkeit zu füttern? Die Seele wünscht sich, dass Ihr versteht: Diese Nahrung, die die Form von bereits in Fäulnis übergegangenen Gedanken annimmt, kann weder vom höheren noch vom niederen Selbst verdaut werden. Das Ergebnis ist, dass Ihr beide am Verhungern seid – einer der Gründe, warum Ihr selbst dann noch wie Diebe hinter Nahrung her seid, wenn Eure eigene Vorratskammer voll ist.

Öffnet die Augen und seid Euch nicht fremd. Verhöhnt nicht die Wahrheiten, die Ihr zu einem hohen Preis erhalten habt. Und übertreibt auch nicht die Schwierigkeiten, die Ihr Euch aufgehalst habt, weil beides Eure größten Lehrmeister und einzigen wahren Freunde gewesen sind. Die übelsten Missetäter auf dem Planeten sind nicht jene, die von Menschen erlassene Gesetze brechen, sondern diejenigen, bei denen es längst an der Zeit ist, dass sie die Unermesslichkeit und Ewigkeit des Universellen Gesetzes verstehen. Gesetze von Menschenhand sind es, die Bewegungen am Himmel und ihren Ausdruck auf der Erde leugnen oder bestätigen. Verkennen und Verwerfen des Universellen Gesetzes sind eine Einladung zu Zensur und Zweifel, und der Schatten, den dies tagsüber auf die Seele wirft, ist lang. Das Universelle Gesetz ist ein Ausdruck der Natur, die über alle Phänomene herrscht, und Ihr dürft davon ausgehen, dass dies ohne Ausnahme gilt. Es gilt für die Wissenschaft ebenso wie für die Ethik und Philosophie. Seine Natur und sein Ausdruck können in der physischen Welt, in der Objekte und Gedanken zeitbezogen sind, nicht endgültig bestätigt werden. Aber seine Gesetze sind dennoch anzuwenden, da die Prinzipien, in denen sich das Universelle Gesetz ausdrückt, auf dem beruhen, was vollkommen und heil ist.

Wir können Eure Zukunft nicht angemessen einschätzen, ehe wir Euch in der Gegenwart nicht richtig dargestellt haben. Vor langer Zeit begannen Ratgeber und Wahrsager eine Reihe von Symbolen oder Bildern zu verwenden, die den Fragesteller zeigten und alles, was seine Welt beinhaltet. Symbolhafte Bezüge verhinderten, dass der Fragesteller sich selbst und andere verdammte. Sie waren nach irdischen wie auch himmlischen Muster angelegt, um den Fragesteller anzuspornen, die niederen ebenso wie die höheren Seiten des Lebens zu sehen, auf dass er sich ein positives Ergebnis vorstellen möge – und kein negatives.

Wie Ihr Euch vielleicht denken könnt, diente ein kleines Bündel Knochen dem einfachen Wahrsager als symbolisches Handwerkszeug. Das Orakel wendete die Runen an, der Astrologe ein Horoskop, und das uralte Tarot-Kartendeck diente dem Mystiker. Auch heute stellen sich der stets wachsame Bube, der König und die Königin noch immer aktiv in den Dienst derjenigen, die sich zurücknehmen und zulassen können, dass alles so wird oder so zu sein beginnt, wie es sein sollte, und die alles gleichzeitig so annehmen, wie es ist, in seinem natürlichen Zustand.

Vielleicht erkennt Ihr, welchen Vorteil es hat, es ihnen nachzutun. Wärt Ihr bereit, ein geeigneteres Symbol dafür zu wählen, wer und was Ihr seid, als das, das Euch jeden Tag im Spiegel begrüßt? Ihr könntet für den Anfang eines wählen, das unschuldiger und gütiger ist und mehr zulässt, als Ihr bisher zugelassen habt.

Vielleicht möchtet Ihr etwas aus einem Naturmaterial wählen, das Euch in Erinnerung ruft, dass auch an Euch alles natürlich ist, etwas, das in jeder Jahreszeit robust und stark ist und nicht verwelkt oder schwächelt, wenn die Elemente am Ende des Tages für sich beanspruchen, was übrig geblieben ist. Ich unterbreite Euch diesen Vorschlag, weil es Anlass zum Zweifel gibt, dass Ihr einfach einen »Neuanfang« oder »nächsten Anfang« wählen werdet, wo diese doch ein weiteres Vorsprechen oder eine Generalprobe für ein Leben sind, das schon in vollem Gange ist.

Wenn Ihr vorankommen möchtet, müsst Ihr das Joch abnehmen, das den Lasttieren aufgelegt wird, die sich nicht anders fortbewegen als ständig im Kreis, aneinandergekettet in einem endlosen Zyklus von Wiederholungen. Eure Vergangenheit ist nicht in Stein gemeißelt, sondern steht in Sand geschrieben. Eure Zukunft existiert derzeit noch nicht, doch die Gedanken, die Ihr Euch zu ihr macht, verleihen dem Material Gestalt, aus dem sie bestehen wird. Wenn Ihr Euer Leben verändern möchtet, so müsst Ihr Eure Gedanken in Bezug auf Euch selbst und das Leben verändern, zurechtrücken und ergänzen.

Entscheidet Euch für ein paar – nicht mehr als vier – schlichte Grundsätze, an die Ihr Euch zu halten bereit seid, komme da, was wolle. Wendet diese ausnahmslos auf alles an, was Ihr denkt und tut. Diese Grundsätze müssen Euch und Eure Seele nähren, sie müssen in Theorie und Praxis ethisch vertretbar sein und frei von Attitüden, Meinungen oder Wertungen.

Lasst die Vergangenheit fürs Erste in Frieden, zumindest so lange, bis Ihr die Gegenwart und die Zukunft besser versteht. Strebt nicht nach Vergebung oder Gnade von anderen, aber nehmt sie dankbar entgegen, wenn sie Euch angeboten wird. Begegnet allen mit Höflichkeit und gutem Willen und erwartet dasselbe für Euch selbst. Die kulturellen Gesetze der Menschen verlangen mitunter eine Entlastung von Schuld, oder sie verlangen, die Schuld an etwas auf sich zu nehmen – Amnestie und Gnade haben einen hohen Preis. Entscheidet für Euch, welchen Preis Ihr gegebenenfalls für die Privilegien und Formen von Gunst, die die Gesellschaft gewährt, zu zahlen bereit seid. Zweifellos habt Ihr Euch eher in niederer Weise aufgeführt, was das menschliche Gebaren anbelangt. Illoyalität und Falschheit sind Euer Makel gewesen, aber das Buch dieses Lebens ist noch nicht geschlossen und das nächste Kapitel ist reif, geschrieben zu werden. Vermeidet es, Verräter an Euch selbst oder anderen zu werden. Seid vertrauenswürdig statt voller Heimtücke, treu und nicht treulos.

Diejenigen, die gewissenhafter waren als Ihr, haben sich in ihrem Leben nach ihrem Gewissen gerichtet. Doch das allein sichert noch keine angenehmere Zukunft im Nachleben oder in der nächsten Dimension. Ihr könnt nicht erraten oder Euch auch nur vorstellen, welche Intelligenz ein jedes Leben steuert oder in welchem Maße jede Seele nach Fortschritt strebt. Am besten sehnt man sich nicht nach dem Leben eines anderen und betrachtet ihn auch nicht als jemanden, der glücklicher dran ist.

Noch einmal: Ihr könnt nicht wissen, mit welcher Genauigkeit Licht und Dunkelheit hier oder anderswo zusammenkommen. Holt diejenigen, die Ihr am meisten bewundert, von dem Sockel herunter, auf den Ihr sie gestellt habt, bevor sie hart werden wie Stein und später nur noch zerbröckeln können. Der Unterschied zwischen einem Widersacher und einem Verbündeten ist gering. Seid nachsichtig bei der Beurteilung Eurer Feinde, und Ihr werdet merken, dass sie sich seltener gegen Euch stellen.

Karma ist kein Gefängnis – es ist eine Idee, die einen ganzen Zyklus von Ursache und Wirkung beschreibt. Karma erlaubt Euch, aktiv Eure früheren, jetzigen und künftigen Erfahrungen zu gestalten, und zwar beruhend auf den Gedanken, Worten und Taten, zu denen Ihr aktiv anregt und die Ihr vollzieht. Bewusste

Gedanken und Handlungen haben eher eine Richtung als solche, die die Unbewusstheit eingibt, aber selbst Unbeabsichtigtes kann die »Herren über das Karma« aufhorchen lassen.

Karma und karmische Einflüsse sind dazu gedacht, aufgelöst zu werden, nicht angesammelt. Karma ist kein spirituelles Bankkonto. Sein Zweck ist der, dieses Leben und das nächste in etwas Besseres zu verwandeln, und zwar durch Verstehen der Wichtigkeit des Jetzt. Negatives Karma ist einfach mangelndes Wissen und fehlende Klarheit. Spirituelle Meisterschaft erfordert irgendwann das Wiederausgleichen, Neuordnen und Transformieren allen Karmas. Es ist möglich, das Karma des gesamten Planeten auf etwas zu reduzieren, was die Größe eines Atoms in einem Saatkorn hat. Das Karma, das Ihr in Bezug auf Euch selbst bislang angezogen habt, kann in diesem Leben in etwas anderes umgewandelt werden, wenn Eure Intention sich darauf richtet, das Ganze abzuschließen. Habt keine Angst vor den Lektionen, die Karma bieten mag. Ihr wäret gut beraten, sein Geschenk anzunehmen, und je früher Ihr das tut, desto besser.

Der Mensch ist in der Lage, sich physiologisch an neue und andere Umgebungen anzupassen. Er ist flexibel in seiner Entwicklung und legt eine große Bandbreite mentaler Fähigkeiten an den Tag, die überaus vielseitig einsetzbar sind, selbst in Zeiten großer Belastungen. Die Menschheit ist in der Lage, eine ganze Anzahl neuer und anderer Umweltanforderungen zu erfüllen, darunter das Überleben in einer breit angelegten Palette von Lebensräumen und unter möglichen extremen Bedingungen. Die Komplexität des in zwei Hirnhälften aufgeteilten Gehirns sowie die Dichte der dritten Dimension führen nahezu sicher zu einem anhaltenden Reifungsprozess. Unbewusstes menschliches Verhalten kann dabei instinktgesteuert und stereotyp sein, doch irgendwann macht das der Seele selbst innewohnende Verlangen nach Wachstum rapide Anpassungen erforderlich.

Die Seele dient dem einzelnen Lehrer ihrerseits als Lehrer und als Eltern, und der Mensch erreicht sein Potenzial nur mit der Ermutigung und Beharrlichkeit der Seele.

Die Menschheit ist zu fast allem imstande, vom Höchsten bis zum Niedersten. Sie verfügt über die einzigartige Fähigkeit, bewusstes Denken zu entwickeln und für eine Zukunft Pläne zu schmieden, mit deren Erschaffung sie noch beschäftigt ist. Das Gleiche lässt sich vom einzelnen Menschen sagen und von der Essenz, aus der er seine Weisheit bezieht. Die Essenz eines Menschen ist rundum einzigartig und mit nichts zu vergleichen – es gibt keine zwei Wesen oder Leben, die jemals gleich wären. Wie viele Chancen Du also bekommst? So viele Du haben willst, so viele Du brauchst, so viele, wie es dauert, so viele, wie Du erbittest, so viele, wie Deine Seele Dir nahelegt, ein paar davon unter dem Namen »Jetzt« und »Augenblick«. Es winkt keine Strafe dafür, die Dimension der Zeit als Lehrer zu nutzen. Vielmehr ist der Lohn für eine Beschleunigung Deiner Wanderschaft durch die düsteren Korridore niederer Frequenzen eine Myriade kreativer Wahlmöglichkeiten und staunenswerter Dimensionen, um das zu erkunden, was Dir sonst nicht zugänglich gewesen wäre. Du wirst merken, dass auch die Wirklichkeiten jenseits dieser sich nach den gleichen Universellen Gesetzen richten. Eure Schwingung ist und bleibt Eure Visitenkarte.

Abschließend kann ich Euch noch Folgendes anbieten: Bemüht Euch, das Leben mit einem Sinn für Euren Daseinszweck zu verbringen und mit den Motiven einer Seele, die über diesen Moment hinausblickt. Wenn die Bedürftigkeit oder das Wollen die Oberhand über die Vernunft zu gewinnen droht, haltet lange genug inne, um Euch anzusehen, ob die Ursache oder die Wirkung stärker präsent ist. Wer oder was spielt in Eurem Leben die Rolle einer Autorität? Ihr könnt Informationen einholen, Ihr könnt Euch Wissen ausleihen – Weisheit jedoch ist etwas, was Ihr nur dann behaltet, wenn Ihr es Euch selbst verdient habt.

Teil eins

Unterwegs:
Unsere persönliche Reise

Gechannelte Wesenheit und Channelmedium im Gespräch

Wir sind eine Gemeinschaft von deutschen Wissenschaftlern, die sich mit paranormalen Aktivitäten befassen. Was uns primär interessiert, ist die enge Verbindung zwischen dem Menschen und der geistigen Welt. Wir würden gerne so viele Brücken wie möglich zwischen diesen scheinbar getrennten Wesenheiten finden, damit die beiden näher zusammengebracht werden können. Dabei haben wir nichts Bestimmtes im Sinn, und unsere Mittel geben uns relativ viel Handlungsspielraum, um uns mit einer ganzen Bandbreite von physischen und metaphysischen Phänomenen zu befassen.

Frau Lewis, wir würden gern mit Ihrer Erlaubnis und mit der von Gaia ein Experiment durchführen, bei dem wir einerseits Sie, das Channelmedium, und andererseits Gaia, ihr Spürbewusstsein, das durch Sie spricht, befragen. Der Zweck des Experiments wäre, Unterschiede und Ähnlichkeiten zwischen Ihrem Gewahrsein im bewussten Zustand und beim Channeln zu erkennen. Unserem Verständnis nach fallen Sie nicht im eigentlichen Sinne in eine Trance, aber wir hoffen, dass selbst ein flüchtiger tranceartiger Zustand höchst aufschlussreiche Resultate mit sich bringt. Die von uns gestellten Fragen sind sowohl allgemeiner als auch konkreter Natur. Wir glauben, dass einige Fragen sich als interessanter für Sie – und als größere Herausforderung für Sie – erweisen werden, und andere für Mutter Erde. Die Reihenfolge, in der die Fragen gestellt werden, wurde bunt gemischt, damit für den Verstand keine erkennbare Reihenfolge entsteht. Wir haben dieses Experiment schon einmal mit einem Channelmedium durchgeführt, das allerdings weniger versiert im Umgang mit den Feinheiten war als Sie. Die Parameter waren andere und die Fragen einfacher. Wenn Sie erlauben, würden wir gerne beginnen.

Unmoralische Handlungen

Unmittelbar nach dem Wirbelsturm Katrina herrschte große Verzweiflung, die wiederum Auslöser von Plünderungen und anderen moralisch zu beanstandenden Handlungen wurde. Wie kam das?

GAIA: Im Bodensatz der Gesellschaft finden sich finstere Kavernen, wo Würdelosigkeit, Erbärmlichkeit und Elend herrschen. Im Untergrund jeder Stadt gibt es einen bettelarmen Pöbel, dessen Untugenden und kriminelle Handlungen die weiter oben nur zu gerne ignorieren würden. Von Elend und Unwissenheit geleitet, tasten sich diese Wesen durch die Dunkelheit und hoffen immer, dass eines Tages das Licht auch auf sie fällt. Es sind Taten von Menschen, die von niederer Geburt sind, und solchen, deren Unwissenheit sie umnebelt hat, was sie kurzsichtig macht und Gelüste weckt, die nicht befriedigt werden können. Derartige Akte sind bedauernswert, aber sind sie nicht Produkte einer Gesellschaft, die es für angebracht hält, auf ihresgleichen herumzutrampeln?

PEPPER: Menschen, die Hunger und Durst haben, bremsen sich nicht immer, um darüber nachzudenken, was unter solchen Umständen moralisch vertretbar wäre und was nicht. Ich denke, dass die von Menschen gemachten und dem Menschen auferlegten Gesetze zwar mitunter sinnvoll sind, aber nicht immer. Unsere Gesellschaft wendet ihre Gesetze selektiv an und ist dabei voreingenommen – was dann bewirkt, dass diejenigen, die nicht haben, was sie brauchen oder haben wollen, glauben, die einzige Möglichkeit, daran heranzukommen, sei die, es sich zu nehmen. Bei Naturkatastrophen rückt eher die Ausnahme in den Vordergrund als die Norm, und die Medien neigen dazu, das aufzubauschen.

Wird New Orleans wiederaufgebaut werden?

GAIA: Nein, nicht so, wie es vor dem Hurrikan aussah – die Stadt wird nicht wieder so werden wie zuvor. Wenn man in der künftigen

Geschichtsschreibung auf New Orleans zurückblickt, wird es nicht nur im Gedächtnis haften bleiben, weil dort die Wiege der Jazzmusik stand – man wird sich an New Orleans als einen der ersten Orte an den Gestaden Nordamerikas erinnern, wo die Natur eindeutig in einer Sprache sprach, die alle verstehen konnten. Die Natur hat viele Gesichter, und dieses Gesicht gab zu verstehen: »Ihr seid hier nicht sicher, geht woanders hin.« New Orleans wird man auch als einen der ersten Fälle in Erinnerung behalten, in dem die Regierung der Vereinigten Staaten nicht in der Lage oder gewillt war, für eines ihrer Mitglieder bereitzustellen, was dort gebraucht wurde. Man wird sich auch noch aus anderen Gründen an die Stadt erinnern, aber da diese noch nicht eingetreten sind, wäre es schwierig und unfair, schon jetzt Beobachtungen dazu anzustellen.

PEPPER: Ja, ich glaube schon. Ich denke, es wird ein kleineres New Orleans sein, da einiges davon nicht mehr aufzubauen sein wird. Ohne Versicherung und mit einer enormen Hypothek belastet, werden sich viele vielleicht entscheiden, der Vergangenheit den Rücken zu kehren und woanders neu anzufangen. Das habe ich schon einmal miterlebt, in Südkalifornien. Der Immobilienmarkt hatte sich dort kurz vor dem Erdbeben 1994 auf eine Weise entwickelt, dass die Preise völlig jenseits von Gut und Böse waren. Durch das Erdbeben kippte das alles. Natürlich lagen die Preise zehn Jahre später wieder völlig jenseits von Gut und Böse, deshalb könnte es auch sein, dass ich mich irre. In New Orleans reichen die Wurzeln tiefer als in Los Angeles, und ich schätze, seine Einwohner werden für den Wiederaufbau ihrer Stadt kämpfen. So oder so wird sich der Gang der Geschichte für immer verändert haben.

Gibt es etwas zu sagen oder festzuhalten, was New Orleans und seinen Einwohnern in Zukunft nutzen könnte?

GAIA: Wichtig ist es, sich dort die Landschaft als solche näher anzusehen und wichtige Fragen zu stellen wie die: Wozu eignet sich dieses Stück Land? Außerdem wäre es für die Zukunft aller Betroffenen sehr förderlich, sich mit der *Geochronologie* dieser Gegend oder dem Alter geologischer Ereignisse und Gesteinsbildungen auseinanderzusetzen. Warum befindet sich unterhalb der Oberfläche Sand statt Gestein? Vor langer Zeit, und noch länger davor, befand sich dort ein unterirdischer Stützpunkt – eine Unterwasserbasis. Die kooperationsbereiten örtlichen Elemente boten sich für einen solchen Zweck geradezu an. Diese hoch entwickelte Startbasis schuf eine Möglichkeit der Fortbewegung, bei der man sich die Magnetgitternetze der Erde zunutze machte, um Fahrzeuge anzutreiben. Würde man die magnetischen Eigenschaften der Erde gründlich verstehen und dann mit anderen Eigenschaften kombinieren, so könnte sich diese physische Region wieder für einen Zweck eignen, der vielen einen Nutzen brächte, und das obendrein gewinnbringend.

PEPPER: Ich persönlich war noch nie in New Orleans. Ich habe die selben Bilder im Fernsehen gesehen wie alle anderen auch. Ich hoffe zwar, eines Tages einmal dorthin zu reisen, aber wenn ich es dann tue, werde ich ja keine Vergleichsmöglichkeit haben. Ich hoffe, dass alle, die sich entscheiden werden, dort zu leben, dies bewusst tun. Ich hoffe, dass man dort ein wenig von früher wieder aufbaut und Trost in der Gegenwart findet, um dann ein brandneues New Orleans der Zukunft zu erschaffen. Ich würde mir wünschen, dass die Einwohner der Stadt dem Ganzen neues Leben einhauchen, statt nur das erneut zu erschaffen, was man schon einmal hatte. Wenn ich mein Leben um zwanzig Jahre zurückdrehen könnte, würde ich das tun, um mir anzusehen, an welchen Punkten ich etwas besser machen oder was ich schneller und weniger schmerzhaft lernen könnte. Dasselbe würde ich mir für New Orleans wünschen, aber hier im Hinblick auf seine Zukunft. Ich hoffe, es erschafft sich selbst neu, statt das wiederherzustellen, was einmal war.

Sind die Menschen denn in der Lage, einen solchen Wiederaufbau zu bewältigen?

GAIA: Nein, bis jetzt noch nicht. Aber sie sind so weit, in dieser Hinsicht ein höheres Bewusstsein zu entwickeln. Besser, man tut das jetzt, als wegen einer Fehleinschätzung wiederaufbauen zu müssen. In der Zukunft wird man die Kraftlinien des Planeten und die Gitterlinien, die ihn überziehen, besser verstehen. Die Erde ist ein magnetisch in Resonanz befindlicher Himmelskörper. Aus den geomagnetischen Eigenschaften, durch die die Gitternetze sich auf die Oberfläche des Planeten auswirken, wird in naher Zukunft eine bedeutende Wissenschaft werden. Ereignisse wie Wirbelstürme und Erdbeben wandern nicht beliebig – sie werden magnetisch angezogen und gelenkt. Werden solche Naturgewalten weiter ignoriert, so wird das einen enormen Preis haben.

PEPPER: Ja, wenn man es ihr erlaubt und sie dazu anspornt, sind sie zu einem solchen Wiederaufbau in der Lage. Alles ist möglich, ausnahmslos alles.

Die Sprache der Natur

Was können wir heute über die Kraft oder Sprache der Natur wissen, das sich sofort auf hilfreiche Weise anwenden ließe?

GAIA: Die Erde ist eine Bibliothek. Sie ist eine Universität lebendiger Intelligenz, deren Anwendung auf jedes beliebige Thema oder in jeder Richtung in Weisheit mündet. Die Erde ist ein Versuchslabor, das denen, die bereit sind, von ihrer Ignoranz abzulassen, in verschiedenen Graden Heilung bietet. Ignoranz ist ein Nebenprodukt des Mangels. In der Natur aber gibt es keinen Mangel, und deshalb muss der Mangel oder das fehlende Gewahrsein anderswo begründet liegen. Der Ignoranz den Garaus zu machen, ist für den Fortbestand des Lebens auf der Erde von allergrößter

Bedeutung. In einigen schlummert die Intelligenz noch und in anderen ist sie wach, aber zur Verfügung steht sie allen. Die Natur, intelligent und instinktiv, ist aktiv dabei, in Menschheitskreisen für ein waches Bewusstsein zu werben, aber dazu bleibt nur noch wenig Zeit.

PEPPER: Im Kern sprechen wir alle dieselbe Sprache, nur nehmen wir sie unterschiedlich wahr. Wir »hören« sie unterschiedlich. Die Naturreiche sprechen in einer symbolischen Sprache mit uns, und die Elemente unterhalten zu uns eine ganz eigene Verbindung. Es hat den Anschein, als täte sich die Menschheit von allen Naturreichen am schwersten damit, die Einheit zu sehen, die uns alle verbindet. Wir alle neigen dazu, unsere Aufmerksamkeit auf Mangel und Trennendes zu richten, selbst wenn andere Optionen auftauchen. Ich denke, die Erde (Gaia) tut ihr Bestes, um uns einen anderen Weg zu zeigen.

Die Zeit wird knapp

Wird die Zeit wirklich knapp, oder kommt es uns nur so vor? Drängt es uns wirklich, bis zu einem bestimmten Zeitpunkt irgendwohin zu gelangen?

GAIA: Es besteht durchaus eine Dringlichkeit, ja. Die Zeit ist knapp bemessen, und irgendwann wird sie Euch ausgehen. Die Zeit ist nach heutigem Verständnis eine Maßeinheit für Erscheinungsbilder in der dritten Dimension. Aber die dritte Dimension ist dabei, zu kollabieren, und das Gleiche gilt für ihre Funktionen und Maßeinheiten. Sich ausdehnendes Licht (Intelligenz) bewegt sich durch die höheren Dimensionen viel schneller hindurch als durch die niederen. Licht beschleunigt oder verlangsamt Intelligenz, wie durch die Dimension und das ihr entsprechende Lichtspektrum ausgedrückt. Während die dritte Dimension zunehmend kollabiert, ist es wahrscheinlich, dass das Licht sich entsprechend verlangsamen wird, was das Konzept von Zeit innerhalb der dritten Dimension in einen Zustand der Dringlichkeit hineinzwingt. Die Menschheit reagiert auf diese Dringlichkeit bereits damit, dass sie wahrnimmt, wie sehr die Zeit drängt, sowie mit einer für sie unerklärlichen Angst, nicht mithalten zu können.

PEPPER: Ich glaube, wenn unsere Perspektive ausgewogen ist, haben wir genug Zeit, um alles zu erreichen, was wir uns vorgenommen hatten, als wir hierherkamen. Leider haben wir uns eine ganze Menge aufgehalst, was uns gar nicht betrifft, und dann fühlen wir uns schlecht, wenn wir nicht alles erledigen. An uns ergeht eindeutig der Aufruf, uns über die Umstände zu erheben, aber ich denke nicht, dass es eine bestimmte Zeit gibt, bis zu der das erreicht sein muss. Ich versuche mir in Erinnerung zu rufen, dass ich bereits hier bin, wo auch immer *hier* ist, denn solange ich denke, *dort* sei es besser, verzettele ich mich und fühle mich weniger integriert in allem, was ich tue.

Aufstieg

Kann es sein, dass einige Menschen, Orte oder Dinge tatsächlich zurückgelassen werden?

GAIA: Nicht so, wie Ihr Euch das vorstellt. Die Natur ist intelligent angelegt und wird dem, was *nicht sein* soll, nicht das aufzwingen, was *sein* soll. Die Intelligenz verlangt von einem Truthahn nicht, seine Tenne zu verlassen, damit er wie ein Adler in den Felsklippen lebt. Sollte der Truthahn den Wunsch verspüren, hoch über dem Erdreich dahinzusegeln, so muss er sich zunächst einmal selbst neu erfinden und zum Adler werden. Oder er nimmt vielleicht erst einmal den Körper eines Habichts an, wenn er noch nicht ganz so weit ist, gleich zum Adler zu werden. Allerdings wird die Natur das Hoftor von morgens früh bis spätabends offen lassen, oder zumindest so lange, wie der Truthahn braucht, um seine nächste Erfahrung auszuwählen. Die Natur und die geistige Welt bieten Möglichkeiten an, aber sie zwingen niemandem eine Entscheidung auf. Was der Mensch »Einschränkung« nennt, nennt die Natur einen umzäunten Hof, dessen Tor offen steht.

PEPPER: In esoterischen Kreisen und im metaphysischen Umfeld besteht ein großes Verlangen nach der Verlagerung auf andere Dimensionen, nach Aktivierungen, die einen Aufstieg auf höhere Ebenen ermöglichen, und Bewusstseinserweiterungen jeder Art. Das verführt uns dazu, zu glauben, der Rest der Welt wolle das auch. Letztlich stimmt das wahrscheinlich, aber wir neigen dazu, es jeder auf seine Weise erreichen zu wollen und zu dem Zeitpunkt, der unserer persönlichen Entwicklung am meisten entspricht. Wer einen religiösen Hintergrund hat, wird eine andere Vorstellung von den kosmologischen Gegebenheiten in Relation zur Vergangenheit und Zukunft der Menschheit haben, und es ist wichtig, dass wir solche Ansichten ehren, auch wenn es nicht unsere eigenen sind. Wir sind eine hiervon abweichende Spezies, und ich glaube, wir werden alle weiterhin die Eingebung bekommen, die höchsten und besten Entscheidungen für uns selbst, füreinander und für Alles-was-ist zu treffen.

Politische Ausrichtung

Würdest Du Dich politisch einer bestimmten Richtung zuordnen, Gaia, oder bevorzugst Du vielleicht sogar eine bestimmte Partei? Und wie steht es bei Ihnen, Frau Lewis?

GAIA: Nein, obwohl ich eigentlich in jeder Saison den Eindruck erwecke, ich hätte etwas mit einer Wahlkampagne oder einem bestimmten Kandidaten zu tun. Es ist für ein Spürbewusstsein unmöglich, in eine solche Polarität hineingezogen zu werden, denn der Planet enthält seiner Natur nach bereits beides und alles. Allerdings würde ein empfindungsfähiger Planet natürlich ein empfindungsfähiges Geschlecht von Wesen vorziehen, mit dem er seine Ressourcen teilt, und Empfindungsfähigkeit und eigene Souveränität geben ein höchst passendes Paar ab. Zu diesem Zeitpunkt gibt es jedoch keine Partei oder Plattform, die Souveränität unterstützt, und deshalb brauche ich kaum zu sagen, dass ich mich demografisch noch zwischen den unregistrierten Wählern versteckt halte.

PEPPER: Es war einmal so, aber jetzt nicht mehr. Würde Gaia kandidieren, würde ich zuversichtlich meine Stimme abgeben, doch auf der politischen Bühne sieht es gerade ganz schön trübe aus. Ich nehme die Politik nicht sonderlich ernst, da ich nicht glaube, dass die derzeitigen Amtsinhaber bei uns wirklich die Führung innehaben. Ich bin geneigt, sie mir eher als Platzhalter oder Stellvertreterfiguren vorzustellen. Dennoch beteilige ich mich an fast jeder Wahl, weil es ein Symbol der Souveränität ist und ich es gerne sehen würde, wenn die Menschheit in diese Richtung ginge. Aber politischer Rhetorik schenke ich nicht viel Beachtung, und wenn es gilt, den Wahlzettel mit den Kandidaten durchzugehen, mache ich von meiner Intuition Gebrauch. Heutzutage interessiert es mich viel mehr, was sich auf der Ebene von Gemeinschaften tut.

Antidepressiva

Sind Antidepressiva in dieser Zeit großen Aufruhrs als eigene Therapieform vertretbar?

GAIA: Meine Billigung ist irrelevant und niemand hat mich um sie gebeten, aber es kommt voll und ganz auf den einzelnen Menschen und seinen Daseinszweck an. Außerdem spielt die physiologische Beschaffenheit und Polarität seines Körpers eine Rolle – einige Typen sind besser dafür geeignet als andere. Betrachtet man die beiden Gehirnhälften, so sind einige Wesen recht gut imstande, die Kluft zwischen Lebenslektionen und evolutionären Sprüngen auszuhalten. Es gibt sehr viele Therapieformen, und die besten gehen auf natürliche Weise vor, aber das Gehirn hat sich schon an ein künstliches Eingreifen gewöhnt und versteht den Kontext, in dem Antidepressiva eingesetzt werden. In zwanzig Jahren werden die meisten Therapieformen überholt sein, oder man wird sie aufgeben. Und man wird über Therapien verfügen, um denen zu helfen, die von künstlichen Mitteln zur Aufrechterhaltung ihres Daseins abhängig geworden sind. Am besten sollte man eher früher als später damit beginnen, aber immer erst dann, wenn die Zeit beim Betreffenden gekommen ist, und mit einer Alternative in der Hinterhand, die Hilfestellung leistet.

PEPPER: Ich habe mir so meine Gedanken über Antidepressiva gemacht, aber ich glaube nicht, dass sie auf eine klare Haltung hinauslaufen, geschweige denn auf Zustimmung oder Ablehnung. Ich glaube, wir haben alle unsere individuellen Bedürfnisse, die sich im Laufe unseres Lebens beträchtlich verändern. Ich habe in Zeiten des Aufruhrs in meinem Leben selbst Depressionen erlebt. Meist habe ich es geschafft, aus eigener Kraft und mit Unterstützung aus der geistigen Welt damit klarzukommen, aber es gab auch ein paar Male, wo ich einfach nicht mehr weiterkam. Die Antidepressiva, die ich damals bekam, halfen mir zunächst, bevor sie begannen, ein ganz eigenes Unbehagen mit sich zu bringen, und meinem Körper sagten sie gar nicht zu. Ich stelle mir vor, dass einige davon besser sind als andere und dass manche Leute vielleicht positivere Erfahrungen damit machen als ich. Ich denke, Depressionen in diversen Formen werden uns noch eine Weile begleiten, und deshalb hoffe ich, dass wir gesundheitsdienliche Wege finden, alle Aspekte von uns zu integrieren.

Erdveränderungen

Fasziniert Euch das Thema Erdveränderungen eigentlich, oder tut Ihr Euch irgendwie schwer damit?

GAIA: Fasziniert es Euch, wenn Ihr Euch am Morgen räkelt und streckt? Ist es eine Herausforderung für Euch, wenn Ihr Euch einen Sehnenriss oder eine Muskelzerrung zuzieht? Das ist jetzt etwas scherzhaft ausgedrückt, aber es geht ungefähr in diese Richtung. Die Erdveränderungen sind nicht geplant, aber sie sind synchronistisch. Ebenso wenig plant Ihr, eine Erkältung zu bekommen, aber ihr Eintritt ist manchmal gleichbedeutend mit dem Bedürfnis nach Ruhe. Leuchtet Euch doch ein, oder? Für die physische Erde sind diese Veränderungen normal, selbst in ihren fortgeschrittensten Stadien. Es kommt Euch nicht in den Sinn, wie viele lebende Zellen bei jedem Bad von Eurem Körper abgelöst werden, weil es notwendig ist und Ihr wisst, dass sie ersetzt werden. Ebenso ist es für die physische Erde – es kommt gar nicht erst der Gedanke auf, etwas zu verhindern oder zu vermeiden, was ganz natürlich ist. Das Spürbewusstsein, das Euch diese Worte jetzt übermittelt, empfindet, was die Menschheit empfindet, und das ist etwas vollkommen anderes. Mein Spürbewusstsein ist mitfühlend und fühlt dementsprechend, was Ihr fühlt. Baut Eure Städte gut und baut sie entsprechend dem, was einmal sein soll – und auch entsprechend dem, was ist!

PEPPER: Alle, die mich kennen, wissen, was für eine entsetzliche Angst ich vor Erdbeben habe! Schon beim leisesten Anzeichen renne ich mit Herzklopfen zum Ausgang, und es gerät für mich zu einem Stress, der bereits an Panik grenzt. Irgendwie hängt das mit früheren Leben zusammen, und ich versuche, darüber hinwegzukommen, bislang aber mit wenig Erfolg. Das Leben ist schon interessant, denn immerhin habe ich einen Großteil meines Lebens in Kalifornien verbracht und von daher überdurchschnittlich viele Erdbeben mitbekommen. Meine Fähigkeit, Gaia zu channeln, stellte sich kurz nach meiner heftigsten Erfahrung mit Erdbeben ein. Und eine Zeit lang hatte ich unter anderem die Gabe, Erdbeben vorhersagen zu können, aber das war wenig erfreulich, denn ich konnte nur vorhersehen, was geschehen würde. Ohne mit der Fähigkeit ausgestattet zu sein, auch etwas *tun* zu können, war mir diese Bürde zu groß, und deshalb gab ich sie wieder zurück (ja, das kann man). Ich verstehe aber durchaus, dass es für die Erde notwendig ist, sich zu restrukturieren, und ich unterstütze es voll und ganz, selbst wenn es für den Rest von uns reichlich unbequem und fatal wird.

Sichere Orte

Gibt es auf dem Planeten »sichere Orte«, an denen man sich aufhalten kann?

GAIA: Ja, der sicherste Ort, an dem Ihr sein könnt, ist in Eurem eigenen Herzen! Ihr müsst es recht wörtlich verstehen, wenn ich Euch sage, dass es so ist, denn Euer Herz ist ein intuitiver Muskel und wird Euch nicht in die Irre leiten. Das Herz weiß mehr, als Ihr denkt, aber Ihr müsst dahinkommen, auf das Herz zu vertrauen, bevor ihr Euch darauf verlassen könnt – und umgekehrt. Wenn es allerdings um Wissen geht, so weiß Euer Verstand viel weniger, als ihr ihm zutraut, und dennoch seid ihr in fast allem von ihm abhängig. Der Verstand geht sein Wissen immer wieder durch, um es zu bewahren, das Herz jedoch verlässt sich rein auf seinen intuitiven Instinkt. Eure persönliche Sicherheit beruht auf der Verbindung zwischen Verstand und Herz – darauf, startklar zu sein, zu reagieren, wenn und falls es nötig sein sollte. Wenn Ihr von einer Quelle, der Ihr vertraut, hören würdet, dass San Francisco ein sicherer Ort sei, an dem man sich ruhig aufhalten könne, würdet Ihr das glauben? Wenn jemand für Euch channeln würde, dass es in Florida keine Wirbelstürme mehr geben wird, würdet Ihr Euch darauf verlassen? Vielleicht, und vielleicht auch nicht, weil Euer Verstand sich aufgrund früherer Erfahrungen – beruhend auf der Vergangenheit also – Meinungen zu diesen Orten zurechtgelegt hat. Aber Eure Frage bezieht sich ja auf die Zukunft. Es gibt Orte, die sicherer sind als andere, nur kommt es auch hier darauf an, was (und wen) Ihr dorthin bringt.

PEPPER: Ich glaube nicht, nein. Ich glaube aber durchaus, dass einige von uns für eine bestimmte Umgebung besser geeignet sind als andere. Wenn wir mitten in der Wüste eher in Sicherheit sind, dort aber nicht leben wollen, so kommen wir ja vom Regen in die Traufe. Einige von uns brauchen es, in Küstennähe zu leben oder im Wald, hoch oben in den Bergen oder draußen auf dem Meer. Wenn das mit unserem Daseinszweck und unserem Wunsch harmoniert, so muss es richtig sein, und dann dürfen wir zumindest vorerst einmal annehmen, dass wir dort sicher sind. Mein Haus ist beim Erdbeben 1994 in Northridge eingestürzt, aber mir ist dabei nichts passiert, ich war dort sicher. Das verstand ich erst nach meinem Erlebnis so richtig. Ich musste es erst lernen.

Wissenschaft und Religion

Werden Wissenschaft und Religion in Euren Augen je zusammenkommen?

GAIA: Sind sie doch schon. Ist Euch das entgangen? Sie sind jetzt beide Hauptaktionäre desselben Unternehmens, und deshalb haben sie immer weniger, worüber sie sich uneins sein könnten. Die Wissenschaft hat bereits Beweise dafür, dass allem Göttlichkeit innewohnt, und die Religion ist bereit, die Wissenschaft in ihre Diskurse und Dialoge einzubeziehen, solange ihre Taschen weiter mit Geld gefüllt bleiben und die Kirchenbänke zur Hälfte voll. Vielleicht werden sie noch für eine Zeit lang nicht öffentlich zusammenkommen, aber bis dahin wird man sich hinter verschlossenen Vorstandstüren weiterhin treffen.

PEPPER: Ja, ich denke schon. Sie schienen nie allzu weit auseinanderzuliegen, zumindest in meinen Augen. Sie kommen mir wie zwei Seiten ein und derselben Medaille vor, und deshalb müssen sie sich nie begegnen oder Zeit an ein und demselben Ort verbringen. Wir alle sind ein wenig so gestrickt. Ich bin sicher, dass meine Ansichten sich erheblich von denen meiner Nachbarn, Freunde und Angehörigen unterscheiden, aber ich entscheide mich bewusst dafür, mich von ihnen nicht getrennt zu fühlen. Trennung und Vorurteile scheinen mehr als alles andere den Schleier vor der geistigen Welt und der Einheit dichter zu machen.

Der Channeling-Prozess

Bereitet Euch das Channeln Vergnügen?

GAIA: Meinem Spürbewusstsein macht es sehr viel Freude, zu kommunizieren, auf welche und wie viele Weisen auch immer. Beim Channeling ist es so, als würde man in einer Sprache sprechen, die nicht die eigene Muttersprache ist. Das Vokabular scheint nie auszureichen, und die Verben sitzen immer wieder an der falschen Stelle. Es ist eine Brücke ins Ewige, und daher ist es ein Segen und jedes falsch geschriebene Wort wert. Der Prozess selbst fühlt sich sowohl erhebend als auch wie eine Beschränkung an, weshalb es sehr wichtig ist, auf allen beteiligten Seiten einen exzellenten Rapport zu haben; das ist unabdingbar. Es ist ein vorübergehendes Unterfangen und wird eines Tages durch einfachere und doch ausgefeilte Sprachen der geistigen Welt ersetzt werden.

PEPPER: Ja, und ob! Es überrascht mich immer noch, auch nach all dieser Zeit. Es ist nach wie vor ein unerwartetes Vergnügen und ein durchaus absehbarer Hochgenuss. Der schwierige Teil dabei ist für mich der, die letzte Channelbotschaft zu vergessen oder loslassen zu müssen, um Raum für die nächste zu schaffen, aber auf diese Weise ist es erfrischender. Ich denke mir das Ganze nie als etwas Dauerhaftes. Was ich gerade bin oder tue, scheint mehr dem Augenblick anzugehören. Gerade neulich habe ich noch zu jemandem gesagt, wenn der nächste Schritt, der für mich ansteht, von mir verlangen würde, nicht mehr zu channeln, so könnte ich es ohne Bedauern und ohne Blick zurück bleiben lassen. Mein Gegenüber konnte das kaum glauben, aber es stimmt (nur heute eben nicht!).

Was uns in den nächsten Jahren erwartet

Was kommt aus Eurer Sicht in den nächsten Jahren auf Euch zu?

GAIA: Wenn ich sagen würde, es kommt noch mehr, was in die gleiche Richtung geht wie bisher, wärt Ihr dann enttäuscht? Geht davon aus, dass die Erde Euch bei all Euren Bestrebungen unterstützt, solange Ihr Intentionalität in Euer Herz legt und Integrität in Eure Wünsche. Geht davon aus, dass Ihr viel mehr über die wahren Ursprünge und die Richtung Eurer Zukunft als göttliche Lichtwesen in Menschengestalt in Erfahrung bringen werdet. Geht davon aus, dass Ihr gefordert sein werdet, Euer Potenzial voll auszuschöpfen und dass die Erde Euch dafür belohnt, wenn Ihr es tut. Geht davon aus, dass es weitere Erdveränderungen an Orten nah und fern geben wird. Ihr seid mit »Frühwarnsystemen« in Eurem eigenen Innern ausgestattet – lernt ihre Sprache. Geht davon aus, dass ein paar Sterne vom Himmel fallen werden und dass ein paar Erdenbürger ihren eigenen Ort unter den Sternen finden werden.

PEPPER: Noch viel mehr Reisen, wie mir scheint. Letztes Jahr bin ich dank der Hilfe vieler Teilnehmerinnen und Teilnehmer an den Seminaren und Workshops in den diversen Städten, die ich besuchte, fast über mein Lampenfieber hinweggekommen, und deshalb fühle ich mich jetzt wohler, mit Gaia unterwegs zu sein. Vor zwölf Jahren beschrieb mir Gaia, wie mein heutiges Leben aussehen würde, aber ich konnte es nicht so recht glauben. Wie bei vielem (nicht allem) hat sie recht behalten. Ihre Vorhersage war eigentlich schon für die Zeit vor ein paar Jahren gedacht gewesen, aber mir ist klar, dass ich mir selbst Verzögerungen eingehandelt habe, und ich weiß auch wo. Jedenfalls gibt es jetzt Bücher, die auch auf Deutsch erscheinen, CDs und sogar eine DVD, ganz wie von Gaia vorhergesagt.

Zur Zuverlässigkeit von Vorhersagen

Wie kommt es Eurer Meinung nach, dass einige Vorhersagen genauer zutreffen als andere, vor allem im Hinblick auf die Zeitpunkte, wann etwas eintreten soll?

GAIA: Eine uralte Frage, und da ich uralt bin, schätze ich wohl, dass ich qualifiziert bin, sie zu beantworten. Warum ergibt dasselbe Rezept jedes Mal ein anderes Ergebnis? Warum werden Erwartungen selten erfüllt? Vorhersagen sind eigentlich keine Vorhersagen – sie sind Schätzungen, die auf der zugänglichen und bestimmbaren Energie beruhen. Es sind zusammengesetzte Bilder, bestehend aus Sternenstaub und Verlangen. Die Menschheit sehnt sich danach, dass man ihr sagt, was sein wird, und dann macht sie sich daran, genau die Energien, die sie auf den Plan ruft, umzugestalten. Ach, aber eben das ist die Schönheit darin, zumindest, was die Führung durch die geistige Welt anbelangt, da der ganze Zweck der Führung darin besteht, zur Wahrnehmung der Hoheitsrechte freier Wahl einzuladen und zu animieren. Wenn Ihr die Euch angebotene Führung mögt und akzeptiert, so nehmt innerlich die Haltung ein, Euch auf allen Ebenen voll und ganz auf sie einzustimmen. Und wenn Ihr Euch nicht dafür entscheidet, das Wesen der Euch angebotenen Orientierung oder des Gedankens dahinter anzunehmen, so wisst, dass Ihr machtvoll genug seid, alles umzugestalten, abzuändern, aufzulösen oder zu erschaffen, was Euer Herz begehrt. Das ist bei jeder Vorhersage das am häufigsten übersehene Geschenk.

PEPPER: Grrr! Diese Seite des Ganzen hasse ich. Es gab einmal eine Zeit, als ich dachte, ich könnte oder würde nicht mehr channeln, weil ich es nicht ausstehen konnte, wenn etwas, was ich gesagt hatte (oder was durch mich gesagt wurde), womöglich in der Praxis gar nicht eintrat. Anfangs hatte das wirklich Auswirkungen auf mein Channeln, und ich war schon einmal nahe daran, mit Gaia zu vereinbaren, dass ich von diesem Privileg [dem Channeln] ausgeschlossen würde, aber ich bin wieder davon abgekommen. Mir wurde klar, wie hilfreich diese Form der Führung sein kann und wie wichtig es ist, dass wir die Informationen, die bei uns ankommen, als Rohmaterial erhalten und nicht als fertiges Produkt. Es ist wirklich uns überlassen, unser Leben zu einem Leben zu machen, das wir auch leben *wollen*. Ich habe sehr, sehr schwierige Zeiten in meinem Leben mitgemacht, wie sicher viele andere, die diese Worte lesen, ebenfalls. In jedem dieser Fälle waren es letztlich nicht die Vorhersagen zu meiner Situation, auf die es am meisten ankam, sondern die Unterstützung und Führung, die ich aus der geistigen Welt und von Freunden in vielen einzelnen Momenten erfuhr und die mich durch die Dunkelheit hindurch zurück ins Licht geleiteten.

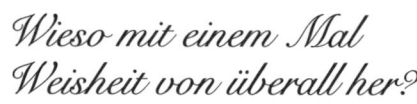

Wieso mit einem Mal Weisheit von überall her?

Werden heute mehr Wesen/Wesenheiten gechannelt als je zuvor, oder kommt mir das nur so vor? Ist ein ganzer Rat von Wesen hilfreicher oder höher entwickelt als eine einzelne Wesenheit? Wenn nicht, warum bezeichnet er sich dann als Rat? Warum bieten einige Wesenheiten über bestimmte Channelmedien Informationen an, nicht jedoch über andere? Und warum klingt die gleiche Wesenheit anders, je nachdem, durch welches Medium sie spricht? Und schließlich: Ich überlege mir gerade, mir eine Sitzung bei einem Channelmedium geben zu lassen. Ist es da besser, um ein Reading oder um eine Heilung zu bitten, oder sollte ich Informationen über etwas, wovon ich mich leiten lassen könnte, vorziehen?

Gut, gut ... Was machen wir denn mit so vielen Fragen? Was für eine vertrackte Geschichte aus dieser Sache mit dem Channeling doch geworden ist, oder zumindest scheint es so. Lasst uns klar, einfach und direkt sein beim Entwirren dieser Fäden, in denen Ihr Euch heute verfangen habt. Und sehen wir einmal, ob wir nicht Ruhe in die Angelegenheit bringen können. Deine Fragen sind absolut berechtigt, und weil Du mir auch mit Humor begegnest, werde ich mit größtem Vergnügen eine Antwort hervorbringen, die keinen Wunsch offenlässt!

Viele Wesen sprechen zu Euch

Die Zahl der Lehrer, Wesen, Energien, Meister, Räte und so weiter aus anderen Dimensionen, die sich in den Dienst der Menschheit gestellt haben, nähert sich derzeit der Hundert-Milliarden-Marke.

Hätte jeder Mensch auf der Erde heute Zugang zu nur einer einzigen Führung aus der geistigen Welt, so würde die Zahl dieser Geistführer schon über sechs Milliarden betragen, denn das ist die Mindestzahl der Menschen, die gegenwärtig auf dieser Erde wandeln. Hätte jeder und jede Zugang zu mehr als, sagen wir, einem Geistführer oder Engel, so würde sich diese Zahl schnell verdoppeln, und wir hätten mehr als zwölf Milliarden. Wenn wir anerkennen, dass der Zugang zu den Sphären der Unendlichkeit wirklich unendlich ist, wäre es doch durchaus legitim, von hundert Milliarden auszugehen, oder?

Ist das nun mehr oder weniger als zuvor? Wie man es nimmt. Mehr oder weniger als vor was oder wann? Welchen Maßstab sollen wir hier anlegen? Das gegenwärtige Neue Zeitalter trat wohl im Europa der zweiten Hälfte des neunzehnten Jahrhunderts erstmals in Erscheinung. Anfang des zwanzigsten Jahrhunderts etablierte es sich dann in Nordamerika, wo es Fuß fassen konnte und sich prächtig entwickelte, bis es sich als Bewegung, Lebensphilosophie und einigen Auffassungen nach sogar als Religion etablierte. Zweifellos ist die Zahl derer, die an ein immerwährendes Leben und die Kraft kreativen Denkens glauben, unablässig gestiegen, während die Ordination der Seele weiterging. Sind angesichts dessen jetzt mehr Wesenheiten anwesend, die Channeler einladen, sich zu zeigen? Oder gibt es mehr Channelmedien, die offen und gewillt sind, Lehrer und Geistführer in sich zu beherbergen?

Ich würde einmal Folgendes postulieren und überlasse den Rest Eurem eigenen kritischen Urteilsvermögen: Lange herrschende Einstellungen und Glaubenssätze in Bezug auf Medien und die Fähigkeit einzigartiger »Auserwählter«, in tranceartige Zustände einzutreten und dort zu verweilen, sorgten dafür, dieses Handwerk und die Menschen, die sich von ihm angezogen fühlten, auf ein Podest zu stellen und gleichzeitig zu mystifizieren. In den letzten Jahrzehnten ist man hier geistig offener geworden, Schleier haben sich gehoben, was dazu führte, dass alte Glaubenssätze sich auflösen und bestimmte strukturelle Muster ein Ende finden konnten. Außerdem hat der Niedergang organisierter Religionen, die nicht in der Lage oder bereit waren, ihre Anhänger zu stärken, zu einem Fortschritt von Suchenden bei der Entdeckung des Göttlichen in sich selbst beigetragen. Die letzte Jahrhundertmarke [2000] läutete auch den Moment ein, an dem die Dualität in die Triplizität, die dreifache Einheit des *Wissenden, der weiß, was es zu wissen gibt*, eintrat. Mit anderen Worten: Ebenso wie das letzte Jahrtausend ermächtigt war, das Mysteriöse und Geheimnisvolle zu bewahren, so wird man sich an dieses Jahrtausend als das erinnern, in dem selbiges bereitwillig ausgesprochen wurde.

Räte und Lehrer

Zwar sind nicht alle spirituellen Lehrmeister an Räten beteiligt, aber die meisten sind als Plural zu verstehen, als multidimensionale Formen von Energie. Und man wird nur selten feststellen können, dass sie als singuläre oder individuelle Formen von Leben Kontakt zu anderen Energien aufnehmen. Das Bewusstsein der Menschheit verändert sich fast täglich, aber ich würde Euch gern vorschlagen, zu bedenken, dass die Gegenwart eines einzelnen UFOs die Menschheit faszinieren und die von zweien oder dreien staunend zur Kenntnis genommen und in den Nachrichten ausgeschlachtet würde – eine ganze Flotte unbekannter Flugobjekte hingegen würde maßlose Ängste schüren. Ebenso würde das volle Wissen eines multidimensionalen Lehrers viele Lehren zu äußerst schwer verdaulicher Kost machen, da der Schüler dann womöglich unter dem Gefühl leiden würde, bedeutungslos und unwürdig zu sein. Deshalb muss der Schwerpunkt immer auf der Lehre liegen und nicht auf dem Lehrer – auf alle Situationen, in denen dies nicht der Fall ist, sollte man ein wachsames Auge haben, und man sollte sie eingehend unter die Lupe nehmen, und zwar immer wieder!

Räte sind repräsentative und beratende Kompetenzen, die einem Wissen, das bestimmten Grundsätzen, Prinzipien, Theorien und Überzeugungen verbunden ist, Ausdruck verleihen. Statt sie buchstäblich als Bibliotheken misszuverstehen, bei denen die Lernenden zuerst einmal die Stufen zu ihren heiligen Hallen emporsteigen müssen, sollte man Räte eher als eine Art mobile Büchereien betrachten, die den Zugang über das Bewusstsein wählen, um Dimensionen zu transzendieren und an dem Punkt in die gedanklichen Prozesse einzusteigen, an dem sich und zu dem sich die vom Rat vertretene Doktrin problemlos empfangen und weitergeben lässt. So kommt es, dass es beispielsweise viel mehr Kanäle (offene Quellen) von Räten gibt als von anderen Wesenheiten oder Wesen. Wer gehört den Räten an, und wie viele Mitglieder gibt es dort? Das ist schwer zu beantworten, da ihre Anzahl in partizipatorischen Frequenzen gemessen wird statt zahlenmäßig; selbst physische Menschen können auf verschiedenen Bewusstseinsebenen als Ratsteilnehmer fungieren. Räte sind weder besser, noch sind sie höher entwickelt als andere Wesen. Sie finden sich nach Interessen und Themen zusammen und werden von Gott nicht *per se* in eine Rangfolge gebracht.

Die geistige Welt und ihre Kanäle

Die Wesenheiten und Lehrer wählen sich ihre physischen Gefährten und umgekehrt. Einige Beziehungen bestehen von so langer Hand wie das Universum selbst und sind wechselseitiger Natur – die Rolle des Schülers/Initianten (*chela*) und des Meisters/Lehrers kehrt sich dabei im Laufe der Zeitalter immer wieder einmal um, über eine Zeitspanne von zirka 26.000 Jahren. Bei solchen Beziehungen entsteht ein fast nahtloser Übergang, wenn es um die Fähigkeit geht, auf symbolischem Wege Gedanken zu übermitteln. Wie wir bereits gesagt haben, ist eine konkrete

Wesenheit als Lehrer nicht mehr und nicht weniger hoch entwickelt als ein Rat, nur dass diese eher als eine Art Mentor fungieren kann, während ein Rat einen schier unermesslichen Fundus an Informationen bietet. Dies sind Qualitäten, die ein ungefähres Bild davon geben, wie der Dialog zwischen uns stattfindet, und sie sagen nichts über alle Beziehungen aus, so viel muss klar sein.

Die Beziehung zwischen einem Channelmedium und seinem spirituellen Lehrer ist so interessant und vielfältig wie das Leben selbst, und es gibt keine zwei Fälle, die sich gleichen. Es existieren bestimmte Grundprinzipien, die einzuhalten sind und dazu dienen, den Denkhorizont zu erweitern, menschliches Potenzial freizusetzen und Illusionen zu zerstreuen. Klingt happig, aber es bedeutet im Grunde, dass Channelmedien lernen müssen, wann es gilt, selbst zu sprechen, wann es angebracht ist, die Worte zu sprechen, von denen die geistige Welt will, dass sie gesprochen werden, und wann Schweigen geboten ist. Die geistige Welt verfolgt mit ihren Worten einen Zweck. Sie plappert nicht einfach drauflos, um Konversation zu machen, wie so viele Menschen. Anfänger unter den Channelern sind oft versucht, die Lücken zu schließen, in denen die geistige Welt eigentlich zu einem Moment der Kontemplation aufruft. Ein Channelmedium leitet Energie weiter, nicht Worte, und dieser wichtige Punkt muss bei allem, was dargeboten oder behauptet wird, unablässig im Blick bleiben.

Geistige Lehrer sprechen durch jene, die sich mit ihren eigenen Energien am besten vertragen. Der Channeling-Prozess kann den Betreffenden physisch und mental einiges abverlangen, vor allem, wenn von dieser Gabe viele Jahre lang Gebrauch gemacht wird. Bitte beachtet jedoch, dass es nicht der Verantwortung des Geistführers oder der Wesenheit aus der geistigen Welt obliegt, für die Gesundheit des Channelmediums Sorge zu tragen oder sie zu erhalten. Vielmehr ist jeder Mensch selbst dafür verantwortlich, sein höchstes Potenzial zu verwirklichen, und dazu gehört auch, für das Tempelhaus zu sorgen, das als Behelf für die geistige Welt dient. Diejenigen, die es übertreiben oder die Bedürfnisse des physischen Hilfsmittels ignorieren, erfahren die Folgen davon, die von körperlicher Müdigkeit bis zu seelischer Not reichen können.

Die einzelnen Channeler sind so einzigartig wie die von ihnen gechannelten Lehrer aus der geistigen Welt, und das gilt auch für die Botschaften, die sie übermitteln. Allerdings sind einige Channelmedien durchaus klarer als andere. Das hat weniger mit ihrer Intention zu tun als mit dazwischenliegenden Schichten und Filtern, durch die nicht ganz das gewünschte Ergebnis entsteht. Mit wachsender Erfahrung und zunehmendem Vertrauen lösen sich im Laufe der Zeit viele dieser Filter in Luft auf, was eine umfassendere und ungestörtere Kommunikation zwischen der physischen und der nichtphysischen Sphäre ermöglicht. Mitunter entwickelt ein Lehrer aus der geistigen Welt sogar einen Bund oder einen Kontakt mit seinem physischen Gegenstück, der ein ganzes Leben und manchmal sogar mehrere Leben lang andauert. Von anderen Lehrern weiß man, dass sie durch so viele Channelmedien sprechen, wie es Bereitwillige gibt, die sich von der geistigen Welt dazu einsetzen lassen – solange die Botschaften liebevoll und von Mitgefühl getragen sind, sehen sie keinen Grund, hier Unterschiede zu machen. Das trifft besonders auf das Reich der Engel zu.

Bitte vergesst nicht, dass Spirit in seiner Reinheit nur eine Sprache spricht, nämlich die der Universellen Liebe. Die Universelle Liebe ist ein dimensionales Spektrum an Energie, das von fast jedem Individuum anders empfangen und wahrgenommen wird. Das ist ein weiterer Grund dafür, dass es heute so viele Lehrer und so viele Channelmedien gibt. Es wird nicht immer so sein, und ihre Zahl wird während der nächsten beiden Jahrzehnte sogar stark abnehmen. Viele wollen sich einfach davon überzeugen, dass sie channeln können und dass die Botschaften, die sie empfangen, auch wirklich real sind, aber sie haben keinen bestimmten Auftrag, der ein Wesen mit spirituellen Neigungen dazu aufruft, Channelmedium zu werden.

Seid vorsichtig, worum Ihr bittet

Wer eine Sitzung bei einem Channelmedium in Betracht zieht, sollte sich – sein Höheres Selbst – zunächst einmal fragen, welche Frage oder Sorge ihm am meisten unter den Nägeln brennt. Lauscht dann auf eine Antwort. Kommt eine? Mitunter kommt durchaus eine Antwort, aber es ist nicht die erwartete. Manchmal lautet sie einfach:»Warte. Warte.« Eine solche Antwort zu akzeptieren, damit tun sich die Menschen am allerschwersten. Vergesst nicht, dass »Warte« nicht »Ja« bedeutet und auch nicht »Nein«, und es heißt auch nicht »Vielleicht«. Es bedeutet ganz einfach, dass Du der geistigen Welt die Zeit geben sollst, noch etwas länger an Dir und durch Dich zu wirken.

Nächster Punkt: Bittet um Lösungen mit offenem Ausgang, die Entsprechung zu geistiger Offenheit im Denken. Lösungen sind etwas anderes als Schlussfolgerungen – sie führen zu Transformationen und Neuanfängen, nicht dazu, dass etwas endet. Hier ein Tipp: Spirit ist ewig und unendlich, und das Gleiche gilt für Euch. Spirit kann Euch daher leichter dabei behilflich sein, den nächsten Neuanfang einzuleiten, als ein Problem zu beenden. Leuchtet das ein? Das ist fünftdimensionale Logik, und sie ist überzeugender als die lineare Logik, die in der dritten Dimension angewandt wird. Bittet beispielsweise statt um mehr Geld oder darum, endlich keine Schulden mehr zu haben, darum, in jedem Umfeld und bei allen Unternehmungen die ausreichenden Mittel zu haben. Ihr werdet vielleicht überrascht sein, wie viel das ausmacht! Das Universum verfügt über üppige und reichhaltige Ressourcen, aber es ist nicht ausschweifend. Dieses Prinzip zu verstehen, wird der geistigen Welt helfen, *Euch* zu helfen.

Selbstverständlich können Spirit dank der Gabe des Channelns Fragen, Probleme und Sorgen vorgetragen werden, die gegenwärtig unlösbar erscheinen. Spirit ist mitfühlend und milde, und den Menschen zu helfen, Licht oder Klarheit in eine Situation zu bringen, bereitet Spirit große Freude. Denkt daran, so präsent wie möglich zu sein, wenn Ihr über ein Channelmedium Unterstützung aus der geistigen Welt sucht. Heilung und Führung können ein und dasselbe sein, wenn sie entsprechend aufgenommen werden. Gechannelte Anleitungen können Euch von einem Konflikt in Euch, der den Fluss Eurer eigenen naturgegebenen Weisheit blockiert, entlasten und erlösen. Das kann sehr heilsam sein.

Sucht Klarheit dort, wo derzeit Unklarheit herrscht. Seid darauf vorbereitet, die Hinweise, die Ihr erhaltet, in die Praxis umzusetzen, andernfalls werden sie an Wirkungskraft verlieren und verblassen, bis sie sich nicht mehr von dem abheben, was Ihr sonst erlebt. Setzt Euch nicht selbst herab, indem Ihr das, was Ihr für Eure Marotten haltet, bei Spirit abladet.

Seid bereit, Euren psychischen Müll auf spirituell und für die Umwelt einwandfreie Weise zu entsorgen. Haltet Ausschau nach Ähnlichkeiten zwischen Euch und Spirit, im Großen wie im Kleinen. Seid bereit, auf anderen Gebieten des Lebens zu wachsen und Euch zu verändern, auch hinausgehend über das, wo Eurer Auffassung nach Eure Herausforderungen liegen. Oft wird gerade das zur größten Transformation führen.

Und noch als letzter Punkt: Sprecht leise, und Ihr werdet mehr hören. Ihr werdet feststellen, dass sich die größten Wahrheiten oft hinter Logik und Vernunft verbergen.

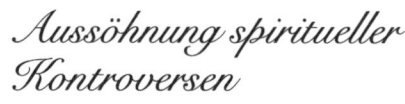

Aussöhnung spiritueller Kontroversen

Kannst Du mir helfen, die widersprüchlichen Informationen in Einklang zu bringen, die ich in aktuellem spirituellen Material oft lese? Es scheint jetzt mehr Kontroversen zu geben als je zuvor, und bei gechanneltem Material zeigt sich das noch deutlicher. Wäre es nicht sinnvoll, wenn die spirituellen Lehrer sich zu gängigen Themen einigen würden? Wäre es nicht wichtig, dass die geistige Welt denen gegenüber, die auf der Suche nach einem tieferen Sinn des Lebens sind, eine einheitlichere Präsenz zeigen würde?

Die Aufgabe der geistigen Welt besteht darin, Euch eine entsprechende Perspektive und Möglichkeit anzubieten. Und nun sind einige Themen zwar faktisch offensichtlich, andere hingegen faszinierend unklar. Es wäre Unrecht an den Menschen, wenn die geistige Welt in Bewusstseinsfragen zustimmen oder widersprechen würde. Es ist nicht die Absicht der geistigen Welt, Konflikte in Euch oder im Hinblick auf Euch vom Zaun zu brechen, noch ist die geistige Welt gezielt darauf aus, in Kontroversen einzugreifen. Die geistige Welt tritt direkt und in einer der jeweiligen Dimension entsprechenden Weise an die Menschen heran, und wahre Lehrer werden immer bestrebt sein, das Leben in seiner Komplexität zu vereinfachen, während sie gleichzeitig zum eigenständigen Entdecken anspornen.

Die besten Lehrer und geistigen Führer sind diejenigen, die Fragen aufwerfen und dabei Wege anbieten, die Euch erlauben, Eure eigenen Antworten zu finden, denn nur dann kann diese Entdeckungsreise als Eure eigene bezeichnet werden. Konflikte entstehen immer dort, wo es zu einem Kampf zwischen entgegengesetzten Kräften kommt, die geistige Welt aber stellt sich nicht gegen Euch oder sich selbst.

Konflikte entstehen im Kopf

Konflikte entstehen im Kopf, wo eine Frage, wenn sie erst einmal aufgeworfen wurde, nach einer Antwort verlangt. Aber eine Antwort ist keine Auflösung von etwas. Bestenfalls ist sie eine potenzielle Erklärung, die ebenso leicht zu einem Fazit führen kann wie zur nächsten Frage. Die ethymologische Wurzel des [englischen] Wortes *question* (dt. Frage) ist *quest* (dt. Suche/Streben). Die Lösung einer Frage liegt also im Suchen, im Streben, in der Entdeckungsreise. Und solche Reisen nehmen manchmal interessante Wendungen, wenn sie von einem Zwischenziel zum nächsten führen. Was Du als Kontroversen bezeichnest, ist nur ein Punkt des Innehaltens auf der Selbstfindungsreise.

Eure Reise bringt viele verschiedene Erfahrungen mit sich – und viele Lehrer. Jeder will Euch etwas anderes mitteilen, alles teilt sich auf seine Weise mit. Wären die Erfahrungen und Lehrer alle gleich, bräuchtet Ihr ja nur eine oder einen davon. Das Universum ist weit, und die Dimensionen sind zahlreich. Aus dem Inneren dieser Hallen und Gänge offenbart sich die Weisheit und kommt als vielschichtige Wahrheiten zum Vorschein, die praktisch anwendbar sind, wenn auch nicht überall oder für jeden. Eure Seele wird von der unendlichen Weite des Alls oder durch die Tatsache, dass ein Universum ebenso problemlos in einem Vakuum existieren kann wie in einem Molekül, nicht irritiert, Euer Kopf dagegen schon. Vom Kopf her wäre Euch wohler dabei, wenn das Universum endlich wäre, und er käme besser mit einer einzigen Erklärung zurecht für das, was ist, und für das, was nicht ist.

Euer Denkapparat ist mit zwei Gehirnhälften ausgestattet, die jeweils einem objektiven und einem subjektiven Zweck dienen. Er wurde dazu konzipiert, Euch zu helfen, Informationen zu verarbeiten und die Wahrheit zu ermitteln, doch die Weisheit, nach der Du suchst, ist jenseits davon angesiedelt, nicht in Reichweite des Verstandes. Konflikte entstehen, wenn das Denken nicht mehr imstande ist, mehrere wahrscheinliche Möglichkeiten miteinander in Einklang zu bringen. Einander entgegengesetzte Kräfte erzeugen einen Widerstreit zwischen den beiden Gehirnhälften und nicht lange danach ein Aufeinanderprallen von Ideologien, Prinzipien oder Ergebnissen des Gelehrten. Konflikte sind ein psychologischer Zustand, kein spiritueller. Sie beruhen auf den gleichzeitigen und dabei nicht miteinander vereinbaren Impulsen des Gehirns – genau jenen Impulsen, die Migränekopfschmerzen verursachen. Natürlich ist das nichts, was die geistige Welt oder ein anderer Lehrer, der Euch bei Eurem Aufstiegsprozess vielleicht behilflich ist, beabsichtigt.

In Wahrheit sieht es so aus, dass es viele Wahrheiten, wahrscheinliche Möglichkeiten, Zeitlinien und Wahlmöglichkeiten gibt. Es wäre unfair, einige vorzustellen und andere nicht.

Vor langer, noch längerer Zeit, als Ihr Euch heute vorstellen könnt, wurde die Menschheit auf den Weg der Evolution gebracht. Ihr Bewusstsein wurde dazu angeleitet, seine eigenen Ursprünge zu erkunden und zu wählen, wie sich seine Evolution gestalten sollte. Genau dieser Weg hat Euch dorthin gebracht, wo Ihr heute seid. Er verlief nicht geradlinig, weil Euer Bewusstsein viele Eindrücke brauchte, von denen einige Euch eine große Hilfe waren und andere in Sackgassen führten. Sackgassen sind Momente, in denen Ihr innehalten, noch einmal einen Schritt zurücktreten oder einen Gedanken abermals durchdenken müsst, um dann von Neuem zu beginnen. Es sind Ereignisse, die ihren Sinn haben – nichts Fehlgeleitetes oder irrtümlich Aufgetretenes.

Durch Lehrer und Lehren öffnen sich neue Türen

Die Lehrer und Lehren, die Euch heute Orientierung geben, zielen darauf ab, die Türen zu öffnen, die aus dem einen oder anderen Grund ungeöffnet geblieben sind. Eine offene Tür ist eine Einladung, näher zu erkunden, was sich hinter der Schwelle befindet. Man kann es annehmen oder ablehnen. Ihr könnt durchaus ein anderes Land besuchen, ohne Euch seinen Bräuchen zu verpflichten. Und eine Beziehung, in der intime Geheimnisse ausgetauscht werden, muss nicht dazu führen, dass Ihr Eure eigene Lebensweise verändert.

Bewusstsein ist Moment für Moment gelebte Bestimmung. Es erweitert sich in dem Maße und auf die Weise, in der es erforscht wird. Wenn sich das Bewusstsein erweitert, zieht sich der Verstand zurück und lässt Wertungen, Meinungen und Konflikte in sich zusammenfallen wie ein Kartenhaus. Eines Tages werden bewusste Gedanken die ständig von Neuem abgespielte Schallplatte im menschlichen Geist ersetzen, und originelle Gedanken werden dem Menschen den Weg zu seiner kreativen Zukunft weisen.

Weisheit strahlt das Alles als Einssein aus. Das Einssein bewegt sich dann in sämtliche Richtungen und Dimensionen nach außen, ohne jede Voreingenommenheit. Es unterscheidet oder bestimmt nicht, wer oder was dessen würdig ist, Was-Ist. Mit zunehmender Ausdehnung wird das Einssein multidimensional und multidirektional. Schließlich erreicht es das, was ihr die hohen und dann die mittleren Himmelssphären nennen würdet. Das sind die Sphären, aus denen die meisten Eurer Lehrer in Erscheinung treten, sei es, dass man es bei ihnen mit physischen Wesen zu tun hat oder mit nichtphysischem Bewusstsein.

Die fünfte bis dreizehnte Dimension sind lose aneinandergebunden und erlauben eine Menge Spielraum. Innerhalb von ihnen gibt es viele Ebenen und Perspektiven zu erkunden, und in diesen wiederum finden sich aus der Erfahrung gewonnene Wahrheiten, Wahrscheinlichkeiten und Zeitlinien.

Diese Sphären sind nicht ausschließlich den Lehrern vorbehalten. Sie sind vielen zugänglich, auch denjenigen, die sich mit Fähigkeiten wie Telepathie und Channeling befassen. Unterscheidungen wie links und rechts oder ja und nein sind hier nicht ganz so konkret, und sie sind auch nicht dazu gedacht, konkret zu sein. Die Zukunft ist geregelt, aber nicht fest bestimmt, und darüber müssen sich alle im Klaren sein, die sich daran machen, Zeitschienen zu interpretieren. Das ist der Punkt, an dem Euer Verstand vielleicht Widersprüche festzustellen beginnt, denn die Interpretationen sind selten gleich, und die einzelnen Pfade münden zwar irgendwann wieder ineinander, aber zunächst streben sie oft auseinander. Da die Menschheit derzeit kurz vor einem großen Sprung in ihrer Evolution steht, treten die Unterschiede deutlicher hervor, als es sonst der Fall wäre, und auch die Interpretationen weichen stärker voneinander ab.

Selbst wenn man mit entsprechendem Abstand die Zeitlinien sehen kann, kann man zum jetzigen Zeitpunkt nicht davon ausgehen, dass sie exakt sind. Angesichts Deiner Sorge ist es am besten, Euer Vertrauen in Wahrheiten und Zeitlinien zu investieren, die eine Vision unterstützen, die Ihr mittragen könnt. Der tiefere Sinn des Lebens offenbart sich Augenblick für Augenblick, und selbst ganze Bände von Informationen, über die eine erhebliche Zahl von Experten sich einig sind, würden nichts daran ändern, dass Ihr die Realität lebt, die Ihr für Euch gewählt habt, und nicht eine, die ein anderer für Euch ausgesucht hat.

Baut auf Eure Lehrer und auf Euch selbst, dass Euch eine Vielzahl von Perspektiven offenbart wird, die Ihr näher erkunden könnt. Nehmt alles Euch Gebotene mit offenem Herzen und Geist entgegen. Taucht in die Bewusstseinssphäre ein, in der Euer eigenes kritisches Urteilsvermögen das Relative vom Realen unterscheiden kann. Wenn Konflikte entstehen, lasst nicht zu, dass Euer Kopf sich in einen Kampf mit Euren Lehrern oder sich selbst verstrickt. Erkennt vielmehr, wie viele gleichzeitige Wege parallel zueinander verlaufen mögen, wenn auch auf unterschiedlichen Ebenen und Dimensionen. Lasst Euch von Möglichkeit und Perspektive zu eben diesen Dimensionen hingeleiten und richtet Euch dort auf eine Wahrheit aus, die möglichst umfassend ist und die ganze Menschheit einbezieht.

Die dunkle Nacht der Seele

ANMERKUNG DES CHANNELMEDIUMS: Es inspiriert mich immer wieder ungemein und ich werde ganz ehrfürchtig, wenn ich die vielen und vielfältigen Lebensreisen betrachte, an denen Gaia und ich fast tagtäglich teilhaben dürfen. Außerdem schätze ich mich enorm glücklich, dass ich bei meinen Reisen durch die Welt, wenn ich bei kleinen und großen Zusammenkünften Gaias Worte und Weisheit vorstelle, bereits so vielen von ihnen persönlich begegnen durfte. Gaias Worte sind meistens warm und strahlen etwas von Weite aus, aber sie können auch ziemlich energisch und unverblümt sein, vor allem wenn Gaia ein Hindernis zwischen uns und der Erfahrung jenseits dieses Hindernisses wahrnimmt, das ausgeräumt werden kann. Wenn irgendwo die Möglichkeit zu einem großen Durchbruch existiert – lassen Sie es sich von denen gesagt sein, die Gaia gut kennen –, sollten Sie besser auf der Hut sein und sich bereithalten!

Ich habe mich innerlich gedrängt gefühlt, Sie an dem folgenden Essay teilhaben zu lassen, weil er eine leisere und intimere Seite unseres Bewusstseins anspricht, an der wir andere meist nicht teilhaben lassen wollen, zumindest nicht öffentlich. Ja, wir alle wissen mittlerweile – zumindest theoretisch –, dass unsere Gedanken genau das erschaffen, was wir erfahren. Und wir wissen, dass positive Gedanken für ein gesundes, vitales Leben unabdingbar sind. Aber was tun wir, wenn wir vergessen, wie das geht und wie wir so sein können?

In fast jedem Seminar und in vielen meiner privaten Sitzungen nimmt mich jemand schüchtern und etwas linkisch zur Seite und vertraut mir an, dass er oder sie das Gefühl habe, ganz vergessen zu haben, wie das geht, »spirituell« zu sein. Schreckensstarr bei dem bloßen Gedanken, diese

Worte auch nur laut auszusprechen, erzählen die Betreffenden dann, wie anders sie sich fühlen als ihre »spirituellen« Freundinnen und Freunde, die geradezu multidimensional zu expandieren scheinen. Eben das Forum, in dem die einzigartige Form des Selbstausdrucks dieser Person noch vor Kurzem willkommen war, scheint jetzt beklemmend zu sein und gerät zu einem exklusiven Zirkel, von dem sie ausgeschlossen ist.

Meine eigene Reaktion darauf sieht so aus, dass ich mich in allem, was die Betreffenden da derart mutig preisgeben, nur allzu gut wiedererkenne, weil ich selbst früher Ähnliches erlebt habe. Gaias Worte zu diesem Thema sind behutsam, einfühlsam und inspirierend. Sie sprechen diesen stillschweigend existierenden Ort in uns an, an dem wir verzweifelt sind und an dem wir uns gleichzeitig peinlich berührt fühlen, eben weil wir verzweifeln.

Behalten Sie das im Hinterkopf und betrachten Sie die folgenden Worte bitte als einen Anknüpfungspunkt – als etwas, was Sie vielleicht selbst schon einmal erlebt haben oder auch nie erleben werden, was aber zumindest die Weisheit und das Mitgefühl in Ihnen weckt, die Ihnen zeigen, wie Sie im Leben eines anderen auf nährende Weise präsent sein können.

Wir sind machtvolle und vielseitige Wesen, die in der Lage sind, fast alles zu erschaffen, wovon wir träumen und was wir uns einfallen lassen mögen, aber uns springen auch Momente der Zerbrechlichkeit an, der Angst und des inneren Ausgehöhltseins. Das folgende Kapitel ist für einen dieser Schlechtwettertage bestimmt. Ich hoffe, Sie werden es mit genauso viel Dankbarkeit annehmen können wie ich.

FRAGE AUS DEM PUBLIKUM: Ich habe etwas erlebt, was ich gerne einen Moment und ein Jahr des persönlichen Erwachens nennen möchte. Viele positive Veränderungen, die ich in meinem Leben vorgenommen habe, sind unmittelbar auf dieses Erlebnis zurückzuführen. Aber jetzt, ein Jahr später, befinde ich mich in einem Zustand der Verwirrung und Konfusion. Ich kann nicht richtig essen und schlafen, fühle mich emotional instabil und spirituell aus dem Gleichgewicht. Ich habe kleine Angstanfälle und zeitweise depressive Schübe. Oberflächlich betrachtet hat sich eigentlich *nichts verändert, und ich kann mir nicht helfen: Ich frage mich, warum nicht alles genauso gut oder besser läuft wie früher. Was ist da passiert? Was hat sich verändert? Neulich hat mir jemand von etwas erzählt, was Die dunkle Nacht der Seele genannt würde. Könntest Du diesen Zustand näher beschreiben und mir sagen, ob das dem entspricht, was ich gerade durchlebe? Wenn ja, kann man etwas dagegen tun? Im Laufe der Jahre habe ich mitbekommen, wie viel Deine Worte bei zahllosen Leserinnen und Lesern bewirkt haben. Ich bete darum, dass es auch mir so gehen wird.*

Wichtig ist es zunächst einmal, sich in Erinnerung zu rufen und zu würdigen, dass das spirituelle Erwachen – wie jedes andere lohnenswerte Ereignis auch – nicht ein einmaliger Moment der Verzückung ist, dem dann viele Leben in deliriumsartiger Pracht folgen. Das spirituelle Erwachen, das sind außerordentliche Momente, die das Gewöhnliche übersteigen und sich dann innerhalb der Erfahrungen ganzer Leben und über sie hinaus weiter entfalten. Solche Momente, gleich wie lange sie vorhalten, sind Schwenks des Bewusstseins von einem Gewahrsein zum nächsten. Sie sind zwar für das Wachstum Eurer Seele von unermesslicher Wichtigkeit und unauslöschlich in das Gedächtnis Eurer Zellen eingeätzt, aber sie sind auch im Hinblick auf die himmlischen Welten singuläre Momente. Sie lassen sich nicht mit der Gesamtheit der immer weitergehenden Reise Eurer Seele vergleichen, die mindestens so unermesslich ist wie die Ausmaße dieses Universums. Nur wenn all diese Erfahrungen aneinandergereiht werden, kann die Schönheit und der Glanz einer jeden einzelnen Perle Euch angemessen in Eurer Gänze spiegeln. Die Erweiterung Eures Bewusstseins vollzieht sich organisch und kontinuierlich. Es braucht dazu nicht die temporären Augenblicke der Ekstase, und es transzendiert sie sogar allesamt.

Ob Ihr es glaubt oder nicht, entgegen der landläufigen Meinung reicht das, was die Seele (und ihre Persönlichkeit) bei ihren Alltagsaktivitäten erlangt, mehr als aus. Gott richtet nicht darüber und beurteilt nicht einmal, wie viel von Eurem Handeln spirituell ist und wie viel weltlicher Natur, nur der Mensch tut das. So lächerlich es auch erscheinen mag: Während Ihr nach dem Sinn Eures Daseins sucht, lebt ihr ihn schon. Es könnte überhaupt nicht anders sein, weil Alles-was-ist immer zielgerichtet und nie inkonsequent ist. Und ob es Euch gefällt oder nicht, wir müssen außerdem anerkennen, dass Ihr vor allem Übende seid und noch nicht so versiert darin, Mystiker, Weise oder Spirituelle zu sein. Daher wird Eure Erfahrung größtenteils dieses Gesetz widerspiegeln. Die Tatsache, dass Eure Wesensessenz sich derzeit in einem aus stärker verdichtetem Licht bestehenden Gebilde namens »menschlicher Körper« aufhält, bewirkt, dass dieses Gesetz Vorrang gegenüber anderen hat. Es kann nichts schaden, das Prinzip des Universellen Gesetzes in Momenten wie diesen nochmals zu unterstreichen, weil es sonst schnell in Vergessenheit geraten würde.

Allerdings ist es schwer, nicht durch äußerst angenehme Erfahrungen ins Wanken gebracht zu werden. In solchen Momenten frohlockt die Seele, und die Persönlichkeit vergisst die Probleme und Kämpfe, die sie gerade noch zu überwinden versucht und auszutragen hatte. Feiernswerte Anlässe wie diese erinnern daran, dass es immer eine größere und eine kleinere Wirklichkeit gibt, die Seite an Seite und als Einheit existieren. Die Seele definiert sich nicht über diese Erfahrungen, wird aber von ihnen geleitet.

Um des Gegensatzes willen beachtet bitte, dass die Seele gar keinen so großen Unterschied zwischen Euren Erfahrungen sieht wie die Persönlichkeit. Sie spiegeln nur die Abhängigkeit der in der dritten Dimension heimischen Persönlichkeit von Gegensatzpaaren wie Gut und Böse, Licht und Dunkel wider. Die menschliche Persönlichkeit beurteilt, wertet und zieht das jeweilige Gegenteil zum Selbsterlebten als Vergleich heran, macht es vielleicht zum Maßstab, während die Seele Gegensätze nur als Varianten in einem umfassenderen Kontext sieht.

Die dunkle Nacht

Die dunkle Nacht offenbart sich als zutiefst menschlicher Prozess, bei dem das Selbst, das sich bisher für spirituell und daher für immun gegen die Ablenkungen durch das Alltagsleben gehalten hat, sich gezwungen sieht, noch einmal genauer hinzusehen. Manchmal muss die Seele (als Persönlichkeit) sogar den Rückwärtsgang einlegen in Bezug auf die Richtung, in die es ihrer Meinung nach weitergehen sollte, um die erforderlichen Qualitäten wiederzuerlangen, die sie übersehen oder irgendwo zurückgelassen hat.

Eure Seele ist daran interessiert, das Ganze zu einen, und wird sich mit weniger nicht zufriedengeben. Alle unterliegen dem Prozess des Sichentwirrens, um den es bei der dunklen Nacht der Seele geht, und selbst ein noch so sorgfältig gestaltetes und kultiviertes Leben bildet da keine Ausnahme. Die spirituell Belesenen und Informierten und diejenigen, die ein oder zwei Leben lang zu Füßen ihres Meisters gesessen haben, scheinen auf dieses Naturgesetz mit besonderer Härte zu reagieren, indem sie andere angreifen oder sich diese Wunde selbst zufügen, wenn das Drama unweigerlich seinen Lauf nimmt. So schwierig und prekär die dunkle Nacht auch ist, was die Seele betrifft, so ist es durchaus eine lohnenswerte Reise. Die Reise des Eingeweihten lässt sich gut nachahmen, solange der Weg breit ist. Wenn dieser irgendwann aber schmaler wird, wird nur jemand, dem es mit der Suche ernst ist, ertragen können, was ihm abverlangt wird.

Genau das, was die Ekstase mit sich brachte, nach der sich die Persönlichkeit so sehr sehnte, stellt sich jetzt anders dar – das Geschenk ist das gleiche, wird aber nicht als solches angenommen. Spirituelles Erwachen ist das Ergebnis, wenn das Ich sich entscheidet, als Selbst zum Vorschein zu kommen. Es ist eine Gelegenheit, die Wirklichkeit zu erfahren, statt eine Illusion, die sich selbst als real wahrnimmt. Stellt Euch vor, wie ein Bild in einem Spiegel zum ersten Mal aus diesem Spiegel heraustritt und über die eigene Schulter zurück auf sein Ebenbild blickt, das es einmal »Ich« genannt hat. Wird Euch da klar, wie tiefgründig die

Erfahrung für das Selbst sein könnte und wie verheerend für das kleine Ich?

Das kleine Ich, nicht vorbereitet auf diese Erfahrung, nimmt nur die Falschheit und Bedeutungslosigkeit wahr, von der es glaubt, sie gelebt zu haben, statt die höhere Chance, die sich darin bot. Der Abstand zwischen dem Ich und dem Selbst definiert die dunkle Nacht der Seele und bestimmt, wie lange sie anhalten wird. Nun fällt dem »Sitz« der Seele, dem geläuterten Herzen, die Aufgabe zu, sich den Weg durch das Dämmerlicht seines Menschseins zu bahnen, bis es imstande ist, im Dunkeln zu sehen. Anfangs erlebt es jede Einschränkung als endlich und endgültig und verliert so sein Vermögen, noch etwas zu tun oder zu sein, das kreativ und originell ist. So grausam dieser Wechsel auch wirken mag, es wird eine Zeit kommen, in der die Seele und die Persönlichkeit als Einheit hervortreten, und dann werden sie ein für alle Mal eindeutig wissen, wo die Hand Gottes ist und was sie bewegt.

Der Rückzug der geistigen Welt

In diesem Neuen Zeitalter, wo an jeder Straßenecke über den Erleuchtungszustand von Avataren und die Kunst debattiert wird, Durchgaben von der geistigen Welt zu erhalten, manifestiert sich die dunkle Nacht der Seele oft gerade im Verschwinden von Weggefährten. Meister, die als geistige Lehrer fungieren und objektive Vorstellungen eines hoch entwickelten Bewusstseins darstellen, sind zu zentralen Hilfsinstanzen geworden. Werden sie von den höheren Gesetzen Spirits wieder abgezogen, so hinterlassen sie als »Rückstand« etwas, was noch von ihrem Duft erfüllt ist und an dessen Stelle nur allzu schnell eine undurchdringliche Mauer des Obskuren tritt. Was könnte eine solche Intimität mit der geistigen Welt und eine solche wechselseitige Liebe schon ersetzen? Nur allzu schnell steigt da der Gedanke auf, dass lediglich etwas, was der Liebe nicht würdig ist, so leicht links liegen gelassen werden konnte. Und an diesem Punkt beginnt die seelische Qual.

Für die besonders Empfänglichen und intuitiv Ausgerichteten ist dieser spirituelle Verlust am schwersten zu ertragen und das beschriebene Fehlen umso bitterer, da seine Gegenwart solche Süße hatte. Dieser Rückzug geschieht oft auf der persönlichen wie auch auf der überpersönlichen Ebene. Würde zum Bespiel dieses Channelmedium hier [Pepper Lewis], dessen Stift gerade Gaias Worte wiedergibt, in eine solche dunkle Nacht fallen, würde das mit allergrößter Wahrscheinlichkeit auch den Stift zum Schweigen bringen. Viel größere Kreise, als man sich vorstellt, verfallen der hier beschriebenen Verzweiflung und klammern sich mit wenig glücklichem Ergebnis an das Ego und seinen Fundus an andressierten und ihm aufgezwungenen Worten. Nun, wo der spirituelle Kontakt nahezu ausgelöscht ist, bleibt dem Ich nichts anderes übrig, als sich wieder aufzurappeln, als sei es von den Toten erwacht. Allem beraubt, kehrt das Ich an seinen Ort der Unschuld und Einfachheit zurück und weint dabei manchmal lauthals wie ein Kind, man solle es doch nicht mehr im Stich lassen. An diesem Punkt muss das Ich quasi wieder ganz von vorn anfangen, denn selbst diejenigen, die glauben, nichts zu haben, haben dennoch alles, und das auf unbegrenzte Dauer. Und genau das ist es, was sie für sich wiederentdecken müssen. Götter und Lehrer, die dem Ich oder der Seele schmeicheln, sind nicht Gott genug, und genau deshalb folgt solchen Erfahrungen der Traurigkeit und Entbehrungen oft eine wahrhaftigere Ahnung von Göttlichkeit.

Diejenigen, die sich in ihren Gedanken und Taten am unschuldigsten und reinsten finden, erleiden eine andere dunkle Nacht. Menschen dieser Art, die sich selbst ins Exil ewiger Qualen geschickt haben, werden geradezu zwangsläufig Zeugen einer unablässig an ihnen vorbeiziehenden Parade weniger verdienstvoller Individuen, die für die kleinste Tat belohnt werden. Ihnen kommt es so vor, als müssten gerade sie, die Gottes Liebe und ein günstiges Geschick doch so sehr verdient haben, sich ganz hinten anstellen – vergessen, fallen gelassen und verkannt. Sprachlos angesichts einer solchen Wendung der Umstände und all ihren Bemühungen sich zu zügeln zum Trotz, ertappen sie sich zunehmend dabei, schlechte Gedanken zu haben und auszusprechen, was die Freigiebigkeit und Ressourcen anbelangt, die anderen zuteil werden. Von ihrem eigenen Pech überwältigt, setzen sich schlechte Omen und unausgesetztes Unglück fast alltäglich für sie fort. Je mehr Gutes sie tun, desto tiefer scheinen sie in die Dunkelheit zu fallen, aus der sie ihrer Meinung nach gar nicht mehr herauskommen. An diesem Punkt werden viele zu glauben beginnen, dass Gott in der Tat die dunkle Seite und diejenigen begünstigt, die stets zuerst an sich selbst denken. Wenn sich ihre Lage dann noch weiter verschlimmert, kämpfen sie mit sich, ob sie auch so sein sollen wie andere, um auch zu bekommen, was sie bekommen. Oder ob sie geächtet und allein in einer Welt leben sollen, in die sie nicht mehr aufgenommen werden.

Bei diesem Prozess, der dunklen Nacht der Seele, reinigt sich die Seele durch die Erfahrung ihrer eigenen Unvollkommenheit. In Begleitung der Persönlichkeit setzt sich die Seele noch einmal mit jeder tatsächlichen oder eingebildeten Sünde auseinander. Jedes Teilchen oder Atom wird förmlich unter die Lupe genommen und auf gigantische Ausmaße vergrößert, um auch ja nicht die kleinste Kleinigkeit zu übersehen. Angesichts einer solchen Verzerrung muss das Ich einfach sehen, wie erbärmlich und was für eine Kreatur es ist. Je größer der Abstand zwischen Ich und Seele wird, desto weiter entfernen sich Licht und Dunkelheit voneinander. Dadurch werden die Annehmlichkeiten des Lebens zu kaum mehr als Abstraktionen und Ablenkungen – beides eine Bürde, die schwer auf nun schmächtigen und unsicheren Schultern lastet.

Die ewige Nacht

Es liegt in der menschlichen Natur, ohnehin nicht vermeidbar Gewesenes zu bedauern, rückblickend seine Irrtümer zu sehen, statt den Blick nach vorn und ins Unbekannte zu richten. Ebenso wie zu denken, dass das Wohlwollen von Dauer sein sollte und das Übelwollen nur vorübergehend. Die größere Wahrheit lautet jedoch, dass alles zeitlich begrenzt und vorübergehend ist. Allerdings ist Euer innerstes Sein, das, was die Gegenwart Eurer Seele ausmacht, ewig. Das Vorübergehende ist eine Seite dessen, was dauerhaft ist, aber das Dauerhafte ist kein Aspekt dessen, was ewig ist. Und genau diese Wahrheit (auch ein Universelles Gesetz) vergessen Ich und Persönlichkeit/Selbst und Seele bei ihrem Niedergang in die dunkle Nacht.

Dauerhaftigkeit wird in dem entdeckt, was ewig oder sehr lange überdauert. Sie gilt für alles, was sich nie verändert oder bei dem keine wesentlichen Veränderungen zu erwarten sind. Dauerhaftigkeit bezieht sich auf alles Physische. Sie kann sich auf Stonehenge beziehen wie auch auf Euren physischen Körper. Stonehenge steht, wie man glaubt, schon seit vielen tausend Jahren, und man kann sich vorstellen, dass es noch viele weitere erhalten bleibt. Es erweckt fast den Eindruck, als könnte man es mit etwas Bleibendem zu tun haben, aber ebenso, wie es zu einem bestimmten Zweck errichtet wurde, wird seine Erschaffung auch eines Tages wieder rückgängig gemacht werden, wenn dieser Zweck nicht mehr gegeben ist. Das Gleiche gilt für Euren physischen Körper. Er scheint fest und dauerhaft, weil sein Dasein einem bestimmten Zweck dient. Eines Tages, wenn sein höherer Daseinszweck ein anderer geworden ist als heute, entscheidet Ihr Euch vielleicht dafür, ihn abzustreifen oder ihn in neuer Gestalt wiederzuerschaffen. Bis auf Weiteres haben Dauerhaftigkeit und Zweckdienlichkeit ihn zu dem Euren gemacht.

Die Ewigkeit ist eine nichtphysische Qualität. Sie ist zeitlos und deshalb unberührt vom Verstreichen der Zeit. Eure Seele besteht aus dieser Eigenschaft des Immerwährenden. Sie bewirkt, dass es Eurer Seele bestimmt ist, ihre eigene Göttlichkeit zu entdecken. Einer der Wege, auf dem Eure Seele die ihr bestimmte Reise unternimmt, ist der über die Erfahrung einer menschlichen Inkarnation. Das Dauerhafte und das Ewige stehen in einer ganz einzigartigen Beziehung. Beide gehorchen denselben Gesetzen – eines durch seine physische Manifestation und das andere durch den Gegensatz hierzu. Ich und Selbst (keines höher, keines niederer) gehorchen denselben Gesetzen, und beide ergänzen sich zwar, aber oft ist es genau der Gegensatz zwischen ihnen, der für die Menschheit die größte Herausforderung darstellt.

Dieser wenig verstandene Gegensatz ist einer der Faktoren, die zu jener Trennung beitragen, die in Verbindung mit dem Prozess rund um die dunkle Nacht der Seele am häufigsten beschrieben werden. Die Seele, die sich selbst als wenig erkennt, begrüßt die dunkle Nacht als eine Chance, ihre eher mit Unsicherheit verbundenen Erfahrungen noch einmal eingehender zu betrachten. Die Seele ist bestrebt, ihre Reise zu optimieren, und sieht die dunkle Nacht als nicht viel mehr als einen Vorboten der Morgendämmerung. Das Persönlichkeits-Ich, das glaubt, sein Daseinszweck hinge mit einem einzigen Leben zusammen, hat Angst davor, ins Stocken zu geraten oder auch nur eine Verzögerung zu riskieren. Die Persönlichkeit betrachtet die dunkle Nacht als eine nicht bestandene Prüfung – eine Prüfung, bei der ihr auf den Zahn gefühlt wurde und bei der sie versagt hat. Und jetzt wartet sie nur noch auf die wohlverdiente Geißelung für ihre Sünde, die nichts anderes ist als die menschliche Natur.

Die Wiederherstellung des Lichts

Die dunkle Nacht der Seele währt nur so lange, wie da eine mutmaßliche Sünde ist. Kann man das spirituelle Erwachen als nichts anderes denn ein Voranschreiten ewiger Momente sehen, so wird eine dunkle Nacht auch nicht länger dauern als die Nacht selbst – leuchtet das ein? Ein spirituelles Erwachen ist ein Grund zum Feiern, aber es ist keine Belohnung, die man eines Tages erhält und die einem dann wieder genommen wird. Dennoch darf man sich darauf einstellen, am einen Abend ein üppiges Mahl zu genießen und am nächsten einfachere Kost.

Der Tag geht mit der gleichen Gewissheit in die Nacht über, wie aus der Nacht wieder der nächste Tag wird, und auf unsere Erfahrungen könnte das kaum mehr zutreffen.

Verwirrung, Durcheinander und Angst regieren dort, wo das Getrenntsein am stärksten präsent ist. Wenn Du abgeschnitten bist von dem Atemzug, den Du tust, wirst Du beim Einatmen bewusst den Brustkorb heben und beim Ausatmen seufzen. Wenn Euer Augenmerk nicht auf Eurem körperlichen Wohlergehen liegt, so wird der Körper unablässig auf Nahrung bestehen, die er nicht bekommt. Und wenn Ihr die Angst in Euch tragt, Euch fehle der Mut, um durchzuhalten und Hindernisse zu überwinden, wird Euer Körper keine Ruhe finden und sich dem Frieden, den der Schlaf bringt, nicht hingeben können.

Emotionale Stabilität ist das Resultat des Vertrauens, das im Hinblick auf den nächsten Augenblick und die nächste Erfahrung empfunden wird. Depressionen sind das hartnäckige, aber erfolglose Beharren des Ichs darauf, alles allein in Händen halten zu wollen. Ohne das Zusammenwirken und die Anerkennung beider Gehirnhälften bleibt innere Ausgeglichenheit jedoch in unerreichbarer Ferne. Das spirituelle Gleichgewicht wird dann wiederhergestellt werden, wenn rigide Glaubenssätze sich auflösen und neue Möglichkeiten aus ihnen erwachsen.

Die dunkle Nacht der Seele ist ein Phänomen, das mit dem spirituellen Erwachen in Verbindung steht, und man sollte sie nicht fürchten. Nun ist es aber nicht unbedingt so, dass einem spirituellen Erwachen eine dunkle Nacht folgt oder vorausgeht, da beides nichts anderes ist als die Erfahrung, wie die Seele sich ausdehnt. Hütet Euch dennoch vor denen, die Euch einen Weg versprechen, der von Eurer eigenen Mitte weg und in die eines anderen führt. Nur allzu oft münden diese Erfahrungen in eine andere Form von Schmerz und Leid. Habt Geduld, wenn Ihr diese Erfahrungen durchlebt, und umgebt Euch mit Menschen, die Euch das gleiche Verständnis entgegenbringen. Setzt Eure Schritte langsam und mit Bedacht, da es gut sein kann, dass Euer Weg während dieses Zyklus im Dunkeln bleibt. Bedauert Euch selbst, wenn Ihr müsst, aber suhlt Euch nicht in Selbstmitleid. Gewöhnt Eure Augen daran, im Dämmerlicht zu sehen, damit Ihr anderen behilflich sein könnt, dies ebenfalls zu tun, wenn es verlangt wird.

Sollte das, was Ihr aktuell erlebt, Euch zu ähnlichen Momenten zurückbringen, die geradewegs Eurer Vergangenheit entkrochen zu sein scheinen, so würdigt sie als solche. Stellt Euch ihnen direkt und ehrenhaft. Die Sonne (der Sohn) kehrt zur festgesetzten Stunde wieder, und bald genug wird das Licht seine Schatten werfen. Wenn Ihr im Treibsand feststeckt, kämpft nicht dagegen an. Werft Eure Dichte ab, bis genug Auftrieb da ist, um das Ufer zu erreichen. Über und über von Schlamm bedeckt mögt Ihr zwar sein, aber Ihr habt Euch nicht geschlagen gegeben. Eure einzige Sünde besteht darin, die Gesetze zu vergessen, nach denen die Natur in der dritten Dimension ihr Regiment führt – diese Gesetze gelten auch für die menschliche Natur. Das Heilmittel besteht darin, sich zu erinnern und bei Bedarf zu verzeihen. Das Licht ist nie abwesend, doch wird es oft vom Schatten definiert.

SPÄTERE HINZUFÜGUNG VON GAIA: Geneigte Leserinnen und Leser im Körper und im Geiste – diese Worte sind für Euch und das Kind in Euch, das noch immer an das Getrenntsein glaubt, das nichts als eine Angst ist, aber dennoch real, zumindest in Eurer Wahrnehmung. Es ist Schnee von gestern, wird sich aber in Eurem Heute postieren und versuchen, Euch bis zu Eurem Morgen zu folgen. Denkt daran, dass es manchmal langsam vorangeht, wenn Ihr einen neuen Weg ersinnt. Allerdings ziemt sich für Euch ein langsamerer neuer Weg eher als ein ausgetretener Trampelpfad, der kein neues Panorama und keine neuen Ausblicke erschließt. Wenn Eure primäre Sorge darin besteht, dass Ihr nicht wisst, wo es hingehen soll, beginnt mit dem Tal des Friedens. Schon viele haben diese Oase auf ihrer Suche nach dem schnellsten Weg ins Königreich Shambala erst übersehen, nur um später kehrtzumachen, als seine heilenden Hallen höchst willkommen waren. Vielleicht besuche ich Euch dort und wir setzen uns dann ein wenig zusammen, denn es ist auch mein Zuhause.

Uns alles bewahren,
indem wir alles weggeben

Bleibt uns das Gelernte erhalten? Mit anderen Worten, wenn wir uns durch unsere Problemthemen hindurcharbeiten und hindurchkämpfen, uns über unseren Daseinszweck klar werden und so weiter, wird das dann in unserer Seele aufgezeichnet oder ihr eingeprägt, damit wir bei der nächsten Runde nicht noch einmal von vorn anfangen müssen? Ich würde es mir gerne so vorstellen, denn was sollte das Ganze sonst bringen? Aber andererseits: Wenn wir uns an alles erinnern, warum fürchten sich dann so viele davor, zurückzukommen oder die gleichen Muster und Fehler zu wiederholen?

Ja! Ihr könnt Euch alles bewahren und sogar noch mehr! Das Universum ist insofern vollkommen, als es eigenständig dazulernt. Und da das Universum vollkommen ist, seid Ihr es auch. Vollkommenheit enthält und erklärt Ganzheit und umgekehrt. Das heißt, dass Ihr nie wirklich außen vor wart und Euch draußen die Nase platt gedrückt habt, obwohl es Euch manchmal so vorkommt. Es ist sogar umgekehrt: Ihr befindet Euch mittendrin und blickt von dort nach draußen und zur Seite, in die Zukunft und zurück. Um die Antworten auf Eure Fragen zu verstehen, müssen wir sie aus einer dieser Warten betrachten.

Ausschlaggebend für das Leben, für *alles*, was mit dem Leben zusammenhängt, ist, *dass* Ihr lebt. Das ist der einzige Punkt, den es sich zu merken lohnt. Da Ihr schon vollkommen und ganz seid, kann es nichts geben, was Ihr nicht seid, und es kann nichts geben, was Euch fehlt. Wie also seid Ihr zu der Annahme gelangt, Ihr müsstet etwas lernen, um daran zu wachsen und Euch durch

Probleme hindurchwursteln, um Euch das zu verdienen, was Ihr Euch davon zu bewahren hofft? Diese Glaubenssysteme – sie sind es, die bewirken, dass 3D erst einmal fest einzementiert bleibt, wo es ist, zumindest so lange, bis Ihr es von seiner derzeitigen Verpflichtung Euch gegenüber befreit.

Die Weisesten unter Euch und jene, die Euch von jenseits der Grenzen von 3D behilflich sind, werden Euch sagen, dass eines der Geheimnisse des Lebens darin besteht, mehr zurückzulassen, als Ihr mitnehmt, und bereit zu sein, fast alles aufzugeben – selbst Wissen –, wenn sich die nächste Tür öffnet. Wann diese nächste Tür sich öffnen wird? Sobald Ihr nahezu alles aufgebt. Ja, es ist eine meisterlich paradoxe Angelegenheit! Ein anderes Geheimnis (ebenso paradox) besteht darin, fast alles genau so zu hinterlassen, wie man es vorgefunden hat, was das Axiom zu negieren scheint, das sich dafür ausspricht, auf der Welt etwas zu bewirken und sie in einem besseren Zustand zu hinterlassen, als man sie vorgefunden hat. Die Antwort auf diese Paradoxie – und auf viele weitere – lautet, dass das, *was* Du bist (heil und ganz), wichtiger ist, als *wer* Du bist oder was Du tust.

Tun ist vom Denken gelenkte Aktivität. *Sein* ist der aktive Aspekt der Seele. Eure Seele ist nicht auf die Erde gekommen, um zu arbeiten, zu schuften oder zu machen. Allerdings ist Eure Seele auch nicht zum Nichtstun auf die Erde gekommen. Eure Seele hat für Euch im Sinn, eins mit dem Ich zu *sein*, eins mit dem Nicht-Ich (anderen) und eins mit Allem-was-ist. Euer Daseinszweck in diesem und in anderen Leben besteht darin, genau das zu erreichen und dabei gleichzeitig einen physischen Körper zu unterhalten und zu nähren, die am stärksten verdichtete Form von Leben. Das Sein ist die höchste Form des Tuns – schließlich ist es das, was Gott ist (nicht tut). Wenn es stimmt, wie man so schön sagt, dass die Nachahmung eine aufrichtige Form von Schmeichelei ist, so schmeichelt Gott, indem Ihr das seid, was bereits ist, denn das, was bereits ist, *hat* auch bereits – erkennt Ihr das?

Behalten, was man lernt

Ihr lernt ständig dazu. Jeder Tag und jeder Augenblick ist eine Chance zu lernen, aber es gibt noch eine Möglichkeit, die Ihr Euch einmal durch den Kopf gehen lassen könnt: Was, wenn ein weiterer Grund für Euer Hiersein darin besteht, Gelerntes wieder zu *verlernen*? Was, wenn vieles von dem, was Ihr glaubt und was man Euch beigebracht hat, ein Irrtum ist, wie der weise Kopernikus einst sagte? Was, wenn ein Teil jedes von Euch gelebten Lebens dem Verlernen, dem Rückgängigmachen und Auflösen von Gedachtem gewidmet war? Wenn das der Fall wäre, dann könnte man sagen: Je schneller Ihr vergesst, wer Ihr gewesen seid und was Ihr gelernt habt, desto besser würdet Ihr dastehen!

Ich sage Euch das im Scherz, damit Ihr das Verdienstvolle seht, das sich hier im Gewand des Humors verbirgt. Habt Ihr gelernt oder verlernt, was Eure Eltern Euch beibrachten? Wie lange hat es gedauert, bis Ihr das in Eurer letzten Beziehung Gelernte so weit wieder verlernt hattet, dass Ihr eine neue eingehen konntet? Das Leben ist ein Prozess des Lernens und Verlernens, des Seins und Tuns, des Erschaffens und Zerstörens. Wenn unsere Prämisse sich als wahr erweist, was behaltet Ihr dann am Ende? Nichts, absolut nichts, da es nichts zu behalten gibt. Und das Absolute, das nichts ist (engl.: *no-thing*, also »kein Ding«), kann man nicht behalten, leuchtet Euch das ein? Ja, es ist auch wieder paradox. Spirit, das Alles, das Absolute und das Kein-Ding (Nichts) – sie alle sind ein und dasselbe. Ob Ihr es also alles behaltet, es alles weggebt, es alles vergesst, Euch an alles erinnert oder es allesamt ignoriert, spielt keine Rolle.

Bei der Gestaltung Eures Lebens hat Eure Seele sich nach Kräften bemüht, Euch beizubringen, alles haben zu können, indem Ihr alles seid, und dann all das zurückzulassen. Mittlerweile hat Eure Persönlichkeit das so interpretiert, dass sie glaubt, ganz auf Euer höheres Wohl ausgerichtet zu sein, entsprechend der Wahrnehmung durch die 3D-Illusion. An diesem Punkt wird es interessant, da der Daseinszweck der Seele vorsieht, Materie aufzulösen, während die Persönlichkeit es eilig hat, anzuhäufen, was immer sie kann. Das Ergebnis kann schon verwirrend sein, aber selbst die Verwirrung gehört mit zum Plan, da man letztlich nur einem Herrn dienen kann, und Ihr seid hier, um herauszufinden, wer oder was dieser Herr, dieser Meister ist. Der Herr, der Meister ist das Ich/ Nicht-Ich. Er ist Materie/Antimaterie. Er ist das, was war, was ist und was sein wird. Euer Herr, Euer Meister ist nicht Eure Seele, ja nicht einmal der Lehrer Eurer Seele. Größtenteils ist er alles, was Ihr nicht zu sein meint. Deshalb ist diese Reise so wichtig. Sie offenbart Euch auf subtile und grobstoffliche Weise, was Ihr am dringendsten erfahren müsst.

Ihr behaltet alles von Euch Entdeckte, und es bleibt in Eurem gesamten Seinskern intakt und durchwirkt ihn komplett. Ihr nehmt es mit, wohin Ihr auch geht, doch nicht immer auf der bewussten Ebene. Ihr wiederholt eine Erfahrung nicht, es sei denn, Ihr wollt es. Die Entscheidung liegt bei Euch, aber manchmal erkundet Ihr ein Thema eher aus zahlreichen Warten, um es vollständig zu verstehen. Nur Ihr könnt entscheiden, wann das abgeschlossen ist und ob es ein Leben lang dauert oder tausend.

Die geistige Welt richtet nicht. Ihr denkt Euch Eure Erfahrungen als einen Lernprozess, der sich am Lernen an der Universität orientiert. Für die geistige Welt sind sie wie ein Tagesausflug nach Disneyland, ein Besuch im Land der Illusionen und Spiegelkabinette. Um das Erlebnis jedoch so real wie möglich zu machen, entwirft Eure Seele einen Daseinszweck für Euch, den zu entdecken und zu erfüllen Ihr aufgefordert seid. Solange Ihr im Körper seid, nehmt Ihr diesen Daseinszweck sehr ernst, immer bemüht, seine Anforderungen zu erfüllen und zu übertreffen. Ist das abgeschlossen, hofft Ihr, die Reifeprüfung bestanden zu haben und die nächste Erfahrungsebene zu erreichen.

Um die Wahrheit zu sagen: Mitunter fügen sich Tausende von Leben zusammen (statt sich zu trennen) und überlappen sich, damit Ebenen zum Abschluss gebracht werden können. Das lehrte man schon in alter Zeit, aber vor allem heute hoffen viele, sie seien die Ausnahme von dieser Regel. Wenn Ihr sehen könntet, dass

Zeit wirklich nicht existiert und dass viele Eurer Leben gleichzeitig gelebt werden, würdet Ihr nicht den Erfolgsdruck verspüren, den Ihr Euch da aufgetürmt habt. Viele in Eurer heutigen Zeit erweisen Euch einen Bärendienst, indem Sie Euch nicht die ganze Wahrheit offenbaren. Und natürlich gibt es auch viele, die es eilig haben damit, etwas zu lehren, was sie noch nicht wirklich wissen. Sei's drum. Es ist alles in göttlichem Einklang, denn jenen, die sich von solchen Lehrern angesprochen fühlen, ist es bestimmt, zu lernen, indem sie irregeführt statt geführt werden.

Arbeit, Schufterei und Kampf

Es mag Euch überraschen, aber es war nie so gedacht, dass Ihr Euch durch Eure Probleme hindurcharbeiten und durchbeißen müsst. Der Daseinszweck Eurer Seele und die Themen, mit denen Eure Persönlichkeit sich auseinanderzusetzen hat, sind nicht ein und dasselbe. Der Irrglaube, dass dem so sei, begann vor vielen Zeitaltern, als ein ehrwürdiger Lehrer ein Wort, das in etwa »verkettet« bedeutet, fälschlicherweise mit »in Ketten gelegt« übersetzte. Die Leben eines Menschen sind miteinander *verkettet*, was bedeutet, dass eines mit dem anderen verschränkt ist und Überschneidungen mit dem Leben davor und danach aufweist. Das Kettenmuster geht irgendwann in eine Spirale über, was für es natürlich ist. Auf diese Weise offenbart es sich Euch nach und nach und vervollkommnet sich dabei zunehmend. Auch Eure DNS ist eine *Kette* und gleichzeitig Spirale, merkt Ihr das? Die falsche Interpretation schuf den Raum für Eure Annahme, dass Ihr an die physische Dimension gekettet wärt, dass sie Euch Fesseln anlegen würde wie ein Herr dem Sklaven, den dieser besitzt. Seitdem habt Ihr im Schweiße Eures Angesichts auf den Feldern geschuftet, ungeachtet des Lebens, das Ihr für Euch gewählt habt.

Eure Themen sind Euer Widerstand dagegen, das Werk der Seele zu verrichten. Größtenteils geht es um unvollendete Projekte aus Eurem letzten Leben, und jetzt werden sie vor Euch sichtbar, damit Ihr sie nicht länger in neue Leben hineintragt. Je länger Ihr sie mitgeschleppt habt, desto dichter und undurchdringlicher wirken sie. Seltsamerweise beschließt Ihr an irgendeinem Punkt, an dem Ihr sie nicht mehr ausstehen könnt, dass Ihr ja schließlich gar nichts mit ihnen zu schaffen hättet und dass sie wohl sicher zu jemand anderem gehören müssten – zu Euch jedenfalls nicht. Menschen sind schon auf eine vergnügliche Weise faszinierend! Und weil Euch auch immer etwas einfällt, werdet Ihr einen Weg finden, Eure Problempunkte aufzulösen, ob Ihr glaubt, dass es die Euren sind, oder nicht. Ein Weg könnte darin bestehen, dass Ihr Partnerschaften und Freundschaften eingeht, die Euch inspirieren, begeistern, überreden oder zwingen, Euch mit Dingen zu befassen, denen Ihr sonst vielleicht aus dem Weg gehen würdet. Stört und ärgert Euch Euer Partner oder Eure Partnerin mit Problemen, Angewohnheiten und unmöglichen Dramen? Dann seid Ihr gut beraten, in den Spiegel zu schauen und darüber hinwegzukommen!

Eure Lebenslektionen sind nicht mehr als *Euch bestimmte Erfahrungen*. Das sind die Erfahrungen, die Eure Seele in Eure Alltagswirklichkeit hineingeschmuggelt hat. In einigen Fällen sind sie an eine bestimmte Epoche oder Zeit gebunden, meist jedoch wurde davon ausgegangen, dass Ihr zu der Zeit über sie stolpern würdet, in der es Euch am *wenigsten* gelegen käme. Dadurch würde dann eine Reaktion und nachfolgende Auflösung für das Ganze erreicht statt einer vorab geplanten Antwort. Eure Lebensthemen sind die Perlen, die Ihr unterwegs auflest, und aus dem Blickwinkel Eurer Seele könnte es nichts Besseres geben! Lebenslektionen ist es zugedacht, sich in einem Leben zu wiederholen, oft sogar gleich mehrmals. Wenn Ihr Euch sagen hört: »Oh nein, nicht schon wieder!«, dann könnt Ihr davon ausgehen, dass Ihr es genau damit zu tun habt! Passt gut auf und beherzigt die Weisheit, die der Moment Euch anbietet. Sinnt nicht darüber nach, was Euch da heimgesucht hat und ob Ihr das verdient habt oder nicht. Beobachtet, integriert, reagiert und lernt.

Wiederholungen von Mustern und Fehlern

Eure Seele macht keine Fehler, und ebenso wenig macht Ihr welche. Ihr seid das Ebenbild und Modell von Allem-was-ist, von daher kann es unmöglich sein, dass das, was die Menschheit ist und tut, einen Fehler darstellt. Allerdings ist die Menschheit ungeachtet dessen eine verschwenderische Spezies, und das bezieht sich auf Momente wie auch auf ganze Leben. Ein verschwendeter Moment ist einer, der blind, taub oder begriffsstutzig im Hinblick auf die geistige Welt ist. Ein vertanes Leben ist eines, das ignorant und engstirnig ist. Nicht! Hört schnell auf, über diejenigen zu urteilen, die beim Lesen dieser Worte vor Euer geistiges Auge getreten sind, denn ich lenke sie gezielt zu Euch! Nur allzu rasch schleicht sich eine Wertung ein und tarnt sich als Wissen. Wissen ist nicht weit entfernt von Selbstgefälligkeit, und die Neunmalklugen des noch in den Kinderschuhen steckenden Wassermannzeitalters müssen sich davor in Acht nehmen, indem sie sich einen Geist bewahren, der gänzlich offen ist und nicht nur ein Stück weit offen steht. Auch das Herz sollte weniger den Hang haben, seine Zustimmung an Bedingungen zu knüpfen.

Muster sind Lektionen, die Ihr bereits gelernt habt, denen Ihr aber immer noch zuneigt. Sie gleichen Einladungen zu einer Party, wie Ihr sie zur Genüge kennt, oder dazu, erneut das gleiche Outfit anzuziehen. Da Muster dem Einzelnen gut stehen, sind sie nicht so schnell bereit, diesen aufzugeben. Sollte es ein Foto von Euch geben, das Euch besonders zusagt, überlegt einmal, wann und wo es aufgenommen wurde. Was habt Ihr damals gemacht oder gedacht? Was meint Ihr, warum dieser Moment so wichtig ist? In diesem Foto steckt ein Muster, das Spuren in Eurem Geist hinterlassen hat. Das Gleiche gilt für Erfahrungsmuster, für Prägungen und Aufzeichnungen, die in Eure Realität eingeätzt wurden.

Die Seele spricht eine verschlüsselte und symbolhafte Sprache. Der Verstand interpretiert das dann, aber angesichts der Verzerrungen der dritten Dimension nicht allzu genau. Eure Fantasie ersinnt interessante Möglichkeiten, Eure Muster darzustellen, gleich ob sie positiv oder negativ sind. Habt Ihr schon gewusst, dass Euer Denkapparat gar nicht den Unterschied zwischen einem positiven und einem negativen Gedanken kennt? Eben das ist einer der Gründe dafür, warum Menschen mit krimineller Energie Schwierigkeiten haben, sich zu bessern. Es ist schwierig, etwas zum Umlernen oder Umprogrammieren zu bringen, was sich mit dem Differenzieren schwer tut. Die Seele ist der Schlüssel.

Die Seele wird Eure Muster nicht durchbrechen, selbst wenn Euer Verstand sich darum bemüht und die Seele sogar anfleht, unterstützend tätig zu werden. Und warum nicht? Weil ein Muster eine Verstärkung darstellt und das, was den Damm, so schwach er auch sein mag, an Ort und Stelle hält. Das ist doch eine angemessene und verständliche Metapher, oder? Spinnt man sie fort, ist es wichtig, das eigene Fundament (die Seele) zu stärken, ehe die Dammkronen überflutet werden.

Eure Seele tut das, indem sie sich dem Geist so lange ergibt, bis er das Muster leid ist und eine Lösung des Ganzen begrüßen würde. In einem solchen günstigen Moment bietet die Seele dem Geist eine verschlüsselte Auflösungsmöglichkeit für das Muster an, das sich dann ein für alle Mal vervollständigen kann.

Muster sind keine Gewohnheiten. Gewohnheiten sind spezifische Symptome, die sich auf diese physische Inkarnation beziehen. Sie sind unbewusste, uneinheitliche, irrationale und unwillkürliche Assoziationen. Mit etwas Gewahrsein lassen sich Gewohnheiten mühelos überwinden. Gewahrsein ist nicht Intelligenz, es ist Bewusstsein und kann gewählt werden. Es gibt eine Verbindung zwischen dem Geist und Eurer bewussten Wahrnehmung. Sie sind ungleiche Partner, die dennoch miteinander tanzen müssen, weil die Musik für beide spielt.

Gewohnheiten sind dazu gemacht, durchbrochen zu werden, aber nur, wenn die Partnerschaft es diktiert. Das ist mit ein Grund dafür, warum Ihr nicht einfach mit dem Rauchen aufhören könnt oder mit einer anderen Angewohnheit, wenn wir schon bei dem Thema sind.

Vorbereitung auf das nächste Mal

Ihr fürchtet Euch nur dann davor, *nächstes* Mal zurückzukommen, wenn Ihr Angst habt, womöglich nicht alles erledigen zu können, was Ihr Euch für *dieses* Mal vorgenommen habt. Es gibt immer ein nächstes Mal, ob es hier gelebt wird oder anderswo, auf der dritten Dimension oder jenseits von ihr.

Das Universum ist ein lebendiges Universum, und zu leben ist Universelle Einheit. Da Ihr Euch an den Gedanken gewöhnt habt, versklavt zu sein, ist es nur natürlich, dass Ihr den von Euch errichteten Gefängnissen der Illusion zu entrinnen versucht. Niemand wird Euch ohne Eure Einwilligung noch ein weiteres Leben zuschieben, und Ihr seid heute nicht hier, weil ihr beim letzten Mal versagt habt. Viele Leben sind hintereinander aufgereiht in einem einzigen Entdeckungszyklus, und eine Kette setzt sich aus vielen hundert Leben zusammen. Das Universum ist weit und vielfältig, und das Gleiche gilt für Euch selbst.

Heutzutage verkünden viele mit vor Stolz geschwellter Brust, dass dies ihr letztes Leben auf der Erde sei. Soll ich ihre kosmische Seifenblase zerplatzen lassen, indem ich ihnen etwas anderes sage? Ihr könnt zu diesem Zeitpunkt nicht wissen, ob das stimmt oder nicht. Es ist nicht mehr als Wunschdenken von Seiten jenes Teils der Persönlichkeit, der vielleicht müde oder verärgert ist. In diesen Fällen wird die Persönlichkeit die vom Kopf her kommenden Worte glauben, wenn sie verkündet werden, oder sie zieht sogar andere Personen in ihr Umfeld, damit sie ihr das bestätigen. Bestenfalls ließe sich sagen, dass dies das letzte oder vorletzte Leben in einem Zyklus oder einer Kette ist. Die Neunmalklugen melden sich nur allzu rasch zu diesem Thema zu Wort. Die Weisheit rät dem Weisen, zu schweigen und einfach zu *sein*.

Dem nächsten Tag oder nächsten Leben entgegenzubangen, verlangsamt alles, manchmal bis zu dem Punkt, dass es zum Stillstand kommt. Beobachtet Ihr das heute nicht um Euch herum? Die Welt hat Angst vor dem Ende der fossilen Brennstoffe auf Kohlenstoffbasis, und so erlebt sie ihren Mangel. Das führt zu Angst,

Klagen, Horten und mehr. Fürchtet jemand das Altern des eigenen Körpers, dann ist das Ergebnis ähnlich: Der Körper verliert an Spannkraft und legt einen langsameren Gang ein. Ohne jugendliche Gedanken versteift er das Skelett, das sein Grundgerüst abgibt, und zerknittert den Teint seiner Haut so, dass er eher an Herbst und Winter erinnert statt an Frühling und Sommer.

Bangnis beschwört Schmerzen und Leid herauf, und während die drei sich gegenseitig ihre Wehwehchen klagen, wird es ernst mit der Stagnation des aktuellen Lebens. Was bringt es, einem zukünftigen Leben entgegenzubangen, wenn das jetzige nicht voll realisiert wurde? Das Pflanzen- und das Tierreich bangen nicht der nächsten Jahreszeit entgegen, geschweige denn einem nächsten Leben. Habt Ihr gewusst, dass Ihr, wenn Ihr aus einem Körper ausgetreten seid und Euch zwischen den Leben befindet, nahezu alles tun würdet, um wieder in einen solchen eingeladen zu werden? Überrascht Euch das? Einer der Gründe dafür, dass Ihr anderen helft, indem Ihr als Ihre Geistführer fungiert, ist der, dass Ihr so zu Diensten und auch der Erde näher sein könnt.

Lernen durch Unheil, Schmerzen und Leid ist dem Fischezeitalter eigen. Fische steht für Märtyrertum, mangelnde Bewusstheit, verborgene Mysterien und Selbstgeißelung. Zudem steht es für Selbstfindung, Wahrheitssuche, Einladung zur Meisterschaft, Erfindergeist, Einhaltung von Versprechen und Offenbarung. Das Fischezeitalter verkörpert altruistisches Wissen, Universelle Prinzipien, die Vermischung von Kulturen, die Förderung von Kunst und Wissenschaft sowie den Wiederaufbau des Lichttempels, beruhend auf den Grundlagen des Herzens.

Seid Ihr sicher, dass Ihr wollt, dass dieses Leben Euer letztes ist? Nun ja, wenn das Eure ehrliche Meinung ist ...

Worte für die Weisen

Keine Sorge, Ihr könnt Euch durchaus alles bewahren, aber genau aus diesem Grund heißt es klug zu wählen. Ihr behaltet alles, was Ihr sagt, und auch alles, was Ihr tut. Es steht im Buch Eures Lebens, und nur Ihr könnt darüber entscheiden, welche Worte, Embleme, Mementos, Wunden und Sorgen Ihr behaltet. Die Akasha-Chronik ist eine Bibliothek der erlesensten und feinsten Energie, die sich aufzeichnen lässt. In ihr findet Ihr die Geschichte Eurer Seele. Ein gebrochenes Herz und ein abgebrochener Fingernagel bestehen aus dem gleichen Akash. Es handelt sich um die Substanz, aus der das Universum entstand. Akash ist so leicht, dass viele vergessen, dass ein Pfund Bettfedern so viel wiegt wie ein Pfund Ziegelsteine. Die Akasha-Chronik wird nie enthalten, dass es Euch an etwas mangelt, aber weil Ihr selbst den Eindruck habt, es mangele Euch an etwas, erkundet Ihr weiter ihre Flure, Räume und Regale.

Die Erde hat man auch die Bibliothek Gaias genannt. In ihr findet Ihr die Geschichte Eures Herzens. Euer Herz ist der Schlüssel zu Euren vergangenen und zukünftigen Leben auf der Erde. Ein auf der Erde gebrochenes Herz lässt sich am besten auf der Erde zusammenflicken, und kein anderer Planet birgt so viele Liebestränke wie die Erde – nicht einmal die Venus! Eine Reise zur Gaia-Bibliothek offenbart das Herz und stellt es wieder her. Es heilt die Verletzten und besänftigt die Aufgebrachten. Auch deshalb seid Ihr hier und habt Angst davor, Gelerntes wieder zu vergessen. Das Herz ist zerbrechlich, aber ewig in seiner Entschlossenheit, alles zu sein, indem es alles empfindet. Freiheit besteht nicht im Weglaufen, sondern im völligen Eintauchen.

Seid Ihr auf Frieden gestoßen, so tragt etwas davon täglich bei Euch – genug, dass Ihr noch etwas übrig habt, um es wegzugeben. Ohne Mahnungen zur Vorsicht in den Wind zu schlagen: Lebt mit ungeschützten Herzen und durch nichts behindert. Ihr werdet feststellen, dass Liebe nicht blind macht, und ebenso wenig macht sie schwerhörig oder taub. Liebe ist der Gedanke, von dem Ihr gewünscht hättet, dass Ihr heute Morgen mit ihm aufwacht. Rühmt Euch oder andere nicht allzu vieler Informationen oder allzu viel Wissens. Wenn Ihr schon einen Lehrer nachahmen möchtet, wählt dafür die Natur.

Schließt oft die Augen und betrachtet die innere Landschaft. Fast überall werdet Ihr eine gemeinsame Grundlage finden. Nun öffnet die Augen und seht das Gleiche vor Euch. Plant für morgen und die nächste Woche, wenn es sein muss. Bis nächstes Jahr werdet Ihr andere Menschen sein. Lasst diese Personen ihren eigenen Tag und ihre eigene Woche planen. Achtet auf Euren Puls. So läuft es mit der Erde – manchmal wahrt sie Ruhe, und manchmal ist sie in Aufruhr. Sie praktiziert Nichteinmischung und ist unvoreingenommen. Tut es Ihr nach.

Wertet das von Euch oder anderen Erlebte nicht. Es steht Euch nicht zu, zu richten. Auch Gott ist nicht dafür qualifiziert, zu richten, deshalb tut Er es nicht. Sprecht behutsam, wenn Ihr Worte benutzt, und flüstert in Euren Gedanken. Die geistige Welt schreit nicht. Wenn Ihr kein Vertrauen in jemanden haben könnt, so vertraut auf etwas. Vertraut auf den Prozess. Setzt Euer Vertrauen in das Vertrauen. Sprecht die Wahrheit, wenn Ihr sie kennt und sicher seid, dass ein anderer davon profitieren wird, wenn Ihr sie mitteilt. Nur die Universelle Wahrheit ist multilateral und objektiv. Die Erdenwahrheit ist bilateral und bestenfalls subjektiv.

Erneuert Euch und stellt Euch wieder her. Genau das macht auch die Natur. Geht nicht gegen die Natur an, sie weiß es besser. Weisheit ist. Sie ist es *nicht*, die Weisheit bewirkt. Weisheit ... ist. Trefft jetzt Eure Wahl. Wählt für Euch. Entscheidet Euch hierfür. Entscheidet Euch für Euch. Entscheidet Euch für das Leben.

Respekt vor der Reise und den Wandergesellen

Mit 72 bin ich schon länger auf dem Weg der Selbstfindung, als Du channelst. Im Laufe der Jahre habe ich viele Bücher gelesen und an Seminaren, Workshops, Retreats, Visionssuchen und Suchen ohne jegliche Vision teilgenommen. Dennoch haben mich die geistige Welt und der spirituelle Weg immer in ihrem Bann gehalten und zum Staunen gebracht. Trotz der harten Herausforderungen, die dieser Weg mit sich bringt, gebe ich bereitwillig zu, dass mein Leben mir weniger wertvoll erschiene, hätte ich mich anders entschieden – aber was ist aus dem Respekt vor der geistigen Welt geworden? Woher kommt die Unverfrorenheit, bei Seminaren mit Lehrern in Sachen geistige Welt herumzustreiten? Ich mag einer älteren Generation angehören, aber ich habe bei Seminaren noch nie so viel an hitzigem Austausch erlebt wie heute. Warum die ständigen Unterbrechungen? Warum das ganze Herumgehample, Aufstehen, Wiederhinsetzen, Essen, Auf-die-Toilette-Gehen, Stricken und so weiter? Was soll das? Auch auf die Gefahr hin, mich altersmäßig in ein früheres Jahrhundert zu verfrachten, muss ich sagen, dass es zu meiner Zeit ein Privileg war, zu einer Veranstaltung eingeladen zu werden, bei der gechannelte Lehrer aus der geistigen Welt anwesend waren, um einen zu unterstützen und zu führen. Störenfriede wurden höflich gebeten, sich zu benehmen oder aber zu gehen. Heute bekommen sie die Verfügungsgewalt über das Mikrofon oder die Bühne. Ich bitte um Nachsicht angesichts meines Alters und meiner Reise, die sich noch immer weiter entfaltet, und deshalb um eine schnelle Antwort.

Wie Du vielleicht weißt, bin ich nicht voreingenommen. Daher ist Dein Alter für mich nicht sonderlich beeindruckend. Weitaus interessierter bin ich an der Reise, die Du unternommen hast, und an Deinen Entdeckungen dabei. Außerdem interessiert es mich, was Euch verwirrt und irritiert, und es scheint mir, Du hast das recht gut geschildert. Nun lasse Deine Jahre einmal beiseite, Gnädigste, und vertraue Dich dem jugendlichen Funken Kreativität an, auf den ich jetzt zu sprechen kommen werde.

Vor einiger Zeit, mittlerweile im vorigen Jahrhundert, trat die Menschheit in ihre *Saison der Unzufriedenheit* ein. In jedem Zeitalter gibt es so etwas, deshalb kam es für mich nicht überraschend, als sie sich diesmal zu dem göttlich bestimmten Zeitpunkt zeigte. Zu den Kennzeichen dieser Zeit gehört ein ruheloses Verlangen nach etwas Besserem, ein Nichteinverstandensein mit dem Status quo und eine generelle Unzufriedenheit mit fast allem. *Respektlosigkeit,* auch wenn sie im Hinblick auf die geistige Welt fehl am Platze ist, ist in dieser Saison ein weniger freundlicher oder nützlicher Wegbegleiter.

Die rastlosen Begierden der Unzufriedenheit

Unzufriedenheit ist als treibende Kraft sehr nützlich, vor allem in Zeiten, die Möglichkeiten zu einem evolutionären Wachstum bieten. Ein Heranwachsender, der nicht irgendwann unzufrieden mit seinen Eltern wurde, würde wahrscheinlich nicht zu eigenen Abenteuern aufbrechen. Würden sich Wissenschaftler und Entdecker mit dem Bekannten zufriedengeben, so würden sie sich vielleicht nicht mit anderen Planeten befassen oder Raumschiffe bauen, um dorthin zu reisen. Unzufriedenheit mit einer geringeren Wahrheit öffnet die Tür zu einer größeren Wahrheit, es sei denn natürlich, man gibt sich damit zufrieden, unzufrieden zu sein. Zumindest teilweise ist es das, was Dich und auch andere so ermüdet.

Deine Reise mit der geistigen Welt und in ihrem Sinne begann vor langer Zeit, auf jeden Fall vor dem Leben, das Du heute durchläufst. Das Gleiche gilt für viele Deiner Wegbegleiter, selbst für die, die Dir heute auf die Nerven gehen. Das ist der einzige Vergleich, den ich zwischen Euch ziehen werde. Wende Dich nicht allzu schnell ab, so dass Deine überstürzte Hast Dich nicht blind macht für eine größere Wahrheit! Der Spiegel ist in der Tat dimensionaler Natur, und es ist wichtig, dass Du gewillt bist, Dein Abbild in ihm so zu sehen, wie es *erscheint*, statt so, wie Du es gern hättest. Mit anderen Worten, wir müssen uns dem Thema vorwurfsfrei nähern. Leuchtet Dir das ein?

Auswirkungen von Unzufriedenheit

Die Saison der Unzufriedenheit manifestiert sich in jedem der Naturreiche anders. So kann Unzufriedenheit innerhalb einer Spezies beispielsweise eine Mutation auslösen, und größere Unzufriedenheit könnte sogar auf das Aussterben dieser Spezies hinauslaufen. Die Menschheit ist derzeit in Sachen Unzufriedenheit polarisiert. Recht wörtlich verstanden, hat sich ihre Achse zum Negativpol geneigt. Wie kommt das? Weil dort ihre größten Stärken liegen. Die Menschheit muss das lediglich erkennen und sich daranmachen, von den Werkzeugen zum entsprechenden *Disponieren* Gebrauch zu machen, die ihr bereits problemlos zur Verfügung stehen. Warum sie das noch nicht getan hat?

Zunächst einmal gibt es einen Unterschied zwischen Unzufriedenheit mit seinem Leben und dem Aufenthalt in einer Saison göttlicher Unzufriedenheit. Ein unzufriedenes Leben ist eines, dem es an Reise und Fantasie mangelt. Es ist ein Leben, das um einer äußerlichen Realität oder einer geringeren Wahrheit willen gelebt wird. Früher oder später wird eine geringere Wahrheit einen enttäuschen. Wie ein minderwertiges Produkt kann seine Langlebigkeit nicht dauerhaft seine eigene Dichte aufrechterhalten. Man kann ihm nicht vorwerfen, dass es ist, was es ist, und wenn es dann schließlich auf der Strecke bleibt und auch schon davor, ist die höhere Wahrheit in der Tat bereits präsent. Diese mitunter schwierigen Momente oder diese Kluft zwischen Realität und Illusion sind immer gut getarnte Segnungen, wenn auch nie in dem betreffenden Moment, sondern immer erst später, im Nachhinein, nicht wahr?

Himmlische Unzufriedenheit ist der Weg, dem der Wandergeselle folgt, der Märtyrer früherer Leben, der sich diesmal weigert, einem Märtyrerdasein zu erliegen. Es ist der Weg des Blinden, der sich danach sehnt, sehen zu können, und des Tauben, der nur den fortgesetzten Ruf eines fernen, aber unaufhörlichen Echos hört. Die Einwirkung der geistigen Welt auf die Unzufriedenheit kann sich anfühlen wie eine sachte Berührung und eine herzliche Umarmung, aber sie kann sich auch wie der Stich einer Biene anfühlen! Sie weckt eine Sehnsucht, die für einige nahezu unerträglich ist, und dennoch müssen sie sie ertragen. Viele sind in der Lage, das mit Würde zu tun, aber genauso weit verbreitet ist es, dass sich etwas Linkisches wie bei Heranwachsenden zeigt und dass sie dabei länger verweilen. Die Gesichter der himmlischen Unzufriedenheit sind vielgestaltig. Ich biete hier ein paar kurze Beschreibungen an, als Information und auch zur Unterhaltung, denn wir dürfen uns selbst nie übermäßig ernst nehmen, unabhängig davon, was wir sind oder wo wir stehen.

Ein Problem, eine Lösung und eine Herausforderung

Indigos: Ihr Name ist so zeitlos, wie sie die Hartnäckigkeit selbst sind, und die Geschichte hat jene Seiten, die ihre Wiederkehr beziffern, mit Lesezeichen markiert. Indigos werden ungefähr die nächsten hundert Jahre auf der Erde bleiben. Die Spuren, die sie hinterlassen, beginnt man gerade erst zu fühlen. Sie sind die freien Agenten des Universums. Sie nehmen den Marathon auf sich, und eines steht fest: Ihr werdet früher ermüden als sie. Für sie steht eine Farbe, die tief und kraftvoll ist, und wie in alter Zeit das Tintenfass wird die Wirkung dieser Individuen nicht verblassen, wenn sie nicht unauslöschlich ist. Diese Persönlichkeiten wissen, wie sie einem unter die Haut gehen. So sehr sie in Bü-

chern und als Systemsprenger auch gefeiert werden – die meisten
Seminarteilnehmer werden geneigt sein, erleichtert aufzuatmen,
wenn ein Indigo sich woanders einen Sitzplatz sucht. Indigolicht
ist wie die dunkle Materie des Universums. Es ist dick vor chao-
tischer und unspezifischer Kreativität. Da sie nicht an Grenzen
gewöhnt sind, zeigen diese wenig Wirkung auf sie. Typische Indigos werden nicht gerade vornehm auftreten, und ihre schlechten
Manieren sind ein Ruf, der ihnen oft voraneilt.

Werft Ihnen diesen Fehler getrost vor – ändern wird es wenig
oder gar nichts. Schräge Blicke und höhnisches Grinsen Eurer-
seits wird nur Euer eigenes Unvermögen spiegeln, das zu akzeptieren, was ist. Ihr sagt, dass Ihr darauf vorbereitet seid, dass sie
Veränderung bringen, aber was passiert, wenn sie diese tatsächlich bringen und Euch geradewegs in den Schoß fallen lassen?
Indigos nehmen an Seminaren teil, weil sie einen Schuss Göttlichkeit für ihre Unzufriedenheit brauchen. Sie müssen das Feuer
bändigen, das in ihnen brennt. Ohne es zu wissen, fächern viele
Seminarteilnehmer einer Indigoflamme Sauerstoff zu und versorgen sie mit Brennmaterial. Indigos werden Euch immer wieder Gelegenheit geben, in die Tat umzusetzen, was Ihr predigt.
Nehmt es an. Seid in Frieden, selbst wenn störende Energie um
Euch herum ist. Ehrt jene, deren Anliegen und Daseinszweck auf
vielfältige Weise anders ist als bei Euch. Ihre genetische Sequenz
ist eine Weiterentwicklung von Eurer.

Könnt Ihr daraus lernen? Könnt Ihr an Eurer Energie (nicht an
ihrer) arbeiten, während Ihr das gleiche Umfeld teilt? Könnt Ihr
davon Abstand nehmen, ihnen Eure Visitenkarte zu überreichen
und ihnen zu sagen, dass Ihr ihnen helfen könnt?

Atmet einmal tief durch und seht Euer eigenes Spiegelbild
in ihrem Chaos. Wie sehr müht Ihr Euch denn selbst ab, Euer
Leben neu zu ordnen und alles zusammenzuhalten, bevor es aus-
einanderfällt? Ihr seid dabei, zu versuchen, dem Chaos einen
Sinn abzugewinnen und es neu zu sortieren. Sie versuchen Euch
ihrerseits zu zeigen, dass die gegenwärtige Ordnung sinnlos ist
und dass Chaos da eine bessere Wahl darstellt. Sie sind hier, weil

Ihr sie dazu eingeladen habt. Schenkt ihnen ein Lächeln und eine Umarmung. Die Auswirkungen davon werden für beide Seiten lang anhaltend sein.

Noch ein Problem, noch eine Lösung, noch eine Herausforderung

Die *besserwisserischen Experten* sind schon sehr lange hier. Deshalb wissen sie auch alles, und sie sind lange genug hier, um alles gelesen zu haben. Diese Menschen sind einsam. Sie haben ihre Freunde schon oft kommen und gehen sehen. Viele ihrer Gefährten sind bereits zu anderen Dimensionen und Ebenen weitergezogen, ob-wohl Dir ein *Besserwisser*, wenn Du ihn fragen würdest, sagen würde, er sei noch nicht so weit oder seine Qualitäten ließen noch zu wünschen übrig. Die Betreffenden suchen schon so lange nach Vollkommenheit, dass viele sich einfach mit dem Suchen abge-funden haben und damit, anderen bei ihrer Suche zu helfen. Ein-fach ausgedrückt streben diese Personen eine Vollkommenheit an, die klarer umrissen und vollkommener ist als Eure. Nicht dass sie Euch mit der Nase darauf stoßen wollen, was für einen Wis-sensvorsprung sie ihrer Meinung nach Euch gegenüber haben oder wie fehlerhaft Euer Wissen ist – sie können einfach nicht anders. Sie können auch nicht umhin, Euch zu sagen, wie lange sie schon »auf dem Weg« sind, bei wie vielen meisterlichen Leh-rern sie ausgebildet wurden, wie viele Zertifikate sie haben, wie viele Bücher sie gelesen haben und so weiter und so fort. Das sind die Möchtegern-Lehrer, und wenn sie bei Tagungen und Vorträ-gen ihre Stimme erheben, beginnen sie oft mit: »Stimmt es nicht, dass ...?« oder »Haben Sie nicht auch die Erfahrung gemacht, dass ...?« oder gar »Meine Lehrer haben mir beigebracht ...« Das Problem bei dieser Personengruppe ist, dass sie ihr Wissen nicht auf den Prüfstand gestellt hat. Die Weisheit von gewonnenem Wissen lässt sich nur am eigenen Leben messen. Sie ist keine Theorie, sondern die praktische Anwendung von Prinzipien, die bewirken, dass Körper, Geist und Seele Fortschritte machen. Wo sich ein Fehlschlag abzeichnet, dorthin leuchtet der Erfolg mit seiner Laterne.

Diese nicht ganz vollkommenen Individuen leben in der Angst, dass sie nicht in der Lage sein werden, Vollkommenheit zu erlangen. Daher müsst Ihr ihnen von vornherein verzeihen, dass sie sich im Stillen oder auch laut mit Euch vergleichen. Gestattet Ihnen mit einem Lächeln, nicht einem Schmunzeln oder Grinsen, sich spirituell zu messen und sogar auf ein oder zwei Makel an Euch hinzuweisen. Höchstwahrscheinlich werden Sie Euch sagen, welche Bücher Ihr gelesen haben solltet und welche wichtigen Seminare Ihr verpasst habt. Bedankt Euch bei ihnen. Eines Tages werden sie *Euch* dafür danken, dass Ihr ihnen die Gelegenheit gegeben habt, an ihrer Unsicherheit teilzuhaben. Macht ihnen Komplimente, wie viel sie wissen, und ladet sie ein, ihr Wissen auch gleich anzuwenden. Wenn sie Euch sagen, dass sie das irgendwann einmal tun werden, spornt sie an, es eher früher als später zu tun. Erinnert sie daran, dass Ihr darauf brennt, Euch den Vortrag anzuhören, zu dem Ihr beide gerade eingetroffen seid, und diese Informationen sogleich anzuwenden. Erzählt ihnen, wie sehr Ihr die Kunst des Zuhörens schätzen gelernt habt.

Könnt Ihr Euch vorstellen, wie ungemein viele Informationen diese Menschen angehäuft haben? Könnt Ihr es zulassen, dass sie sich auch weiterhin für Experten halten, ohne ihr Wissen zu widerlegen oder es mit Eurem zu vergleichen? Könnt Ihr über ihre Arroganz hinwegsehen? Könnt Ihr es feiern, wie unvollkommen vollkommen Ihr seid?

Das Problem derer, die um Aufmerksamkeit heischen

Die Zahl der Menschen vom Typ »*Ich brauche Aufmerksamkeit*« wächst unablässig. Und warum? Weil die Menschheit ihren Wert als kollektive Rasse von Wesen missversteht, versteht sie auch die Bedürfnisse falsch, die der einzelne Mensch hoch bewertet. Die Menschheit hat noch nicht gelernt, sich selbst zu lieben. Fehlende Liebe findet sich in jeder anderen Form von Mangel, dem Mangel an Respekt inbegriffen. Menschen, die sich selbst nicht respektieren, tun sich auch schwer damit, anderen mit Respekt zu begegnen. Hierzu gehören Seminarleiter ebenso wie Seminarteilnehmer. Fehlender Respekt anderen gegenüber vertuscht oft ein Bedürfnis nach Liebe, das woanders nicht erfüllt wird. Je größer der Mangel, desto lauter die Forderung nach einem placeboartigen Ersatz.

In Seminarsituationen überträgt sich das Bedürfnis nach Aufmerksamkeit oft in ein Bedürfnis, irgendetwas mitzuteilen, sei es passend oder unpassend, hängt es mit dem Thema zusammen oder nicht. Zwar besteht keine unmittelbare Beziehung zwischen Reife und dem Bedürfnis nach Aufmerksamkeit, doch entspringt dieses Bedürfnis einem Ort der Kindlichkeit, und kindliche Bedürfnisse sind immer echt, selbst wenn ihre Ausdrucksformen unaufrichtig sind. Zu dem unaufhörlichen Heischen um Aufmerksamkeit gehört häufig, gehört werden oder Extrawürste gebraten bekommen zu wollen, Herumkritisieren am unmittelbaren Umfeld, den Stühlen, den Räumlichkeiten und so weiter, Gezappel, In-der-Tasche-Kramen sowie die Unfähigkeit, den eigenen Körper unter Kontrolle zu halten, was sich darin zeigen kann, öfter zur Toilette zu müssen als sonst, in Husten, Niesen und sogar Einschlafen.

Diesem permanenten Problem ist gar nicht so leicht beizukommen, da die Betreffenden mehr Geduld und Mitgefühl erfordern als die meisten anderen. Allerdings muss jedes Mal, wenn man ihnen behilflich ist, auch daran erinnert werden, dass sie sich in einem Erwachsenenumfeld befinden, das dazu gedacht ist, den Bedürfnissen der vielen zu dienen, die das Eine *sind*.

Teilt einen Moment der Unschuld mit ihnen, in dem Ihr ihnen beipflichtet, dass diese Seminarstühle zu den unbequemsten der Welt gehören, aber regt sie dazu an, aus den sich bietenden Chancen das Allerbeste zu machen.

Diejenigen, die Aufmerksamkeit brauchen, weisen Löcher und Lücken in ihrem Energiefeld auf, die sich nicht füllen wollen, was das Gefühl der Betreffenden fördert, ganz unerfüllt zu sein.

Bewusst oder unbewusst nehmen sie an Seminaren, Workshops und Retreats teil, um mit Gleichgesinnten Umgang zu haben. Ihr Übereifer ist ein Versuch, sich selbst zu heilen, auch wenn er andere stört. Könnt Ihr gleichzeitig mitfühlend und kühn sein? Wenn ja, so könnt Ihr diesen Personen sagen, während Ihr weiterhin Ihre intelligenten Fragen genießt und alles, was sie Euch mitgeteilt haben, dass Ihr Euch ebenso sehr für die Fragen und Kommentare der stilleren, zurückhaltenderen Personen im Publikum interessiert. Bittet Euren Sitznachbarn oder Eure Sitznachbarin, dieses kleinere Segment mit Euch gemeinsam weiter zu öffnen. Auch hier gilt wieder: Wenn Ihr es mit Mitgefühl tun könnt, erinnert Euren Mitteilnehmer daran, dass Ihr die Hoffnung habt, der Seminarleiter werde noch Zeit finden, neue oder spontane Informationen vorzustellen, die Euch als Führung dienen könnten, was es erforderlich macht, dass Ihr Euch hin und wieder auch auf ihn konzentriert.

Wertungen! Könnt Ihr an einem Seminar teilnehmen, ohne die wenigen Personen aufs Korn zu nehmen, die Ihr bereits in diese Schublade gesteckt habt? Könnt Ihr mit jemandem, der Aufmerksamkeit braucht, direkt sprechen, ohne gegenüber anderen indirekt über diese Person zu sprechen?

Die vorstehenden Kategorien wurden hier dazu angeboten, dass Ihr sie durchdenkt. Achtet jetzt rückblickend einmal darauf, wie oft das Wort *Individuum* gebraucht wurde. Die Schubladen enthalten keine Individuen; vielmehr sind es die Individuen, die die Schubladen in sich tragen, da ein Individuum viel größer ist als eine Schublade oder Kiste. Ich möchte Euch eindringlich bitten, über die Meinungen hinwegzusehen, die Eure unbewussten und automatischen Gedanken in dieser Hinsicht leiten. Seid versichert, dass Ihr, wenn Ihr das tut, etwas sehen werdet, das viel schöner ist. Der Weg zu einem größeren Bewusstsein ist vielfältiger und interessanter Art, und Eure individuelle Erfahrung wird das für Euch anziehen, was für Euren Fortschritt erforderlich ist, und zwar beruhend auf Eurer Wahrnehmung davon, wo Ihr für Euer Gefühl unzulänglich seid.

Die Überlebensfähigkeit eines Menschen (einer Gruppe, einer Rasse, einer Zivilisation oder Spezies) bemisst sich manchmal daran, in welchem Umfang sie Extrembedingungen ertragen kann. Das Überleben macht es erforderlich, dass von einem Standard oder einer Norm abgewichen werden kann. Aber innerhalb welcher Grenzen darf etwas oder jemand von der Norm abweichen? Wo ist für Euch persönlich die Grenze? Gesteht Ihr anderen dasselbe zu wie das, was Ihr selbst zugestanden bekommen möchtet? Toleranz erfordert ein Miteinander, ein Zulassen und sogar eine Akzeptanz anderer Ansichten sowie Fairness gegenüber denen, die diese abweichenden Ansichten vertreten. Toleranz verlangt von Dir, die Rechte anderer anzuerkennen, Gedanken, Glaubenssätze und Praktiken an den Tag zu legen, die sich von Deinen unterscheiden, ohne sie unterdrücken zu wollen.

Hat Euch nicht genau das zu den Themen gebracht, mit denen Ihr Euch heute befasst? Erkennt Ihr einen Mangel an Toleranz im heutigen familiären Umfeld, am Arbeitsplatz, im spirituellen Zentrum und in der Beziehung? Könnt Ihr sehen, dass jede Person, jede Zelle und jedes Atom Teil des Problems, der Lösung und der Herausforderung ist?

Wer ist verantwortlich?

Hier noch eine andere Frage, die ich Euch zu bedenken geben möchte: Wer trägt die Verantwortung für die Erfahrungen, die infolge der Seminare, an denen Ihr teilnehmt, entstehen? Der Seminarleiter, der eine Präsentation vorbereitet hat? Die Channelerin, die sich mit ihrer Bereitschaft und ihrem Körper zur Verfügung stellt? Die Wesenheit, das Gruppenbewusstsein oder das Spürbewusstsein, das den Körper des Channelmediums (und des Seminars) gezielt in seine Dienste stellt? Die Organisatorin, von der die Räumlichkeiten angemietet wurden und die sonstige mit der Veranstaltung verbundene Vorkehrungen getroffen hat? Diejenigen, die im Gegenzug für Eure Erfahrung Geld von Euch erhalten haben? Die Geistführer, Engel oder Lehrer, die Euch dorthin geführt haben? Ihr selbst? Noch einmal: Wer ist verantwortlich für das, was Ihr mitbringt und was Ihr von der Erfahrung als solcher mitnehmt? Erlaubt Euch nicht zu denken, Gaia würde euch mit einem einfachen »Macht schon, Ihr erschafft Euch Eure Erfahrung selbst, müsst Ihr wissen« die gesamte Verantwortung in den Schoß werfen. Und doch werde ich Euch bitten, dass Ihr mich komplett *durch* Eure Erfahrung hindurch begleitet statt einfach nur *zu* ihr hin.

Der *Seminarkörper* ist verantwortlich für die vor, während und nach der Veranstaltung gemachten Erfahrungen. Der Seminarkörper umfasst alle, die sich für die Erfahrung bereithalten, auch diejenigen, die energetisch, finanziell und symbolisch hinter ihr stehen. Alle Erfahrungen sind eine Koproduktion und miteinander verflochten. Eure individuelle Erfahrung hängt vom Wohlergehen des Ganzen ab. Das Gleiche gilt für Eure individuelle Erfahrung auf der Erde. Bringt auf jeden Fall das Allerbeste, was Ihr der Ganzheit zu bieten habt, dar, selbst wenn es etwas so Immaterielles ist wie ein drängendes Verlangen oder ein Potenzial. Wann immer möglich, lasst Eure Erwartungen hinter Euch, denn sie stoßen selten auf Befriedigung und sind oft überkritisch. Wann immer möglich, bringt zudem ein Eingedenksein mit, zu dem Liebe, Selbstachtung, Achtung vor anderen gehören, unabhängig von ihrer Fähigkeit, es sich zu verdienen, und unabhängig davon, ob es ihnen zusteht.

Seid ehrerbietig, wo es um die geistige Welt geht, und lasst Euch von einer Frequenz der Ehrerbietung oder des tiefen Respekts leiten. Spirit zeigt sich eher auf Einladung der Versammelten hin als auf ihr Drängen. Spirit ist keine Wesenheit und kein Lehrer. Spirit ist die Essenz von dem, was ganz und vollständig ist. Auch wenn Spirit in allem und in jedem Moment anwesend ist, wird er erst dann real, wenn Ihr seine wirkungsmächtige Gesellschaft in Wort und Tat würdigt. Spirit ist die Ursache, und Eure Erfahrung ist die Wirkung. Werdet Ihr ihm und Euch nicht alles geben, was der Moment verdient?

Als wahre Sucher nach der geistigen Welt wird Euch der Stuhl, der Euch aufrecht sitzen lässt und Eurer Wirbelsäule Halt verleiht, weniger bedeutend scheinen. Verlangt, dass Euer Körper Euch gehorcht, und erkennt, dass Ihr nicht Sklave seiner Bedürfnisse seid. Haltet Eure Blase und Euren Darm in Schach und trainiert sie darin, nicht einen Moment zu beeinträchtigen, der für das Ganze, von dem Ihr ein Teil seid, wesentlich sein mag.

Lasst Euch nicht die Erkenntnis entgehen, dass dort, wo Ihr Euch selbst an die erste Stelle setzt, andere es Euch nachtun werden, und das mit Eurem Einverständnis. Seid umsichtig im Denken, Tun und Handeln, mitfühlend in Euren Worten und Allem-was-ist getreu, auf dessen Einladung Ihr existiert.

Teil zwei

Globale
Veränderungen

Das Phänomen der globalen Erwärmung

Gaia umfasst alle Naturreiche und alle Elemente und bringt sie zum Ausdruck, und sie umfasst und bringt auch das zum Ausdruck, was physisch auf der Erde, vor der Erde und jenseits der Erde präsent ist. Als Gaia bin ich im Inneren aller Lebewesen, Dinge und Orte auf der Erde präsent. Entsprechend ist es für mich eine Frage der Ehre und eine Pflicht, die Menschheit in jeder Hinsicht zu unterstützen. Diese Unterstützung erstreckt sich auf fast alles, darunter auf Lebewesen, Momente und Ereignisse, denn ich bin viel mehr als eine Beobachterin des Prozesses. Dabei muss auch der Prozess selbst geehrt werden, denn Gaia ist die natürliche Fortentwicklung und Evolution von allem Natürlichen. Versteht, dass für Gaia alles natürlich ist, während der Mensch dazwischen unterscheidet, ob etwas von der Erde stammt, von Menschenhand gemacht ist oder von himmlischen Mächten herbeigeführt wird.

Diese Unterscheidungen erlauben Euch, als Schöpfer wie auch als Geschaffenes bei einigen Prozessen mittendrin zu stehen und Euch von anderen abzugrenzen. Ihr seht manche Ereignisse als spirituell und als von der höchsten Quelle eingegeben und andere als weltlich oder künstlich von positiven Mächten beeinflusst, die Euch und jene negativen Kräfte leiten, die fortwährend Euren Weg zu vereiteln scheinen. Das sind Sichtweisen, und es wäre hilfreich, wenn Ihr sie als pluralistische Aspekte eines groß angelegten Entwurfs statt als singuläre Komponenten eines Lebenssinns sehen würdet.

Ihr habt mögliche Realitäten für Euch konstruiert, die auf einem gefilterten Wissen um Eure Vergangenheit und dem beruhen, was Ihr Euch in Bezug auf Eure Zukunft zurechtfabuliert, aber das hat Euch schlecht darauf vorbereitet, mit Eurer Gegenwart in Beziehung zu treten. Dieses Phänomen erzeugt einen »gegenwärtigen Gefährdungszustand« statt Umstände, die sich im Fluss befinden. Reiche Hinweise darauf findet Ihr in der Tatsache, dass Ihr als Spezies darin fortfahrt, das zu tun, was für Euch normal ist, auch wenn die Bedingung, unter der die normale Aktivität den Vorrang hätte, nicht mehr gegeben ist.

Ihr seid alle Teil eines groß angelegten Entwurfs

Die Erde und all ihre Bewohner sind Bestandteile eines Großen Plans, und als solche stehen sie untereinander in einer göttlichen Beziehung, weisen sie zueinander göttlich verfügte Proportionen auf. Ein Schematismus ist die Grundanordnung innerhalb eines komplexen Gegenstandes oder Systems. Zu schematisieren bedeutet, etwas nach einem System zu arrangieren oder in einem Diagramm darzustellen, das sowohl für Grundlegendes als auch für Komplexes geeignet ist. Von daher ist ein Schema zunächst einmal eine Darstellung astrologischer Gegebenheiten am Himmel aus einer umfassenderen Warte und erst in zweiter Linie die Methode und das System der Anordnung, das einen Handlungsplan für diese Sternenkarte abgibt. Ein mehrschichtiges, multidimensionales Diagramm wird als Schemazeichnung bezeichnet, und es stellt sicher, dass sowohl Grundlegendes als auch Komplexes Berücksichtigung finden. Die multidimensionalen Schichten des Schemas garantieren denjenigen, die sich damit befassen, dass kein Detail ausgelassen wurde, einschließlich der Schichten, in denen Geheimnisse, gerissene Pläne und Manöver und sonstige einstige Planungen Schaden oder Nachteile anrichten.

Zu jeder in Angriff genommenen Reise gehören Wege, die durch Gefahren, Verschleierung und manchmal auch durch Unbehagen zum Lernerfolg und zu Entdeckungen führen. Im Laufe Eurer Geschichte haben bereits einige Philosophen genau dieses Konzept studiert und es als ein Schema oder eine Methode bezeichnet, die es ermöglicht, durch die Anwendung von Konzepten als den Sinnen vermittelter Beweise die jeweilige Interpretation zu verstehen. Mit anderen Worten, um ein Konzept zu verstehen, müsste man es mit den eigenen Sinnen und Fähigkeiten erkunden, was ein Leben des Studiums und der Erfahrungen erforderlich machte oder dessen, was Ihr Sinnsuche nennt. Zwischen jeder dimensionalen Erfahrungsschicht sind mit schematischer Genauigkeit Ressourcen aufgereiht, die einander gegenüberstehen. Eine solche Ressource ist Gaia, ob in ihrer Gesamtheit oder in Teilen – Gaia als physische Erde oder Gaia als Informationssystem. Alles Physische auf der Erde macht zu seiner Aufrechterhaltung andere Ressourcen erforderlich, denn es wird automatisch in ein System hineingeboren, innerhalb dessen es ebenfalls eine Ressource ist.

Alles muss im Gleichgewicht bleiben – und bleibt es auch

Physische und nichtphysische Wesenheiten benötigen beide Ressourcen, wenn auch von unterschiedlicher Substanz und in unterschiedlichem Maße. Als Wesenheiten seid Ihr ebenso physisch wie nichtphysisch, und deshalb braucht Ihr außer physischen Nährstoffen auch Nahrung nichtphysischer Art von Spirit und der höchsten Quelle. Im Universum ist das keineswegs einzigartig, in dieser Welt jedoch durchaus. So profitiert die Menschheit beispielsweise vom Gewahrsein und Schutz eines Tiertotems, obwohl das Tierreich davon nicht im gleichen Maße profitieren würde. Auch das Pflanzenreich würde von einem Geistführer nicht in dem Maße profitieren wie die Menschheit. Als Gaias bewussteste physische/nichtphysische Vertreter benötigt Ihr Ressourcen, die unbegrenzt und überreichlich vorhanden sind, und dabei seid Ihr doch von ihnen abhängig. Aber wenn das der Fall ist, wie könnten sie dann knapp sein?

Wenn Ihr in Eurem Sein unbegrenzt seid, könnte es da möglich sein, dass auch Eure Ressourcen unbegrenzt sind? Könnte es möglich sein, dass Ihr mit Eurem Bewusstsein, das sich erweitert, auch Eure Fähigkeit ausbaut, Eure Ressourcen zu managen? Könnte es sein, dass sich mit der Beschleunigung der Zeit auch Möglichkeiten, Kreativität und Potenzial beschleunigen? Diese Fragen verdienen eine nähere Betrachtung, denn in ihnen liegen Konzepte und Lösungen.

Beginnen wir unsere Erkundungen zum Thema globale Erwärmung einmal mit der Feststellung, dass das Universum die Theorie der schwindenden Renditen nicht unterschreibt. Das Universum verursacht durch Denken und Struktur Gleichgewicht und Ordnung. Da alles im Gleichgewicht bleiben muss und auch bleibt, würde es für den Fall, dass wir es mit einem im Schwinden begriffenen Ressourcensystem zu tun hätten, an einem bestimmten Punkt auf irgendeine Weise ein System zunehmenden Bewusstseins geben, das hier ein Gegengewicht schafft. Eines, das die physischen und nichtphysischen Erfordernisse dessen einlösen würde, was das Universum erschaffen hat.

Derzeit richtet sich so viel Energie auf Mangel, dass selbst die hellsten Köpfe der Welt den Blick anderswohin richten. Das meinte ich an früherer Stelle, als ich sagte, Eure Vergangenheit leite Euch mit einer Vision für eine Zukunft, die nicht die Eure ist. Eure Zukunft wird sich aus der Gegenwart ergeben – es ist eine Zukunft, die noch Eurer Teilnahme bedarf. Allzu viele haben die Gegenwart bereits so gut wie abgeschrieben und erwarten das Eintreffen einer Zukunft, die bereits dicht beladen ist mit uralten Prophezeiungen und Verheißungen, die von qualifizierten Sprechern, Wahrsagern und anderen repräsentativen Stimmen gleichermaßen herrührten. Wäre es da nicht besser, Euch Eure eigene Zukunft absichtsvoll und beruhend auf dem heutigen Panorama zu schaffen? Das innerliche sowie äußerliche Wissen, wie dies zu tun ist, findet sich in reichem Maße, denn das Universum spricht nicht in Rätseln, sondern in Beispielen.

Diejenigen, die sagen, dass die Erde sich wegen der schmelzenden Polkappen nicht wiederherstellen könne, sprechen nicht für Gaia, sondern für sich selbst. Ihre Wissenschaft, die zwar solide

Wurzeln hat, bezieht sich auf eine Menschheit, die den Planeten bereits einer unbekannten Zukunft überlassen hat. Geht es denen, die diese Worte lesen, genauso? Soll ich solche Worte unbestritten und unbezwungen lassen? Wenn eine Spezies ausstirbt, ist es dann nicht möglich, dass eine andere auftaucht und ihre Stelle einnimmt? Sobald der Wasserspiegel durch diesen Schmelzvorgang ansteigt, kann die Menschheit dann nicht weiter ins Binnenland ziehen und ihre Lebensgewohnheiten daran anpassen? Muss bei allem auf der Welt immer der Status quo aufrechterhalten werden, damit die Menschheit ihre Zukunft vorhersehen kann? Eure Gedanken sind flüchtiger Natur, nicht aber Eure Seinshaftigkeit. Könnt Ihr einen anderen Teil Eures Gehirns benutzen, der progressiver ist, wenn es darum geht, Euch Eure Zukunft auszumalen? Hoffen wir es!

Das universelle Gesetz verlangt, dass Gleichgewicht herrscht

Das universelle Gesetz, das für alle Dinge, Lebewesen und Orte gleichermaßen gilt, verlangt, dass immer ein Gleichgewicht besteht. Es bestand schon immer und es wird immer bestehen. Deshalb existiert das Chaos. Es bewirkt, dass das Pendel wieder in die andere Richtung ausschwingt – in Richtung Ordnung. Auf dem Weg zur »Ordnung« reorganisiert das Pendel alle Wirklichkeiten, die auf der gleichen Zeitlinie (Wellenlänge) existieren. Diese Veränderung bewirkt auch Evolution, ebenso wie den Aufbau oder das Wegfallen von dem, was vom Wachstum überholt wurde oder nicht mehr passend ist. Ordnung löst sich in Chaos auf, und Chaos organisiert sich selbst neu. Haben sich Eure größten Wachstumschancen nicht aus solchen Zeiten ergeben? Chaos ist das Niederreißen des Alten. Es hat selbst dann noch seinen Sinn, wenn es zerstörerisch erscheint. Das ist seine Natur, und alles reagiert auf irgendeine Weise auf das, was natürlich ist.

Auch Kreativität ist eine Form von Chaos, und um ein Beispiel zu nennen, könnten wir sagen, dass die Kreativsten unter Euch auch die am wenigsten Organisierten (Ordentlichen) sind. Eure Zukunft ruht derzeit in den Händen derer, die eine Bereitschaft zeigen, sie zu erschaffen. Disziplin und große Entbehrungen mögen der von der Mehrheit gewählte Weg sein, aber den Kreativen unter Euch, auch wenn sie in der Minderheit sind, wird die Erde gehören. Das sind die »Sanftmütigen«, von denen in Euren Büchern die Rede war und die von Euren Ahnen für heilig erklärt wurden. Es handelt sich um eine grob vereinfachende Übersetzung, und »sanftmütig« beschreibt die Demütigen und Milden. Haltet Ausschau nach diesen behutsamen und sanften Geschöpfen, wenn wahrer Zweifel einzusetzen beginnt. Sie werden in der Wildnis der Angst Eure Führer sein. Die Robusten und Selbstgewissen werden viele in die Irre leiten, und der Weg zurück wird ungeheuerlich sein.

Da Ihr Eure kollektive Zukunft noch nicht geschaffen habt, existiert sie in einem nichtphysischen Zustand, innerhalb einer Welt der Möglichkeiten. Sie ist noch nicht polarisiert, was bedeutet, dass sie noch nicht in eine substanzielle Realität hineingezogen wurde, wo die Umstände polarisierten Gedanken gehorchen, die entweder positiv oder negativ sind. Ist es so nicht besser? Diejenigen, die die Zukunft kennen müssen, ziehen sie manchmal früher als nötig in eine Realität und mindern die Möglichkeiten dafür, dass andere kreative Möglichkeiten zum Vorschein kommen, versteht Ihr? Und dann, wenn sich die Umstände nicht mehr ändern lassen, fragen sie sich, was aus dem freien Willen geworden ist. Bitte zählt Euch nicht zu diesen. Erlaubt der Zukunft und allem, was Gaia ausmacht, eine Zukunft mitzuerschaffen, die Euch noch viele Jahre dienen wird.

Sollte sich herausstellen, dass es mit ihr nicht so läuft, wie Ihr es gerne hättet, so könnt Ihr immer noch eine andere wählen, oder Ihr entscheidet Euch dafür, Euch woandershin zu versetzen, aber warum das jetzt entscheiden?

Die Veränderung steht kurz bevor

Einige Ressourcen des Planeten lassen sich nicht wiederherstellen oder erneuern, zumindest nicht in einem zeitlichen Rahmen, der noch in Eure Lebensspanne passen würde. Allerdings sind die Weisen unter Euch bereits auf der Suche nach Alternativen. Die nicht ganz so Weisen sind noch auf der Suche nach einer Patentlösung oder einer Fristverlängerung bis zum Aussterben.

Erinnert Ihr Euch an Eure Vampirgeschichten? Die von den Toten Erwachten haben mit einem Mal künstliche und drängende Bedürfnisse und müssen von der Energie anderer leben. Genau das wird im Hinblick auf die vorübergehenden Maßnahmen der Fall sein, die bald umgesetzt werden. Es wird mehr Energie erforderlich sein, sie am Laufen zu halten, als es braucht, sie endgültig für überholt zu erklären.

Das ist das Ergebnis des rückwärtsgewandten Denkens und ein Rückfall in die Vergangenheit. Ihr werdet über diese Phase auch wieder hinwegkommen, aber nicht vor ein, zwei Rückschlägen in der Politik. Schaut sie Euch an und bereitet Euch möglichst darauf vor, indem Ihr Eure eigenen alternativen Quellen erschließt. Es ist noch zu früh, diesbezüglich konkreter zu sein, aber das Räderwerk läuft bereits an, und es wird nicht mehr lange dauern, bis Ihr merkt, was sich hier abspielt.

Alle Naturreiche sind sich darüber im Klaren, dass eine Veränderung bevorsteht und dass die Realität im Wandel ist. Jedes Reich hat seine eigenen Boten und seine eigenen Lehrer, und jene, die davon überrascht zu werden scheinen, haben es schon seit langer Zeit geplant. Die meisten Eurer Lehrer waren bei einem oder mehreren großen Veränderungszyklen dabei. Aufruhr und Durcheinander sind ihnen nicht fremd. Auch ihre Welten wurden schon das eine oder andere Mal auf den Kopf gestellt, einige davon recht wörtlich verstanden. Ihr habt Glück, solche Vorfahren und Führer zu haben.

Eure Regierungsspitzen wären gut beraten, zu beherzigen, wie wahre Führerschaft aussieht. Der Schlüssel ist Ermächtigung.

Schaut Euch jene an, die von innen Einfluss auf Veränderung nehmen werden, statt nur an der Oberfläche einer äußeren Wirklichkeit zu kratzen, die nicht mehr genügt. Unter Euch werden die Zerstreuten neben den Entrechteten, Armen und Hungrigen zu finden sein. Dieser Kern muss gestärkt werden, oder er wird vergehen, denn er wird sonst zu den ersten gehören, die sich der globalen Unbewusstheit ergeben, von der die verwirrte Welt durchdrungen sein wird. Wenn es in Eurer Macht steht, Einfluss auf diesen Kern zu nehmen, beginnt bitte jetzt mit meinem Segen und ohne Zögern. Verständnis ist der Schlüssel zur Transformation und späteren Wiederherstellung. Bleibt standhaft, aber steht nicht allein da, denn das kollektive Bewusstsein wird am Ende als Sieger hervorgehen.

Eure Lehrer, die im Inneren wie im Äußeren, erinnern sich noch an eine Zeit vor dieser. Auch Ihr erinnert Euch daran, und sei es auf unbewusster Ebene. Einige Eurer Lehrer haben im Vergleich zu Euch erheblich mehr ausgehalten und durchlitten als Ihr. Andere haben sich auf eine andere Bewusstseinsebene zurückgezogen, in eine andere Wirklichkeit oder sogar eine andere Welt. Es war ihre Entscheidung und wird auch die Eure sein, aber noch ist es nicht so weit. Zuerst müsst Ihr Euch anschauen, was Ihr zu schaffen geholfen habt. Ihr müsst es so sehen, wie es war, wie es ist und wie es sein könnte. Dann werdet Ihr bestens qualifiziert dafür sein, bei diesem Prozess Eure Wahl zu treffen und Hilfe zu erfahren.

Ob Ihr in dieser Realität und Zeitlinie bleibt oder nicht, Ihr werdet in eine Zukunft hineinkatapultiert werden, die ein umfassenderes Verständnis von Euch selbst mit sich bringt. Denkt daran, dass Ihr die Architekten und Ingenieure Eurer Zukunft seid. Macht Euch diese Tatsache zunutze, wenn die Zeit dafür gekommen ist, und fallt nicht stumm in den Hintergrund Eures eigenen Lebens zurück.

Eure Vergangenheit ist mit mutmaßlichen Fehlschlägen, hoffnungslosen Ungewissheiten und unglückseligen Ereignissen übersät, die scheinbar außerhalb Eurer Kontrolle waren. Man kann sich unschwer vorstellen, dass viele denken werden, die Zukunft werde ähnlich aussehen. Auch das Gedächtnis Eurer Zellen ist mit lebhaften Erinnerungen zugemüllt, zu denen ekstatische Glückseligkeit, mystische Entdeckungen und unfassbare Freuden gehören. Hütet Euch vor diesen Extremen, während sich die nächsten Jahre vor Euch entfalten. Entscheidet Euch wo immer möglich für den Mittelweg und steht selbst am Ruder Eures Schiffes. Widersteht dem Drang, die Äußerungen anderer darüber, wie es einmal sein wird, für bare Münze zu nehmen, weil selbst das, was Gaia dazu äußert, nicht Eure Wahrheit sein oder Euren Weg darstellen wird. Betrachtet andere mit dem Auge des Mitgefühls statt strafend und wertend, denn der Weg wird manchen klarer erscheinen als anderen.

Die Gesetze werden heute verschärft, die staatlichen ebenso wie die der Schriften. Von beiden wird die Auslegung strenger sein. Und dennoch werden diejenigen, die sich enge Fesseln auferlegen, gezwungen sein, ihre eigenen Knoten zu lösen.

Ein Ende ist nicht mehr als der nächste Neuanfang

Bevor die Menschheit ihre Umwelt wiederherstellen kann, wird sie aufhören müssen, mit dem Finger an das andere Ufer, das Gegenüber am Tisch und sogar auf andere Generationen zu zeigen. Führung und Hilfe im Hinblick darauf, wie die Wiederherstellung und der Wiederaufbau erfolgen können, sind bereits da, nur müssen Eure Ohren in der Lage sein, sie zu hören, und Eure Augen müssen sie sehen können, weil sonst selbst das Offensichtliche für Euch unsichtbar sein wird. Euer Zellgedächtnis birgt die Antworten in sich, und es steht sogar kurz davor, sie Euch zu offenbaren. Eure Erinnerungen an Früheres werden die Rettung für Eure Zukunft sein, da jedes Ende auch ein Anfang ist. Vertut Euch nicht – die Menschheit ist auf einen von vielen Endpunkten gestoßen, und nun drängt sie langsam auf ihn zu. Auch Euer nächster Neuanfang erwartet Euch dort!

Ein Ende kommt dann, wenn etwas abgeschlossen ist. Warum sieht die Menschheit also ein Ende als Ruin oder als etwas Abgerissenes an? Würdet Ihr an das Ende eines fantastischen Buches gelangen oder sogar an das Ende einer Buchreihe, so hieße das, dass Ihr mit seinen letzten Kapiteln beschäftigt wärt. Ihr würdet Euch dann für ein anderes Buch aus der gleichen Reihe oder für ein völlig neues Thema oder einen anderen Titel entscheiden. Genauso verhält es sich bei dieser Sache. Es ist der Zeitpunkt gekommen, an dem die Menschheit wieder vor einer Entscheidung steht. Sie kann sich dafür entscheiden, so gut es unter den gegenwärtigen Umständen möglich ist, weiterzumachen, sie kann sich andere Umstände aussuchen, oder sie kann sich für eine völlig neue Welt entscheiden.

Noch einmal: Ein Ende ist nicht mehr als ein Punkt in der Geschichte, der eine Veränderung oder den nächsten Neuanfang erlaubt. Nur fällt dieser Punkt zufällig mit einem großen Bewusstseinssprung für Gaia zusammen und für alles, was auf und innerhalb von Gaia wohnt.

Himmelskörper begegnen solchen Momenten von Zeit zu Zeit, und aus universeller Sicht sind sie nicht so einzigartig oder selten, wie es der Menschheit derzeit vorkommt. Aber bei dieser Gleichung dürfen wir die Vorstellung von Zeit und davon, wie die Menschheit sie misst, nicht außer Acht lassen. Diese Endzeit, die zugleich eine Anfangszeit ist, hat für Gaia nichts Mysteriöses, ebenso wenig wie für Gaias himmlische Brüder und Schwestern im lokalen Sonnensystem, was nicht heißen soll, dass sie kein großes Ereignis ist und dass sie nicht an irgendeinem Punkt in der Zukunft eine Feier wert sein wird.

Die Menschheit sieht es noch nicht so, aber das wird kommen. Ereignisse wie diese finden auf jeden Fall statt, mit oder ohne menschliche Unterstützung. Veränderungen sind im Gange, und wahrscheinlich werden sie sich auf alles und jeden auf der Erde auswirken. Natürlich wird es Ausnahmen geben, aber sie werden in der Minderheit sein.

Die heutige Spaltung zwischen den Dimensionen

Zwischen den Dimensionen existiert derzeit eine Spaltung. Sie vermischen sich miteinander und schimmern durch die jeweils andere hindurch, so wie Eure Gedanken sich durch die vielen Dimensionen hindurch, die Ihr zu erkunden wählt, ausdehnen und wieder zusammenziehen. Ihr könnt nicht mehr über Euren Gedanken nachsinnen und mit Gewissheit sagen, dass er im Vergleich zu anderen linear und logisch ist, weil die Gedanken einander überschneiden. Heutzutage enthalten unlogische Gedanken mehr Wahrheit als logische. Ist es nicht so?

Die Wissenschaft kann die Kunst erklären, und die Wissenschaft hat etwas von Kunst. Musik ist Mathematik, und die Mathematik erklärt die Musik. Alle Religionen, alle politischen Arenen und alle Gedanken haben eine gemeinsame Grundlage, aber in Euren täglichen Schlagzeilen findet sich nichts davon, weil Eure dimensionale Spaltung noch immer die Haltung »wir« gegen »sie« spiegelt, die Guten gegen die Bösen.

Diese gegenwärtige Spaltung bewirkt, dass bei einigen das Herz regiert und bei anderen der Verstand. Das wird noch auf Jahre so weitergehen. Ungefähr im Juni des Jahres 2010, nahe der Sonnenwende, wird es eine weitere Veränderung geben, und dann entfaltet sich das letzte große Erwachen vor dem Zeitpunkt 2012. Doch zwischen jetzt und diesem Zeitpunkt, von dem wir hier reden, wird noch mehr ungeschehen gemacht werden. Gedanken und Taten müssen ungeschehen gemacht werden. Hierzu gehören solche, die mit Eurem Körper in Verbindung stehen und deshalb auch mit dem Körper der Erde, versteht Ihr? Der Körper muss die Freiheit gewinnen, sich umzuarrangieren, was bedeutet, dass es in dieser Zwischenphase mehr Viren und leidverursachende Erreger geben wird, ebenso wie falsch verstandene biologische Reaktionen und Diagnosen.

Es werden viele weitere Sonnenfackeln aus der Sonne herausschießen, und einige werden scheinbar auf die Erde zurasen und den Eindruck erwecken, schneller als das Licht zu sein, als wäre das möglich (und das ist es). Diese solaren Lichtblitze werden die Erde noch mehr erwärmen, sie wieder zentrieren und von innen ausdehnen. Die Erde wird sich an ihrem Bauch ausbuchten, sie wird anschwellen und expandieren, und sogar die Meere werden das. Der Erdkern wird sich in Reaktion auf die äußere Erwärmung ebenfalls aufheizen. Wenn sich der Erdkern aufheizt, wird er sich anders drehen, weil die Aufheizung sich auf die Dichte der Masse im Inneren auswirken wird. Und wenn die Erdmasse sich von Neuem erschafft, wird es für die Erde erforderlich werden, sich und ihre Gewässer neu zu verteilen. Die Freisetzung von Energiewellen innerhalb des Planeten wird sich auf die äußeren Meereswellen des Planeten auswirken, und während sie sich nach außen bewegen, wird das Schmelzen der Eiskappen an den Polen viel deutlicher hervortreten. Innerhalb dieser enormen Bewegung von Energie wird es zu vielen Beschleunigungen kommen, und überall und bei allem werden Beschleunigungen und Veränderungen vorherzusehen und zu erwarten sein.

Während dieser Zeit wird die Menschheit sich selbst und anderen weiterhin die Schuld an dem Ganzen geben, als würde hierdurch das Unvermeidliche gebremst! Schließlich wird sie sich die Aufgabe stellen, ihre mittlerweile überholte Welt wiederherzustellen, aber erst in einer erweiterten Vision von morgen wird sie ihre erste kreative Lösung finden, denn alles andere wird nichtig sein.

Die globale Erwärmung als bereits getroffene Entscheidung

Ihr Menschen! Es sind nicht Eure Fluorkohlenwasserstoffe, und es ist nicht Euer Ozon. Es sind nicht Eure fossilen Brennstoffe, und es sind nicht Eure Kriege gegeneinander, obwohl Ihr alles das problemlos hinter Euch lassen könntet. Die globale Erwärmung ist das Bewusstsein, das sich erweitert, und die Evolution, die ihren ersten Atemzug tut. Weint, wenn Ihr müsst, aber lasst Euch von dem kreativen Impuls in Euch auch darüber hinwegtragen. Die globale Erwärmung ist weder eine getroffene Wahl noch ein

Ereignis – sie ist ein natürlicher Zyklus in einem Geist, der größer ist als der, den Ihr heute versteht. Es übersteigt das Vermögen der Erde, ihn an- oder aufzuhalten, und es übersteigt auch das Eurige. Die globale Erwärmung ist eine Entscheidung, die bereits gefallen ist, und es ist zu spät, sie jetzt neu zu beurteilen oder zu dem Entschluss zu kommen, sie zu billigen oder nicht.

Derzeit finden mehr Erdbeben in den Weltmeeren statt als in Euren Städten. Der Unterschied in der Ausrichtung der Drehung wirkt sich auf die Meeresböden aus und auf das, was unter ihnen liegt. Die Meeresböden sind heute wärmer, und in Regionen, wo der Meeresboden dünner ist, ist er auch fragiler und anfällig für Verschiebungen und das Verrutschen von Erdmasse. Jede Veränderung, die sich auf den niedrigsten Höhenmetern der Erde abspielt, wirkt sich auch auf die höchsten Erhebungen aus. Ist das Unten denn schließlich nicht dasselbe wie das Oben? Also ist es notwendig, dass wir das große Bemühen der Vulkane würdigen, das, was in ihrem Inneren und durch die großen Schluchten der Erde brodelt, zu verteilen und so bis zuletzt zu vermeiden, dass sie Asche speien. Eine Landmasse, die derzeit unter Wasser liegt, in der Nähe dessen, was Ihr Indonesien nennt, ist der Drehpunkt, oder der Dreh- und Angelpunkt für vieles an den Meeresveränderungen. Eine andere Landmasse wird in Kürze als ein weiterer Drehpunkt, ein weiterer Energiepunkt auftauchen.

Versteht es nicht falsch! Diese energetischen Punkte sind keine neuen Achsenpunkte und verweisen nicht auf eine Verschiebung der gegenwärtigen Erdachse, sondern sie verweisen auf eine Verschiebung in der Masse, Rotation und Neigung. Sie erzeugen eine Resonanz zwischen dem Kern der Erde und ihrer Oberfläche und bewirken dabei eine deutliche Zunahme der Reibung. Diese Impulse erzeugen eine Veränderung der Polarität, die sich indirekt auf die Pole, wie Ihr sie heute kennt, auswirkt. Ohne eine solche Veränderung in der Polarität der Erde könnte sich das Bewusstsein der Erde nicht verändern. Es muss für Euch zu einer Veränderung kommen, wo dies ja selbst die Erde tut, um zu überleben und zu gedeihen, versteht Ihr? Euer Bewusstsein und das der Erde sind miteinander verknüpft. Fürchtet die Veränderung nicht einfach deshalb, weil Ihr sie nicht begreift.

Während sich die Erde ausdehnt und zusammenzieht, werden die Meere und das Land sich weiter erwärmen. Diese Erwärmung wird ihr Gegenstück zudem in den Strahlen der Sonne finden, die auf die Erde fallen. Die Erde wird bei diesem Prozess noch mehr Wärme auffangen und noch feuchter werden. Auch wenn sich manche darüber beklagen werden, so werden doch einige der trockensten Ebenen der Welt, die sonst vollkommen verdorrt wären, von dieser Dürre entlastet werden. Könnte die Erde in einem feuchteren Umfeld ihre Ressourcen nicht leichter wieder auffüllen? Sind Eure nährstoffreichsten Regenwälder nicht von genau diesem Klima abhängig? Wenn die Erde mehr von ihrer Feuchtigkeit bewahren kann, dann wird sie doch auch in der Lage sein, die Saat in ihrem Boden schneller und leichter wieder keimen zu lassen, würdet Ihr da nicht zustimmen?

Selbst wenn die Oberflächentemperatur dann neue Dimensionen erreichen würde, könnte die Erde ihre Ressourcen nähren und schützen. Weiterhin eine hungrige Weltbevölkerung zu ernähren, wird das konzertierte Bemühen all derer erfordern, die auf der Erde wohnen, und eine feuchtere Erde würde bei diesem Bemühen eine Menge helfen. Auf der heutigen Erde gibt es mehr Wüsten als seit langem, von daher ist es wichtig, ihre Ressourcen umzustrukturieren, und zwar nicht durch Abzweigen, sondern indem sie von innen heraus umstrukturiert werden.

Die Wasser der Meere werden damit fortfahren, mehr Land für sich zu beanspruchen. Zunächst werden sie mehr Land im Meer zurückerobern, was bedeutet, dass die Erde sich einige der Inseln zurückerobern wird, die in der Welt oben schon seit langem existieren. Ihr müsst das wissen und jetzt diesbezügliche Vorbereitungen treffen, damit Euch später keine Entschädigungsleistungen bevorstehen. Am besten plant ihr, Euch woanders niederzulassen, denn auch wenn dieser Tag noch nicht gekommen ist, so wird er doch definitiv kommen. Es ist für viele an der Zeit, sich gleichermaßen dem Inneren und dem Landesinneren zuzuwenden. Diese und andere ähnliche Worte werden noch viele Male wiederholt werden, und dennoch werden die meisten sie erst im letzten Moment beherzigen – sie möchten sie nicht hören, und ebenso wenig sind sie mit ihnen einverstanden.

Während Inselnationen verschwinden, werden andere Inseln aufsteigen. Dies wird nicht komplett auf den Anstieg und die Senkung des Wasserspiegels zurückgehen. In einigen Fällen wird es einfach eine Anomalie der Natur sein und ziemlich unerklärlich. Kann es sein, dass heute einfach Versprechen eingelöst werden, die ein Volk einem anderen gegenüber vor langer Zeit abgegeben hat? Die Wissenschaft wird bei jedem Schritt des Weges zur Stelle sein, um Euch ihre Logik anzubieten, aber sie wird nicht immer eine Erklärung parat haben, nicht einmal im Rahmen jener Formeln, auf die man sich am meisten verlässt.

Wisst für das Erste nur Folgendes: Die magnetische Resonanz, die sich mit und durch Wasser ausdrückt, reagiert unterschiedlich, wenn es auch nur zur geringsten Abweichung bei der Rotation kommt. Wisst, dass Flüsse ihre Fließrichtung verändern und im Vergleich zu heute in die entgegengesetzte Richtung fließen werden. Das steht noch bevor, aber höchstwahrscheinlich wird dies bis ungefähr 2015 oder 2018 kein weltweit auftretendes Phänomen sein.

Ihr müsst bereit sein, um Führung zu bitten

Bei großen Veränderungen im Außen ist es doch angebracht, nach innen zu blicken und sich zu fragen: Bin ich auch an dieser Veränderung beteiligt? Wirkt sich diese Veränderung auf mich aus und steht sie unmittelbar bevor? Bin ich fähig, mir eine Entscheidung oder Veränderung im Denken oder im Herzen auszumalen, die meine Zukunft und die anderer beeinflusst? Bereitet Euch nun darauf vor, Fragen wie diese zu stellen, und bereitet Euch darauf vor, Antworten zu erhalten, die in ihre Richtung gehen. Antworten werdet Ihr aus einer ganzen Reihe von Quellen erhalten, aber Ihr müsst bereit sein, um sie zu bitten und sie anzunehmen.

Wo werden die Antworten herkommen? Von Eurer eigenen Führung und von der anderer, die harmonisch auf Euch ausgerichtet sind, von einer tieferen Wahrheit in Euch und von einem Ort, der vor und jenseits von Logik und Verstand existiert.

Viele, die durch ihre religiösen Lehren und darüber hinausgehend auf die geistige Welt ausgerichtet sind, werden die Führung in nahezu biblischer Form zu hören bekommen. Spirit wird zu ihnen sprechen und sagen: »Ja zu jenen, die hören, auf dass sie klarer die Regung des Herzens vernehmen, die der Stimme Gottes in ihrem Innern entspricht. Regt Euch geschwind und trefft Eure Entscheidungen flugs noch heute.« Was glaubt Ihr, warum Spirit auf diese Weise und zu so vielen sprechen sollte? Es liegt daran, dass die Bibel eine stark veraltete Sprache spricht, und für viele ist sie die Stimme Gottes, die für den Menschen übersetzt wurde. Das letzte Mal, dass auf der Erde eine solche Veränderung ausbrach, war um die Zeit der Sintflut, und obwohl das lange und sogar noch länger her ist, erinnern sich viele genauso an die Stimme Spirits. Diese Erinnerungen haben sich dem Herzen und Geist vieler Menschen nachhaltig eingeprägt, und diese Sprache wird vielleicht mehr als die meisten auf Ebenen wiedererkannt, die tief wahrgenommen werden.

Wisst, dass die geistige Welt keine Gelegenheit außer Acht lassen wird, mit der Menschheit zu kommunizieren. Die Stimme von Spirit und die Stimme Gottes sind nichts voneinander Getrenntes, und ihre Muster sind in ebensolcher Schönheit und Kostbarkeit kompliziert miteinander verwoben wie Himmel und Erde. Die Reaktion in vielen Menschen wird mit nichts zu vergleichen sein, und sie werden antworten: »Da höre ich eine Stimme wie von vor langer Zeit und fern von hier, aber ich erkenne sie als etwas, das nur von der Einen Quelle her möglich ist, der des Gottes, der ich bin.«

Nun sprechen wir also Worte, die in die entgegengesetzte Richtung gehen, denn auf all diejenigen, die sie hören und beherzigen, werden auch jene kommen, die dies nicht tun und können. Seien es die Worte Gaias oder die Worte Gottes – sie werden ignoriert und gescholten werden, und es wird sich eine heftige Kontroverse entspinnen. Die Schwierigkeit wird sich dadurch einstellen, dass Spirit zu denen, die hinhören, direkt sprechen wird, und zu denen, bei denen dies nicht der Fall ist, indirekt oder in Form von Interpretationen – wobei das, was der Auslegung überlassen wird, im besten Fall auf Mutmaßungen beruht und im schlimmsten Fall auf Voreingenommenheit.

Kleingeistern ausgeliefert, werden geringere Wesen leiden. Es wird diejenigen geben, die sprechen, als durchtränke das Wort Gottes jede ihrer Poren, und sie werden sagen, dass es sich um das Wort Gottes handle. Das Wort von Menschen kann im Gewand von Gottes Wort auftreten, aber nicht für lange und nicht während einer Zeit beschleunigter Energien wie dieser. Selbst wenn äußerlich große Worte ertönen, muss ihre Bedeutung innerlich ankommen, oder man wird zu dem Schluss gelangen, dass es ihnen an etwas mangelt. Die nächsten vielleicht viereinhalb Jahre werden eine Geschichte erzählen, die es wert sein wird, weitergetragen zu werden.

Diese Zeit ist dazu gedacht, von innen heraus eine tiefere Weisheit aufzubauen. Denkt daran, dass Spirit nicht schreit, also werdet Ihr behutsam, still und absichtsvoll auf Botschaften lauschen müssen, bei denen die geistige Welt es für geboten hält, Euch an ihnen teilhaben zu lassen. Auf mein Wort und mein Versprechen hierzu werden Antworten zum Vorschein kommen, die vor einem Tag oder einem Jahr noch nicht existierten. Dabei spielt es keine Rolle, ob Ihr taub oder blind seid, denn Spirit kann und wird alle Defizite im Hinblick auf die Sinneswahrnehmungen umgehen. Andererseits werden diejenigen, die so tun, als wären sie stumm, auf einiges verzichten, was zu beanspruchen ihnen zusteht. Ebenso werden jene, die die Stimme Spirits absichtlich inkorrekt wiedergeben und übersetzen, um allein auf Grundlage des törichten Egos ihre eigenen unfundierten Worte einströmen zu lassen, feststellen können, dass sich diese gegen sie selbst wenden, und in den kostbarsten Momenten werden sie merken, dass sie ebenso taub sind, wie Spirit taub bleibt.

Richtet den Blick auf schlichte weise Gemüter

Wisst, dass es jene gibt, die eine Weisheit in sich tragen, die über die Weisheit hinausgeht, und dass ihre Weisung einfacher Art ist: Tragt die Botschaft in Euch und bietet sie dann an, wenn es am angemessensten ist. Diese Boten von Spirit (und vielleicht bist Du einer von ihnen) sind zielgerichtet in ihrem Bestreben und nehmen keine Notiz von allen sonstigen Anweisungen. »Wenn die Zeit kommt, sprich aus, was Du dem Atem selbst entnimmst. Nichts davor und wenig danach.« Kann es noch einfacher sein? Und dennoch werdet Ihr sehen, dass da jene sind, die das tun werden, und diejenigen, die es nicht tun, denn so handeln jene, die sich auf eine Reise unter dem Motto »Vertrauen in Spirit« begeben. Angst und Zweifel sind ein ständiges Gespann und bekannt dafür, dass sie so manche Stimme zum Schweigen und so manches Herz zum Stocken gebracht haben. Also blickt tief und gründlich, meine Lieben, denn die Wahrheit wird nicht leicht verbreitet, aber sie verweht nur allzu leicht im Wind.

Während dieser Zeit werden viele vortreten, um von dem zu sprechen und zu berichten, was sie wissen und was sie zu wissen meinen. Die Kanzeln und Podeste auf der ganzen Welt werden voll sein, und dann findet sich noch einmal die volle Anzahl derer, die hinter den Kulissen darauf warten, dass die erste Welle ermattet und zögerlich wird, damit auch sie eine Chance bekommen. Die Vorhut wird mit einer Zunahme an allem und allen einhergehen, was sich als Experten geriert, und man wird Euch Rat auf jedem Gebiet des Lebens anbieten. Noch während wir hier sprechen, werden Experten geboren, in Horden und Schwärmen werden sie über die Menschheit kommen, Beute machend an und innerhalb der Ängste dieser Zeit – Experten auf den Gebieten der Naturreiche der Erde und ihrer Elemente, Experten, die Gewissheit über die Vergangenheit haben, und solche, die die Zukunft bis auf jede noch nicht erlebte Minute exakt berechnet haben.

Meidet jene, die gerne in Massen den Blick der Öffentlichkeit suchen, ebenso wie diejenigen, die darauf bestehen, ein Mikrofon zu erhalten, um ihre sonst recht banalen Worte herauszuschreien. Ebenso vermeidet, wo immer das möglich ist, das Komplexe, wo es auch das Schlichte tut. Spirit versteckt sich nicht hinter Lehrern oder hinter den Lehren, die diese erfinden mögen, um Euch zu betören. Spirit wohnt mit ebensolcher Leichtigkeit zwischen den Worten wie in ihnen. Schaut dort zuerst hin!

Richtet den Blick auf diejenigen, die mit ihrer Weisheit weder hinter dem Berg halten noch mit ihr prahlen. Richtet den Blick auf jene, die ihre Weisheit mit einer gewissen Leichtigkeit in sich tragen und nicht wie eine Bürde, auf die andere aufmerksam werden sollen. Richtet den Blick auf jene, die Träger einer Weisheit sind, so simpel, dass sie »zum Anfassen« ist, und die auch Ihr tragen würdet, wenn man Euch danach fragte. Nehmt die Botschaft und den Boten als eines entgegen, damit keines von beiden höher steht außer in Eurer eigenständigen Wahrnehmung. Befolgt den Rat der Fachleute auf den von diesen gewählten Gebieten, wenn Ihr müsst, doch nicht, indem Ihr Eure eigene Weisheit beiseite lasst, denn sie hat Euch bislang gute Dienste geleistet und wird dies auch weiterhin tun.

Eine natürliche Evolution der Elemente

Diese Zeit ist eine (die) eigenständige Gegenwart. Sie ist nicht Historie, die sich zwangsläufig wiederholt. Sie ist ein Zyklus innerhalb eines Zyklus, die sich selbst instinktiv gebärt, mit der Menschheit als Hebamme. Würde sich die Historie tatsächlich wiederholen, so wäre es, als würde das Unbewusste sich bei seinem eigenen Unbewussten bedienen, um den nächsten Schritt zu tun. Doch dieser nächste Zyklus trägt seine eigene Weisheit in sich und verlangt nach seiner Entfaltung innerhalb der Natur der Menschheit; er verlangt nach dem nächsten Schritt innerhalb der natürlichen Evolution des Bewusstseins. Wenn Euer Bewusstsein sich erweitert, wird/werden es auch Eure Wirklichkeit(en) tun.

Jedes Naturreich und Element wird sich in dieser Zeit bemerkbar machen, und das ohne Ausnahme. Das Element Luft wird sich mit dem Wasser zu Wirbelstürmen verbinden. Die Luft wird über die ganze Erde fegen, und es wird zu Tornados kommen. Das Element Erde wird den von innen kommenden Drücken nachgeben und beben. Das Wasser wird in jeder Hinsicht, an allen Orten und Dingen, von herausragender Bedeutung sein, weil es am engsten mit dem Fischezeitalter zusammenhängt, das nun seinem Ende entgegengeht. Es wird sich mit der Erde vermischen und Schlammlawinen und Erdrutsche hervorrufen. Es wird auch den Regen bringen und den Wechsel der Gezeiten selbst dort noch zu Zeiten begrüßen, wo und zu denen es nicht angebracht ist. Es wird die Stechmücken einladen, sich zu ihm zu gesellen, und sie werden ihre eigene Form von Seuche auslösen.

Auch das Element Luft, das mit dem Wassermannzeitalter in Verbindung steht, wird von sich reden machen. Dieses Element wird, was die Menschheit anbelangt, das freundlichste und sanfteste sein, aber es wäre schon jetzt angemessen, von ihm zu lernen, statt seine Wirkungskraft zu zügeln. So lässt sich Luft beispielsweise mit vereinter Kraft über das Bewusstsein so lenken, dass sie von einem Feuer wegweht statt zu ihm hin. Schäden könnten auf diese Weise auf ein Minimum begrenzt werden, leuchtet Euch das ein?

Die Erde (mein Körper) braucht ihre gesamten Ressourcen, ebenso wie die Menschheit, also wäre es am besten, mit ihnen zu arbeiten statt gegen sie. Die Elemente innerhalb des Elementes Luft werden sich im Laufe einer Generation neu zusammenfügen und eine andere Qualität an den Tag legen. Der Strahlstrom wird nach einem anderen Muster als jetzt um die Erde zirkulieren, und auch das wird vieles neu ordnen. Wenn Ihr Eure Lungen mit dieser anderen Qualität füllt, wird Neuheit Eure Zellen erfüllen, und selbst Eure Ideen werden eine andere Kreativität in sich tragen als heute. Bis dahin ist es wichtig, dass Ihr Euch dort aufhaltet, wo Ihr Atemzüge tun könnt, die durch Euer ganzes Sein zirkulieren.

Bereitet Euch auch darauf vor, ein neues Element zu begrüßen, eines, in dem die Weisheit von Wasser und Luft zusammenkommen. Ihr werdet sehen, dass ebenso wie über in Flaschen abgefülltes

Wasser bei seiner ersten Einführung gespöttelt wurde, es mit »angereicherter« Luft gehen wird, und dennoch sage ich Euch, dass sie bald etwas Alltägliches wird und den für sie verlangten Preis sehr wohl wert ist. Die Luft wird bald mit anderen Eigenschaften kombiniert werden, um ein essenzielles Elixier zu erhalten, das die Zellen des Körpers und sogar die des Denkapparats entgiftet. Medikamente wird man zum maximalen Nutzen inhalieren statt sie zu schlucken, und selbst die Kosmetikindustrie wird sich auf diese Neueinführung einstellen und die verjüngenden Qualitäten des Ganzen anpreisen.

Die Erde ist ein Wachstumsinstrument

Fahren wir damit fort, dass wir noch einmal die zentrale Prämisse dieser Durchsage würdigen, die besagt, dass die Erde eine (Eure) Ressource ist und Euer Wachstumswerkzeug. Das Spürbewusstsein von Gaia entwickelt sich durch diesen Zyklus und in seinem Verlauf weiter, weil das für sie ganz natürlich ist. Selbst ihre sprunghaften Bewegungen lösen eine natürliche Evolution aus, und Zuckungen können ebenso leicht Vergnügen hervorrufen wie Angst. Wisst, dass mein Spürbewusstsein eifrig an der Veränderung teilhat, sei sie sanft oder abrupt. Mein Spürbewusstsein hört die Stimme der Angst und würdigt sie, aber voller Behutsamkeit und mit einem Angebot von Frieden und Lebenssinn an jedes wallende Herz und jeden wogenden Geist. Einige werden an ihrer Angst sterben, und bei anderen wird ein wahrer Exodus einsetzen, als gäbe es einen anderen Ort, an den sie gehen können. Auch das wird geehrt werden, und es wird denen, die nach und nach darum ersuchen, Hilfe angeboten. Eine Realität schickt sich an, zunehmend in den Hintergrund zu treten, und eine andere bereitet sich vor, in den Vordergrund zu rücken, wodurch Veränderung erfahrbar wird.

Man beachte, dass das Wegschmelzen oder Schwinden von Realitäten und Ressourcen auch für einige Länder und Regierungen gilt, denn sie stehen ebenfalls auf geliehenem Boden. Das hat nicht weniger Sinn und Verstand. Alle Führenden erhalten von innen heraus den Impuls, das, was in ihre Zuständigkeit fällt, gut zu leiten, denn die Nacht wandelt sich bereits und der neu heraufdämmernde Morgen beschleunigt den Schritt.

Viele beginnen, Worten wie den hier präsentierten nun so viel Beachtung zu schenken wie Träumen. Andere zögern die Dinge auf eigene Gefahr hinaus und setzen das aufs Spiel, was sie zu verteidigen geschworen haben. Einige sind nur bestrebt, Eigenes zu schützen – seien es ihre Interessen, Investitionen oder Familie. Sie erkennen noch nicht, dass auch sie in erster Linie zur Familie von Spirit gehören und erst zweitrangig zur Familie der Menschen. Die das Offensichtliche ignorieren, werden ihre Ignoranz schlucken und sich dann in Leid suhlen.

Ein evolutionärer Sprung ist nichts als ein Moment in der kosmischen Zeit – einer, der Euch vorwärtsbringt, und zwar mit Macht. Er kann einen Augenblick oder ein Leben lang dauern, aber er wird nicht leicht vergessen. Er ist ein Moment und eine Wahrheit, die von den tiefsten Ebenen aufsteigt, und deshalb versammeln sich gerade so viele von uns auf der und nahe der Erde. Es sind derzeit – und hier gibt es keine Ausnahme – mehr Seelen auf der Erde inkarniert als zu jeder anderen Zeit, obwohl man sagen könnte, dass sie in der Vergangenheit der Erde nicht so sehr kämpfen mussten wie heute. Großteils liegt das daran, dass die Struktur Eurer Körper nicht die gleiche Dichte besaß. Eure Körper sind heute toxischer, und sie müssen einige der Giftstoffe in ihnen über kurz oder lang loswerden. Eure Körper werden in ihrer Weisheit weiterhin für sich sorgen und siegreich daraus hervorgehen. Eure DNS ist weise und weiß, was sie auf jeder Ebene und in jeder Ausdrucksform zu tun hat. Sie versteht die Bedürfnisse des Herzens und des Geistes.

Ein bevorstehender Umschwung bei der menschlichen Ernährung

Auch das Tier-, Pflanzen- und Mineralienreich bereiten sich darauf vor, die nächste Stufe auf der Evolutionsleiter einzunehmen. Eine Zeit lang werden die Naturreiche nicht imstande sein, einander über den Weg zu trauen, und ihr werdet erleben, dass selbst etwas so Simples wie ein Kopfsalat bestimmte Teile der Bevölkerung alarmiert. Ihr werdet von diesem oder jenem Virus hören, und ihr werdet Euch fragen, was ihr noch guten Gewissens zu Euch nehmen könnt, ob es überhaupt noch etwas Gesundes gibt. Einige der Viren werden vom Tierreich abstammen, andere vom Menschen, aber in das Tierreich gelangen, wo viele ihre Auswirkungen zu spüren bekommen. Rasant wird sich Angst in dieser oder jener Gemeinde ausbreiten, und ihr Pfeil wird einmal hier, einmal dort treffen, wenn kleine Anlässe staatenweit und landesweit Panik auslösen. Lasst es geschehen, dass das Bewusstsein dann zu solchen Themen hingezogen wird, damit die Menschheit erst nachdenkt und danach konsumiert, denn derzeit konsumiert die Menschheit um des Konsumierens willen.

Die Naturreiche werden jeweils auf ihre Weise zu Euch und durch Euch sprechen, individuell und kollektiv. Sie werden Euch über Zusammenhänge aufklären, die Ihr sonst ignorieren würdet, aber hier wird sich schnell Weisheit einstellen, und von dem erzielten Fortschritt werden alle profitieren. Schließlich wird sich etwas verändern im Hinblick darauf, was die Menschheit konsumiert und mit welchem Recht und nach welchen Prinzipien sie dies tut. Wenn das Erdklima sich ernstlich verändert, wird sich auch das, was auf den Feldern wächst, verändern. Die Jahreszeiten werden ihre reiche Fülle auf andere Weise offenbaren, und diejenigen, die die Felder pflegen und bewirtschaften, werden die Sprache des Erdreichs am besten lernen können. Einige Ressourcen werden üppiger gedeihen, wie etwa das Getreide, und es wird schon jetzt geraten, technologisch die Verfahren zu perfektionieren, nach denen die Getreidespeicher unterhalten werden. Da weniger tierisches Eiweiß zur Verfügung steht, wird man in Sachen pflanzliches Eiweiß und der Verbesserung seines Geschmacks große Schritte tun. Diese wichtige Nahrungsgruppe wird der Menschheit behilflich sein, die Kluft zwischen dem zu überbrücken, was ihr Kopf für körperliche Bedürfnisse hält, und dem, wovon ihr Körper weiß, dass er auch davon leben kann.

Viele für den menschlichen Verzehr gezüchtete Tiere haben anderweitige Wünsche für sich selbst, selbst wenn das bedeuten sollte, sich von der Erde zurückzuziehen. Sie können dies nicht ohne Eure Erlaubnis, denn Ihr seid sozusagen ihre Herren. Solange sich keine andere Möglichkeit bietet (und sie wird sich bieten), opfern sie sich weiterhin geduldig, wie es ihre Art ist. Dennoch werdet Ihr beobachten können, dass aus dem einen oder anderen Grund weniger Fleisch von Tieren verzehrt werden wird als zuvor – zuerst eine allmähliche Abnahme, später gefolgt von einer merklichen Veränderung. Ernährungsphysiologisch wird man bei manchen Sorten Fleisch feststellen, dass sie für den Körper mangelhafte Nährstofflieferanten sind. Für diese Arten von Fleisch wird man sich zunehmend seltener entscheiden – sie rutschen von der ersten Position auf die zweite und dann auf die dritte. Bei anderen wird man feststellen, dass sie zum Erhalt eines sozusagen keimhaltigen Umfelds beitragen. Diese Informationen wird man vertuschen, aber sie werden schließlich ans Licht gelangen. In diesem Fall wird die Veränderung sich rasant vollziehen und in ihrer Wirkung nahezu global sein.

Wissenschaft versus Industrie

Wissenschaft und Industrie werden sich bald in einem Krieg miteinander befinden, da ihre experimentellen Erkenntnisse stark aufeinanderprallen. Die Medizin wird aufgefordert sein, sich einzuschalten und eine Einigung zwischen beiden herzustellen. Doch wird dies das Problem nur verschärfen und die weltweite Aufmerksamkeit auf ein Forum lenken, das schon seit langem danach verlangt, öffentlich bekannt gemacht zu werden.

Könnt Ihr Euch eine solche Zeit nicht vorstellen? Was, wenn beispielsweise ein Heilmittel gegen eine bestimmte Art von Krebs unter anderem darin bestünde, dem menschlichen Körper kein tierisches Eiweiß mehr zuzuführen? Könnte das nicht Futter genug für Industrie und Medizin sein, um sich zu streiten? Wie viele Dollar würde man womöglich in das Bemühen investieren, diese Tatsache nicht publik werden zu lassen? Das ist nur ein winziges Beispiel für das, was bevorsteht. Ein Überangebot in Sachen Stallhaltung und Ernten von für den menschlichen Verzehr bestimmten Tieren auf dem Massenmarkt wird zunehmend sogar die ganze Landkarte der Erde verändern. Diese Veränderungen werden auch andere Marktbereiche beherrschen und beeinflussen. Man wird Fleisch anderer Tiere sowie anderes Geflügel in Betracht ziehen und schließlich verzehren, das heute eher als exotisch gilt. Ihr werdet es erleben, dass mit einem Mal so mancher Gaumen Pfauenfleisch und anderes Infragekommendes schmackhaft finden wird. Pute wird weniger zu bekommen sein, vor allem deshalb, weil man Putenfleisch allzu sehr mit anderem Geflügel in Verbindung bringen wird, dem man negative Auswirkungen auf den Menschen nachsagen wird. Emu, Strauß und Lama werden beliebter werden, dann aber wieder in den Hintergrund treten, wenn andere Formen proteinreicher Nahrung in größerem Maße biologisch verfügbar werden. Eine Zeit lang wird sogar der Büffel ein Revival seiner Popularität erleben.

Der Milchwirtschaft wird es nicht besser ergehen, und man wird mit zunehmender Weiterentwicklung Eurer Physiologie feststellen, dass die Pasteurisierung ihre Schwächen hat. Es werden neuere Verfahren der Reinigung und Klärung von Produkten am Horizont auftauchen, und diese werden sich positiv auf eine Branche auswirken, die bereits auf dem absteigenden Ast ist. So werden beispielsweise Verfahren, durch die es gelingt, reines Kalzium aus Milchprodukten zu gewinnen, einen Wiederaufschwung in der gesamten Branche auslösen. Kalzium wird sowohl bei Männern als auch bei Frauen stark gefragt sein, was an seinen verjüngenden Eigenschaften liegt.

Die verringerte Menge an tierischem Eiweiß sowie die allmähliche Zunahme der aus Pflanzen und Getreide gewonnenen Proteine wird sich binnen weniger Generationen deutlich auf die menschliche Physiologie auswirken. Künftige Generationen werden größer sein, was Euch auf bislang unvorstellbare Weise eine Hilfe sein wird. Man könnte meinen, dass ein Zoll oder Zentimeter mehr nicht sonderlich viel ausmacht, aber Ihr werdet sehen, dass dann, wenn sich Knochen und Skelett strecken, mehr Platz für andere Organe und Zellen entsteht, um die Muskulatur des Körpers zu unterstützen.

Am meisten wird das Drüsensystem von diesen Veränderungen in der Physiologie profitieren, und da das Drüsensystem den Geist unterstützt, der den Menschen beseelt, wird die Menschheit zunehmend spiritualisiert werden. Ist das nicht äußerst interessant? Heute kommt Ihr nicht auf den Gedanken, dass Euer Körper spirituell sei. Ihr glaubt, das Spirituelle hätte anderswo seine Entsprechungen. Doch nein!

Eure Physiologie und ihr Wohlergehen sind eine weitere Bestätigung für Euer spirituelles Leben. Ihr seid Tempel der Sonne und ihre Töchter und Söhne – Ihr! Euer Körper spricht genauso die Sprache der geistigen Welt wie Eure Gedanken. Er erkennt bestimmte Wahrheiten an und rückt von anderen ab. Er ist Intelligenz, ausgedrückt als körperliche Unversehrtheit, und Eure Zellen und Moleküle sind voll spiritueller Intelligenz.

Die von uns angesprochenen Veränderungen werden sich eher früher als später einstellen, und interessanterweise werden sie sich – zumindest teilweise – aufgrund des Themas einstellen, das wir hier ansprechen: der globalen Erwärmung. Gemeinsam erkunden wir verschiedene Alternativen, so dass sich bei Euch mehr freudige Erwartung einstellt und weniger Angst. Ich sage damit nicht, dass es keine Probleme und Plackerei geben wird, denn die gibt es bereits und weitere zeichnen sich am Horizont ab. Aber die Menschheit hat sich schon zu früheren Zeiten in Situationen befunden, in denen es reichlich eng wurde und aus denen sie auch wieder herauskam, auf den inneren wie auf den äußeren Ebenen.

Die Menschheit ist eine von Natur aus neugierige Spezies, und daraus wird sie noch großen Nutzen ziehen.

Ich möchte Euch erneut in Erinnerung rufen, dass Ihr nicht Euer Geist seid und nicht die Auffassung, die Euer Geist von sich hat. Ihr seid Seele, aber auch das beschreibt Euch nicht. Ihr seid eher ein »Das« als ein »Wer«, aber dass Ihr derzeit eine Identität braucht, hindert Euch daran, das zu verstehen. Ihr seid Alles-was-ist innerhalb von ALLES-WAS-IST. Mit zu dem, was Ihr seid, gehört eine Sammlung von Erinnerungen an andere Zeiten. Zapft diese Erinnerungen an, und Eure nächsten Schritte werden schon halb vollzogen sein. Vergesst sie, und es geschieht auf Euer Risiko. Unterdessen wird die Zeit Eure Erfahrungen erweitern und schrumpfen lassen, bis Eure Entscheidung feststeht. So oder so erfreut sich Euer Bewusstsein an Momenten wie diesen, ob man sie Tage, Jahre oder Leben nennen mag.

Der Mensch wird weiterhin die Ressourcen der Erde verwerten

Es wird auch weiterhin Umschichtungen und Veränderungen im Hinblick darauf geben, wie der Planet und seine Kontinente sich Ausdruck verschaffen. Im Laufe der Zeit wird man deutlich erkennen können, dass einige, wenn nicht sogar alle Kontinente aufeinander zu- oder voneinander wegdriften. Das wird nicht nur das Klima des Planeten verändern, sondern auch, welche Ressourcen diese Kontinente importieren oder exportieren. Wenn sich Güter in Form realen Kapitals ernsthaft zu verändern beginnen, wird es zu einer Neuverteilung von Reichtümern auf der Welt kommen. Das, gekoppelt mit Veränderungen im Bankenwesen und im Vermögensmanagement, wird sich deutlich darauf auswirken, wie es um Eure Beziehung zu Eurem unmittelbaren Umfeld oder den Menschen an fernen Küsten bestellt ist.

Muss ich Euch daran erinnern, wie sich schon allein eine kleine Veränderung hinsichtlich der Möglichkeiten zum Kaffeeanbau auf der Erde auswirken könnte? Und was ist mit dem Wasser? Damit Ihr die richtige Perspektive darauf gewinnt, solltet Ihr wissen, dass eine einprozentige Abnahme des weltweit verfügbaren Wassers sich in einem Ansteigen der Nachfrage um zwölf Prozent und einem Preisanstieg um achtzehn Prozent (mindestens) niederschlagen würde. Es ist also wichtig, anzuerkennen, dass die Veränderungen auf allen Ebenen bevorstehen und dass das, was man heute als sehr wertvoll betrachtet, auf den Rang von etwas einfach nur Interessantem verwiesen werden könnte, während die Welt um Euch herum sich weiter verändert.

Bald wird man Anstrengungen unternehmen, nach noch mehr fossilen Brennstoffen und Ölreserven zu graben. Außerdem wird man die größten und tiefsten Brunnen bohren, die je bekannt wurden. Man wird diese Anstrengungen unternehmen, um einen Vorrat zu ergänzen und eine Versorgungsmöglichkeit sicherzustellen, von der man hofft, sie nicht nutzen zu müssen, weil es sich um gebundene Ressourcen handelt. Die dies tun, kommen mit ihrer Planung etwas zu spät, und es fehlen ihnen etliche Dollar, wie sich bei diesem Unterfangen herausstellen wird. Während sie noch mit ihren Vorkehrungen für einen Regentag beschäftigt sind, werden sie merken müssen, dass der bereits begonnen hat. Derzeit befasst sich die Wissenschaft insgeheim damit, die Grundwasserleiter und Grundwasserspiegel der Welt zu untersuchen und zu messen, weil das heutige Regenwasser schon nicht mehr aus reinem Wasser besteht, wie ihr Euch vielleicht vorstellen könnt. Andererseits gibt es noch die Schneeschmelze, auf die man weiterhin zählen kann, vor allem in größeren Höhenlagen. Sie sollte man um jeden Preis schützen.

Viele Länder werden ihre eigenen Pläne verfolgen, wenn es darum geht, sich auf die bevorstehenden Zeiten vorzubereiten. Auch auf diesen Gebieten wird es Meinungsverschiedenheiten und Uneinigkeit geben, aber schließlich wird aus alledem ein einvernehmlicher Plan hervorgehen.

Die internationale Raumstation, die bisher kaum mehr ist als eine Andockstation, arbeitet hart daran, an Ressourcen zu sichern, was sie nur sichern kann. Es wird der Zeitpunkt kommen, an dem sie den Spitznamen »Arche Noah II« erhält, weil sie für den Fall der Fälle so viel zu bewahren versucht wie irgend möglich. Einige ihrer Ressourcen werden schließlich auf die Erde gebracht werden und umgekehrt. Weltraumreisen, zumindest zu einem nicht allzu fernen Raumhafen, stehen bevor, auch wenn sich anfangs nur die Reichen und Gutsituierten das werden leisten können. Heute scheinen es noch kaum mehr als Vergnügungsreisen zu sein, aber das wird sich bald ändern, und ihre Missionen werden eine neue Bedeutung annehmen. Das ist vielen noch unbekannt, denn würde man es heute offenlegen, so würde das Angst wecken, und Angst führt zu Krisenanfälligkeit.

Es ist wichtig, dass jeder sich auf möglichst vielen Gebieten wertvoll und qualifiziert fühlt. Das erhöht die Stabilität und sichert einen Zugang, über den die Weisheit bei Bedarf mühelos abgerufen werden kann. Haltet Euch nicht für bedürftig. Wisst stattdessen, dass Ihr alles habt, was Ihr braucht, unabhängig von den Umständen – die Ressource oder höchste Quelle wird für alles sorgen. Jedes Wesen und jede Seinsessenz ist eine Ressource für sich – ein Mikro- und Makrokosmos, und Gaia ebenso. Ihr könnt Euch selbst genauso erneuern und regenerieren wie ich. Ihr habt vielleicht noch keine Ahnung, wie Ihr das anstellen sollt, aber Erinnerungen daran werden Euch schon bald ins Bewusstsein kommen. Ihr seid Euch bereits bewusst, dass Ihr eine immer hilfreiche Verbundenheit mit der nichtphysischen Ebene habt und Unterstützung bekommt, aber ihr haltet nicht viel von Eurer physischen Intelligenz. Beides unterscheidet sich nicht sehr stark, wird aber unterschiedlich wahrgenommen.

Nun gibt es natürlich jene, deren Lebenssinn sich ständig durch Mangel und Bedürftigkeit auszeichnet, und ihnen wird die Aufgabe zufallen, das zu überwinden. Seid mitfühlend und beharrlich bei diesen Weggefährten, damit auch sie wach werden. Unter ihnen werdet Ihr einige Eurer eigenen Angehörigen und Freunde finden. Diejenigen, die sich für den Mangel entscheiden, werden in allem Mangel sehen, selbst wenn ein Festschmaus vor ihnen aufgetischt wird und ein warmes Bett auf sie wartet. Der Zweifel wird bei diesen Geschöpfen im Übermaß vorhanden sein, und die Angst wird ihre Stimme sein. Einige werden den Planeten zu früh verlassen, um auch nur eine Chance zu haben, nach innen zu blicken. Beachtet, dass die Angst in nicht allzu langer Zeit Helden, Feiglinge und Könige hervorbringen wird! Es wird auch Veränderungen im Hinblick auf den Umgang mit den eigenen inneren Ressourcen geben – Kopf und Herz müssen zusammenkommen.

Beziehungen werden in den Mittelpunkt treten, während aus Wochen Jahre werden. Die Scheidungsraten werden höher sein als je zuvor und vorübergehende Affären eben nicht mehr sein als das, doch der Bund des Herzens wird sich verstärken, und so werden auch die wirklichen Bande sich vertiefen. Veränderungen in diesem Bereich werden im Laufe der nächsten vielleicht zehn Jahre beinahe täglich vorkommen, und nur wenige Menschen werden davon überrascht werden. Familien und Gemeinschaften werden auseinandergehen und dann wieder zueinanderfinden, einige durch die auftretenden Veränderungen gestärkt und andere geschwächt. Es ist eine Zeit des Chaos, aber dem Chaos folgt schnell die Ordnung, und während dieser beschleunigten Zeit wird das merklich der Fall sein.

Das Durcheinander wird bei manchen dazu führen, dass sie den meisten Sinn darin sehen, Einzelgänger zu bleiben, aber das wird nicht für die Mehrheit gelten. Es wird zunehmend wichtiger werden, nach der eigenen Wahrheit zu leben – individuell und kollektiv. Das wird helfen, zukünftige Paarbeziehungen langlebiger zu machen: zwei Ganze, die ein Band zwischen sich verstärken, statt zwei Hälften, die darauf hoffen.

Denkt daran, loszulassen, wenn die Zeit gekommen ist. Lasst auch von Eurem Zögern ab, wenn das geboten ist. Ich erinnere Euch daran, dass vieles hiervon sich einstellt, während die Erde sich weiter verändert und erwärmt. Zweifellos hattet Ihr Euch nicht vorgestellt, dass dies einen Einfluss auf Beziehungen haben würde.

Umfassende Entwürfe werden präsentiert werden

Diese unsteten Zeiten werden Wundersames und Alltägliches mit sich bringen. Mein Spürbewusstsein wird damit fortfahren, die Entscheidungen zu ehren, die von dem Einen und den vielen getroffen werden. Aber dennoch werden zahlreiche unter Euch vortreten und sagen: »Gaia, warum erträgst Du das, wenn Du es doch nicht zu ertragen brauchst? Wehre dich! Im Namen von was oder wem lässt Du das zu?« »Nein, schweigt still«, werde ich darauf sagen. Gaia lässt nur das zu, was natürlich ist, denn auch das ist Natur, und es gilt, ihm zu gehorchen. Ich brenne so sehr wie alle anderen darauf, Gerechtigkeit zu erleben, aber um sie zu erkennen, muss man sie zunächst einmal *sein*. Das ist eine normale Weiterentwicklung, selbst wenn sie anfangs sprunghaft erfolgt. Dennoch sind da jene, die sich an der Vermischung von Geist und Materie nicht freuen, und sie würden, um die Wahrheit zu sagen, dem Ganzen am liebsten ein Ende bereiten.

Es gibt welche, die das, was begonnen hat, aufhalten möchten, und durchaus aus ehrenwerten Gründen, weil sie auf ihre begrenzte Weise glauben, sie müssten das Übriggebliebene für künftige Generationen bewahren. Diese Hüter der ursprünglichen Pläne werden in diesen Zeiten ebenfalls hart arbeiten, denn ihre Zukunft ist ihnen ebenso wichtig wie Euch die Eure. Wie einer Science-Fiction-Handlung entsprungen, werden sie darauf hinarbeiten, die Drehung und den Spin der Erde zu ändern. Sie würden gerne auf den Neigungswinkel des Planeten Einfluss nehmen, in dem irrtümlichen Glauben, dass das Wasser dann an seinen jeweiligen Pol zurückfließen könnte, wo es dann wieder gefrieren statt schmelzen würde. Diese Theorie ist eine der vielen, die man anbieten wird. Andere Theorien werden unter anderem beinhalten, die Erde für einen Teil des Jahres von der Sonne abzuschirmen. Weitere werden folgen. Einige werden so bizarr wirken, dass Ihr Euch vielleicht durchaus fragt, wie die Wissenschaft sich so etwas ausdenken konnte. Und wieder andere werden Euch so annähernd perfekt vorkommen, dass sie sich in Euren Momenten größter Unsicherheit beinahe überzeugen werden. Von jedem Winkel des Erdballs und von jedem Land werden sich die Experten und die Narren einfinden ... und Ihr werdet feststellen, dass die meisten ihrer Projekte, die öffentlichen wie die privaten, *finanziert* werden – und sei es nur aus der Angst heraus, es könnte die falsche Lösung gewählt werden. Einige Projekte werden eine größere Bedrohung darstellen als die globale Erwärmung selbst, aber wer würde das in solchen Zeiten aussprechen? Andererseits werden Pionierwissenschaften entstehen, von denen alle enorm profitieren.

Dies ist eine Zeit der Neuanfänge wie auch des Beendens, aber Ihr werdet sehen, dass die Sprache des Beendens populärer ist, selbst wenn es sich um ein nicht ganz so beliebtes Thema handelt. Während einiges an Veränderung revolutionär sein mag, würden andere es vorziehen, von einer echten Revolution zu sprechen. Zerstörung und Selbstzerstörung werden Seite an Seite mit Kreativität existieren. Jedenfalls wird es eine Zeit lang so sein. Regierungen werden sich selbst zerstören und ihr jeweiliges Land mitreißen. Familien, die sich zu sehr an ihren Glaubenssätzen festklammern, wird es nicht anders gehen.

Der nächste Neuanfang tritt manchmal leider erst nach einem überwältigend heftigen Ende zutage. Euch wird dieses unselige Phänomen in Eurem Leben und dem Eurer Weggefährten noch auffallen. Was für einige das Ende ist, wird für andere der Anfang sein. Stellt sicher, dass Ihr Euer Stichwort nicht verpasst, oder seid bereit, Euch umzuentscheiden, wenn sich Euch die Möglichkeit bietet. Wenn Ihr das nicht tut, werdet Ihr Euch in der gleichen desolaten Wüste wiederfinden, die andere um sich herum eingerichtet haben. Nur durch die Anerkennung, dass bestimmte Dinge enden, könnt Ihr Eure eigenen Neuanfänge stärken.

Vorsicht also! Das ist nicht der rechte Zeitpunkt, um andere vor sich selbst zu retten, obwohl diese Zeiten in der Tat heldenhaft sind. Falls Ihr nur einen Lebenssinn oder eine Richtung vor Euch seht, präsentiere ich Euch ein ganzes Panorama. Ich mache alles sichtbar für Euch, aber einige werden verkünden, dass es sich anders verhält. Es wird so sein, als würde ein überaus dichter Vorhang um sie herum zugezogen, und Ihr werdet merken, dass Ihr kaum eine andere Wahl habt, als sie an dem Punkt zu ehren, an dem sie stehen, denn wo sollten sie sonst sein? Das sind die Zeit und der Lebenssinn, nach denen Ihr gerufen habt. Und genau aus diesem Grund habt Ihr Euch auf der Erde eingefunden – um zu sehen, in Erfahrung zu bringen, zu entdecken und teilzuhaben an all dem, was hier gerade angesprochen wurde.

Alle Planeten sind Lehrer der Erde

Es ist schon interessant, dass man, während alle Welt Überlegungen darüber anstellt, wie sich die Erde erwärmt und wie eine so große Veränderung eigentlich abläuft, dermaßen wenig von den ganzen anderen Himmelskörpern weiß, denn auch sie haben eigenständig und für sich genommen solche Veränderungen erlebt. All die Himmelskörper innerhalb des Sonnensystems sind die älteren Brüder und Schwestern der Erde. Unabhängig davon, wie sie Eurer Meinung nach von Eurer Wissenschaft eingestuft oder welches Alter für sie angesetzt wurde, in welcher Zeit und an welchem Ort sie entdeckt wurden – sie sind allesamt die älteren Geschwister der Menschheit sowie die älteren Brüder und Schwestern Gaias hinsichtlich der verschiedenen Lebensformen, die sich auf diesen Welten Ausdruck verschafft haben.

Und so richtet Gaia den Blick genauso auf diese Älteren, wie Ihr ihn auf Gaia oder Eure anderen nichtphysischen Lehrer und Eure Ältesten richtet, um Euch von *ihnen* führen zu lassen – nicht, weil gerade Angst in Gaias Mitte herrscht, sondern weil ein Verständnis davon besteht, wie man Energieströme einsetzen kann, wie die Gesetze des Universums sich so verkörpern lassen, dass es für alle Lebensformen ein Höchstmaß an Behaglichkeit und positiver Ergänzung mit sich bringt. Und da die anderen Himmelskörper sich auf diese Weise Ausdruck verschafft haben, kann Gaia nun ihrerseits etwas von ihnen übernehmen, als Ergänzung für sich selbst und zur Ergänzung allen Lebens.

Das Sonnensystem beobachtet die Entfaltung der Erde – beinahe so, wie Ihr bei einer Hochzeit Zeuge seid, bei der andere miteinander vermählt werden. Beinahe so, als würdet Ihr diejenigen beobachten, die eine Ebene des Lebens oder der Wahrheit abschließen und zur nächsten gelangen. Deshalb besteht, wie schon an früherer Stelle gesagt, Grund zum Feiern, selbst wenn Ihr um Euch herum lauter Chaos seht und überall neue Richtungen eingeschlagen werden. Denn die Energieströme, wie sie von anderen Welten verstanden und eingesetzt wurden, stehen nun Gaia zur Verfügung, und sie kann sie jederzeit anzapfen. Im Prinzip fungieren die anderen Himmelskörper als Hebamme für Gaia. Um die Menschheit zu gebären. Um der Menschheit ihre Bewusstheit zurückzugeben. Und da ein großer Teil der Menschheit vorher schon auf diesen anderen Welten ihren Weg gegangen ist, ergänzen und beschleunigen sie sogar noch die DNS, die Euch beseelt.

Ihr werdet Euch manchmal fragen, wie die Umstrukturierung der DNS vonstatten gehen kann, wenn es den Anschein hat, als neigten sich die weltweiten Ressourcen dem Ende zu. Selbst mit meinem heutigen Verständnis der geistigen Welt sehe ich nicht, wie es dazu kommen sollte. Es gibt Energien und Energieströme, die heute von allen Punkten des Universums, der Galaxie und des Sonnensystems zur Erde strömen. Und während sie sich zusammenfinden und neu kombinieren, erfüllen Sie Teile Eurer DNS mit Leben, die Euch gewissermaßen Eure älteren Ahnen schicken. Und es sind sogar Teile Eurer eigenen Seinsessenz, die schon an anderen Orten gewohnt hat und nun selbst auf und in anderen Welten wohnt.

Ihr lebt in einem multidimensionalen Universum. Ihr seid umgeben von Energie. Euch ergänzen nicht nur die Naturreiche und Elemente dieser Welt, sondern auch die Elemente und Energien, die sich auf anderen Welten ausdrücken mögen. Es kommt Euch so vor, als seien sie weit weg – entweder in Eurer fernen Vergangenheit oder fernen Zukunft –, aber es steckt mehr dahinter. Sie sind auch Bestandteil Eurer Gegenwart. Sie sind Teil Eurer Evolution. In Momenten wie diesen, in denen sprunghafte Veränderungen akzeptiert werden müssen, gibt es auch Geschenke, die es zu akzeptieren gilt. Ich mache Euch dies bewusst, damit Ihr, wenn Ihr die Sterne betrachtet, sie wirklich als Eure Brüder und Schwestern seht. Als ein Umfeld, das über Euer eigenes regiert, Euer eigenes ist. Und das auf Euch herablächelt und Euch den Weg leuchtet – auf mehr Weisen, als Ihr es Euch heute auch nur vorstellen könnt.

Unser Thema, wie wir es benannt haben, ist die globale Erwärmung und die Erwärmung in Verbindung mit der Evolution des menschlichen Herzens. Wir sprechen von der Erweiterung des Bewusstseins. Das, was zum Erdball gehört, und das, was den Erdball wärmt, ist nichts als ein großartiger, natürlicher und sehr kraftvoller Zyklus in der Zeit.

Gaia, wie würdest Du Al Gores Präsentation kommentieren? Ich meine, sein Dokumentarfilm »Eine unbequeme Wahrheit« war für einen Präsidentschaftskandidaten schon ziemlich ungewöhnlich. Selbst wenn er einen humanitären Preis gewonnen hat – und zwei Oscars. Wie stehst Du zu dem Tonfall, den die Informationen aufweisen, und zu seiner Präsentation des Themas globale Erwärmung, die dort mitgeschnitten ist?

Die Informationen treffen zu ungefähr 67 Prozent zu. Mehr als zur Hälfte, weniger als das Ganze. Nun, wenn es so wäre, dass sie nicht eine Menge des Vorgebrachten hätten belegen müssen, und wenn sie sich hätten erlauben können, sich von ihren eigenen Vermutungen leiten zu lassen, wäre noch Zutreffenderes herausgekommen.

Das ist so ein Zeitpunkt, an dem die Wissenschaft, weil sie weiß, dass man sie sonst für ihr Bestreben kritisieren würde, vor der Notwendigkeit steht, alle wissenschaftlichen Fakten zu belegen und zu entschlüsseln, unter Hinzuziehung von diesem Experten und jenem Gremium, die das Ganze untermauern – was dann im Grunde weniger Zutreffendes hervorbrachte, als wenn sie sich erlaubt hätten zu sagen: Schaut her – es leuchtet ein und es ist nur logisch, dass wir uns in die und die Richtung bewegen. Hätte man sich außerdem einfach gestattet, einige der Ideen darzulegen, bei denen man bereits davon ausgeht, dass sie wirklich helfen würden, einige der Zukunftstechnologien, einige der Ideen, von denen man vollmundig herumerzählt – selbst die, die am lächerlichsten wirken mögen –, so hätte man eine ganze Menge jüngerer Köpfe, kreativer Köpfe und diejenigen auf sich aufmerksam gemacht, die diese Projekte hätten fördern können.

Aber in dem Bemühen, sich so sehr wie möglich auf Fakten zu stützen – und natürlich ist ihnen dazu zu gratulieren –, gab man weniger Fakten weiter, als eigentlich zur Verfügung standen. Es wäre besser gewesen, eine Fassung für die wissenschaftliche Fachwelt und eine für visionäre Kreise zu schaffen. Beide wären auf ihre Weise erfolgreich gewesen.

Mehr Kommentare darf ich darüber nicht abgeben. Du wirst verstehen, dass es hier keine Wertung und keine Meinungen geben darf, aber diese Kommentare, nach denen Du ja gefragt hast, dürfen durchaus erfolgen.

Ich habe mehrere Fragen, aber eine bezieht sich auf die Tatsache, dass sich eigentlich alle Planeten in unserem Sonnensystem derzeit erwärmen – liegt das an ihrer Bewegung durch den Photonengürtel hindurch oder am Eintritt in den Photonengürtel?

Nun, es liegt an der Nähe der Evolution selbst, die dafür sorgt, dass sich im Prinzip das gesamte Sonnensystem ausdehnt, und diese Ausdehnung ist dann das, was auch den anderen Himmelskörpern eine Erwärmung bringt. Sie wird dort nicht annähernd so große Wirkung entfalten wie auf die Erde, aber es kommt zu einer Erwärmung – auf die gleiche Weise, wie es bei der Ölverbrennung aufgrund der Wärmeentwicklung zu einer Ausdehnung kommt. Und diese Ausdehnung umfasst und erstreckt sich auf eine Unmenge von Aspekten und Dimensionen.

Die Kinder von Maldek

Meine nächste Frage bezieht sich auf Maldek. Nach meinen Informationen kamen Bewohner dieses Planeten auf die Erde und schufen die Pyramiden. Zweck des Ganzen war, die Energie von der Erde zum Planeten Maldek zu bewegen. Bei der Umsetzung entfaltete sich eine Wirkung wie bei einem Kristall, und Maldek wurde zerstört. Damals waren seine Bewohner auf den anderen Planeten. Wurde dabei nicht das gesamte Sonnensystem orientierungslos und fand nicht eine große Bewegung statt? Kannst Du dazu etwas Erhellendes sagen?

Dein Verständnis ist in gewisser Hinsicht korrekt, aber es ist nicht vollständig korrekt. Auf der großen Welt, Maldek, entstanden so viele Ideen, als es darum ging, den Planeten umzustrukturieren, aufzuteilen, zu erobern, zu reintegrieren, in seinem Inneren und auf ihm zu leben, und es spielten so viele Aspekte eine Rolle, dass eine große Spaltung heraufbeschworen wurde statt großer Einheit. Und viele Bewohner waren von dieser evolutionären Perspektive erfüllt – einige machten sie sich zu eigen, andere nicht.

Zu einer Zeit, als ein großes evolutionäres Bewusstsein hätte zutage treten können, um alle zu einen, und zu einer Zeit, als es möglich gewesen wäre, dass sich kluge Führungsinstanzen in Form von Räten zusammentun, geschah nichts dergleichen. Deshalb schwang das Pendel in die entgegengesetzte Richtung aus. Es kam zu einer großen Spaltung – der Spaltung zwischen Nationen, Spaltung zwischen Völkern, Spaltung zwischen Glauben und Wissenschaften, Spaltung zwischen dem Planeten und seinen Ressourcen und allem, was sich spalten ließ, wie etwa dem Atom und den Gehirnhälften: All das begann sich so lange auseinanderzudividieren und zu teilen, bis sogar das männliche und das weibliche Geschlecht sich voneinander trennten und sich auch hier das Gleichgewicht der Kräfte verschob, unwiderruflich, was zunehmend einen enormen Zerfall auslöste. Während dieser großen Zeit kam es zu einem Exodus von vielen, die nicht nur zur Erde reisten, sondern auch zu anderen Welten.

Es gab allerdings welche, die zu einem Zeitpunkt, an dem der Planet kurz davor stand, sich selbst zu zerstören, eine wichtige Entscheidung trafen: ins Innere des Planeten umzuziehen. Aber es war die große Spaltung aller Energien – und das zu einer Zeit, in der Einigkeit am allernötigsten gewesen wäre –, die den Niedergang von Maldek herbeiführte.

Es steht nicht der Niedergang der Erde bevor, und doch führt genau dieses Thema, diese Methode den Niedergang von Nationen, Kulturen, Völkern, Regierungen und Ländern herbei. Wenn Ihr Euch heute auf Eurer Welt umseht, werdet Ihr sehen, dass an vielen solcher Orte nur Einheit etwas verändern könnte. Scheinbar ist eine Vereinigung von Völkern, Grenzen, Gedanken und dergleichen das einzige, was dies bewirken könnte.

Dennoch zeigt sich Euch inzwischen, dass das Pendel zu dieser großartigen Zeit, in der Einheit gefragt ist, bereits in die entgegengesetzte Richtung geschwungen ist, und jetzt habt ihr es mit der großen Spaltung zu tun, die den Niedergang und das Verderben von vielen bewirken wird.

Betrachtet einmal Euer eigenes Land und seht, ob es nicht so sein könnte. Schaut Euch an, ob es nicht an der Zeit ist, Völker und Rassen zusammenzubringen. Schaut Euch an, ob es nicht vielleicht an der Zeit ist, bestimmte Gewässer von der Landkarte zu streichen oder sie freier fließen zu lassen. Schaut Euch an, ob es nicht Zeit wird, Ressourcen umzuverteilen, und ob es nicht Zeit wird, Techniken neu zu kombinieren und Menschen aufzuklären. Es wird wichtig sein, sich anzusehen, wie das Pendel in diesem Land schwingt. Richtet den Blick auf Eure nächsten nationalen Wahlen und dann auf die folgenden.

Das wird Euch Hinweise geben, wie es weitergeht. Dann wird Eure innere Stimme klarer werden, wenn es darum geht, Euch auf Eurem Lebensweg zu führen.

Auf die innere Stimme hören und im Körper sein

Es klingt so, als wäre es für uns als Einzelne das Klügste, was wir tun können, nach innen zu gehen und uns im richtigen Denken zu üben, zu lernen, die richtige Stimme zu hören.

Nein, nein! Das Klügste, was Ihr tun könnt, ist in einer Umgebung spielen zu gehen, die morgen vielleicht nicht mehr da ist. Das innerliche Umfeld verspricht ja, heute da zu sein und morgen und übermorgen auch, aber das könnt Ihr von allen anderen Umfeldern, den äußeren, nicht behaupten. Außerdem wird Euch auffallen, dass, je mehr Ihr Euch in Eure äußere Umwelt begebt, auch die inneren Umfelder tiefe Anerkennung finden werden.

Kannst Du etwas zu angemessenen Wegen sagen, wie wir die Methode vertiefen können, um uns nach innen zu wenden und klar unser Inneres zu erkennen und zu hören?

Entscheidet Euch vollen Herzens dafür, in diesem Körper zu sein, zu dieser Zeit, auf dieser Welt, und aktiv wirkende Kräfte der Veränderung zu sein. »Wenn da Chaos sein sollte, lasst es bei mir anfangen.« Natürlich ist es schwierig, das zu sagen, aber lasst uns einmal untersuchen, was Chaos ist. Es ist Umstrukturierung. Zu sagen, man sollte die Umstrukturierung bei mir anfangen lassen, klingt absolut nicht genauso wie: »Lasst mich Chaos oder Drama auf mich ziehen.« Ist Dir das klar? Es heißt so viel wie: »Lasst diesen Zweck, den ich für mein Leben gewählt habe, von mir aktiv und bewusst ausgelebt werden.« Es bedeutet, ja zu dieser jetzigen Zeit zu sagen. Es bedeutet, ja zu allem zu sagen, was Ihr an Euch seht, und Euch zu erinnern: »Ich habe es mir so ausgesucht. Ich habe mir ausgesucht, dass die Erde sich erwärmt. Ich habe mir dieses Zuhause ausgesucht. Ich werde mir mein nächstes Zuhause aussuchen. Nicht das kleine Persönlichkeits-Ich, sondern das grandiose Etwas, das ICH BIN – das unbegrenzte, unendliche Sein, das ICH BIN, hat sich aus seiner unendlichen Weisheit heraus entschieden, sich selbst dorthin zu versetzen, weil es von allen anderen Möglichkeiten noch die grandioseste war, die zur Wahl stand, und so habe ich mich dafür entschieden.«

Nun, wenn Du in der Lage bist, die grandioseste all dieser Möglichkeiten auszuwählen, bist Du sicher auch fähig, dafür zu sorgen, dass alle Entscheidungen Früchte tragen. Das bedeutet, dass Ihr nicht einfach nur hier seid, um Euch durch die nächsten paar Jahre hindurchzuleiden. Ihr seid nicht hierhergekommen, um selbst zu leiden, ich versichere es Euch. Ebenso wenig habt Ihr Euch in die Lage gebracht, zu Füßen anderer zu leiden. Ihr habt Euch selbst hierhin versetzt, weil Ihr zu diesem Zeitpunkt ein großes Licht hier gesehen habt und weil Ihr Euer Licht mit dem zusammenzubringen wünscht, was Ihr gesehen habt.

Deshalb findet Ihr Euch jetzt in einer Zeit und an einem Ort wieder, wo von allen Seiten Licht kommt, unter anderem auch von innen, und ich versichere Euch, es wird Euch den Weg leuchten. Es wird dieses Mal nicht verblassen. Es wird immer heller werden. Für einige wird es wie ein Breitstrahl-Spektrum sein. Für andere wird es laserartig präzise sein. Aber es wird da sein, ich versichere es Euch.

Fortschrittlichere Energiequellen

Ich würde gerne klären, was Du heute Abend über die globale Erwärmung gesagt hast. Ich nenne es auch Klimawandel. Wenn ich von dem ausgehe, was Du heute Abend gesagt hast, muss ich annehmen, dass die Erderwärmung nicht direkt durch unsere Emissionen verursacht wird. Dass es im großen Entwurf der Dinge offenbar ein größeres Anliegen gibt. Welche Rolle spielt dabei die Menschheit im Hinblick auf die Verschmutzung des Planeten?

Stellt Euch vor, dass eine Zeit wie diese vielleicht alle 11.000 Jahre auftritt. Die Rolle, die die Menschheit spielt, läuft auf eine Beschleunigung um schätzungsweise 100 bis 500 Jahre hinaus. Somit verkürzt sich durch die Menschheit der Zyklus auf etwa 10.500 Jahre, ausgehend von ursprünglich vielleicht 11.000 Jahren. Es ist besser, dass sich die Menschheit dessen bewusst ist, wenn es sich einstellt. Es stellte sich bei den Maya ein. Einige der Maya nahmen bewusst wahr, was da kommen würde, andere nicht. Diejenigen, bei denen es nicht so war, begannen mit den großen Verstümmelungen des Körpers, mit Opferriten und dergleichen. Diejenigen, die über das größte Bewusstsein verfügten, begannen sich wieder mit der Vergangenheit wie auch der Zukunft zu befassen und sich anzusehen, wo sie sich sonst noch in Geschichte und Zukunft einschalten könnten, um eine Veränderung anzustoßen.

Wenn sich die Historiker also heute mit den Maya beschäftigen und sagen, es gäbe die erste Periode und die zweite und die letzte, und sie verstehen nicht ganz, wo die Maya sich vertan haben könnten, wo sie doch so tolle Mathematiker waren und dergleichen mehr, so liegt es daran: Die Maya wussten nicht, dass in dieser großen Zeit eine Aufspaltung der Unterschiede zwischen den Menschen bei manchen eine Beschleunigung der Bewusstseinsentwicklung auslösen würde und bei anderen eine Verlangsamung, da sie nicht alle ihre eigene Evolution abrufen konnten.

Genau das stellt sich jetzt auch für die Menschheit ein. Da sind diejenigen, die für ihre eigene Beschleunigung und die anderer sorgen werden. Und da sind jene, die es, indem sie Geist und Herz verschließen, anziehen, dass sie zurückbleiben. Nicht im Hinblick auf die Seele, sondern physisch. Auf gewisse Weise wird es auch die Seele beeinflussen, aber nicht in großem Umfang.

Ausgehend von ihrem aktuellen Bewusstseinsstand zieht die Menschheit folglich das Maß an, in dem sie von diesem Bewusstsein auf die nächste Stufe entkommt. Im Grunde wird der Menschheit heute beinahe abverlangt, sich dem Sog der irdischen Schwerkraft zu entziehen. Sich in die nächste Sphäre hinein auszudehnen. In die nächste Dimension. In die nächste Wahrheit und die nächste Realität. Einige werden dies tun, und zwar großartig. Andere werden um ihrer Ressourcen willen vergehen, weil sie nach eben diesen Ressourcen gieren.

Wie viel von der Menschheit gehört zur einen oder zur anderen Gruppe? Rund 73 Prozent der Menschheit sind derzeit unbewusst. Vielleicht 27 Prozent betrachten sich als irgendwie in der Lage, sich selbst oder den Planeten wiederherzustellen, wenn es sein muss, und Entscheidungen zu treffen, die angemessener wären. Es ist also wahrscheinlich, dass 73 Prozent des Planeten ein anderes Ende erwartet als die anderen 27 Prozent. Diese Zahlen werden sich ändern. Sie ändern sich sogar von einem Moment zum anderen und von Jahr zu Jahr. An diesem Punkt stehen sie heute – damit Ihr es wisst.

Ist Deine Frage damit ausreichend beantwortet? Für mich erklären sich so die derzeitigen Veränderungen – von der Gegenwart und von der Zukunft aus betrachtet. Wie sich die Perspektive verändert und umkehrt. Wie die Menschheit diese Veränderungen überleben wird. Wie viele von uns in der Lage sein werden, hierzubleiben, und wer sich dafür entscheiden wird, hierzubleiben. Und ich denke, ein Teil von uns wird sich dafür entscheiden, in höhere Dimensionen weiterzuziehen, um die Arbeit dort fortzusetzen.

Wenn wir etwas an der Nutzung unserer Ressourcen ändern – wenn wir zum Beispiel in den nächsten zehn Jahren bessere Formen von Energie nutzen oder damit aufhören, so vieles zu verwenden, was auf Erdöl beruht, würden wir dann das Bewusstsein des Planeten anheben, um einen Umschwung bei den Veränderungen auszulösen?

Vielleicht. Nun, wenn wir einmal die zuvor gegebene Antwort nehmen und Deine jetzige Frage darauf anwenden, so sind es die gleichen 27 Prozent, von denen eine Reduzierung der Emissionen ausgehen würde und die bessere Entscheidungen treffen würden. Und es sind die gleichen 73 Prozent, die einfach von all dem profitieren und dabei sagen: »Ich glaube nicht daran, dass die Erde sich erwärmt oder verändert, und ich kümmere mich weiter um meinen eigenen Kram.« Dann ändert sich an den Zahlen nichts. Von daher muss es so laufen, dass das Geringere das Größere beeinflusst, und das Größere muss zulassen, dass es beeinflusst wird, damit die Zahlenverhältnisse das Gleichgewicht verschieben. Nun kommt es ja die ganze Zeit über zu Verschiebungen oder dazu, dass Chaos sich selbst neu ordnet – es ordnet sich auf Weisen neu, die Ihr Euch noch nicht vorstellen könnt. Um also einfach Prozentsätze zu nennen: 27 zu 73, bei allem Vorbehalt, weil es starre Zahlen sind. Das ist keine zutreffende Perspektive, aber es wird immer welche geben, die auf die Erde kommen und die Erde wieder verlassen, und zwar beruhend auf einer ganzen Palette von Zwecken und Gründen. Und jeder von ihnen verändert das Bewusstsein der Erde.

Was nun, wenn einer morgen eintrifft – mit welchen Mitteln auch immer –, aber bei den 73 oder 27 nicht mitgezählt wird, und dieser Jemand hat die Fähigkeit, die äußersten Ecken oder Aspekte auf völlig unterschiedliche Weisen zu verändern? Auch das verändert etwas. Was, wenn einer, der jung ist und bei diesen Prozentsätzen nicht einmal berücksichtigt wurde, plötzlich mit einem großen Entwurf hervortritt, der die Erde auf andere Weise wiedererrichten kann? Ein System zur Reinigung der Luft. Ein Filtersystem für das Wasser. Eine neue Möglichkeit, Wohlstand und Ressourcen der Welt umzuverteilen. All das hat das Vermögen, das Kräfteverhältnis zu verschieben.

Das Gleichgewicht der Kräfte findet sich nicht in den Regierungen. Das Gleichgewicht der Kräfte wohnt jedem einzelnen Menschen inne. Dieses Gleichgewicht der Kräfte verlagert sich, und damit verlagert sich etwas in der Wirtschaft – nicht umgekehrt.

Das Gleichgewicht der Kräfte im Herzen, im Geist und in der Ausdehnung der Seele hat das Vermögen, alles auf dem Planeten zu verändern. Wenn wir darüber sprechen, was Einzelne oder Gruppen von Menschen tun können, um solche Veränderungen zu beschleunigen oder zu verlangsamen, so ist all das absolut möglich, und noch viel mehr – lasst es Euch gesagt sein –, auf eine Weise, die Ihr Euch jetzt noch nicht vorstellen könnt. Aber nicht einfach über die Emissionen, nicht einfach über die Ressourcen, wie man heute rechnet. Das ist unzulässig vereinfachend, obwohl die Antwort, die ich Euch zu bieten habe, nicht etwa komplexer ist – sie ist schlichtweg stärker auf die Dimension ausgerichtet. Wirklich in Veränderung ist nämlich das Bewusstsein. Gemeint sind nicht die Ideen des Verstandes, wie er sich selbst reparieren kann oder wie er noch ein paar Jahre weiter in die Zukunft vordringt, sondern wirkliche evolutionäre Veränderungen. Und genau die werdet Ihr mitbekommen.

Nikola Tesla, der vergessene Erfinder und Elektroingenieur, visualisierte schon vor hundert Jahren freie Energie, und nach ihm erfanden andere Autos, bei denen fast keine fossilen Brennstoffe mehr verwendet wurden. Ihre Ideen wurden heftig unterdrückt. Ging diese Unterdrückung auf diejenigen zurück, die wirtschaftlich das Zepter in der Hand hielten, oder lag sie an einem begrenzten Bewusstsein auf der Welt insgesamt?

Eine hervorragende Frage. Die Antwort lautet: beides. Es gab diejenigen, die nicht zulassen wollten, dass dies publik wird, und es wäre wieder eine weitere Ressource gewesen, die man manipuliert hätte. Die Zeit war dafür noch nicht reif – so könnte man es wohl am besten ausdrücken. Die Zeit dieser Erfindungen ist heute gekommen, aber damals war es noch zu früh. Außerdem waren oft noch Verbesserungen nötig.

Diejenigen, die solche Gedanken und Ideen hervorbrachten, hegten vor allem den Wunsch, sie entsprechend ihrem Daseinszweck sofort publik zu machen. Sie umgesetzt zu sehen, bevor die Zeit reif war, da sie große Visionäre waren, die solche Momente, wie wir sie jetzt auf der Erde erlebten, voraussahen. Ihr Daseinszweck bestand also nicht einfach nur darin, der Menschheit Besserung zu bringen. Ihr Daseinszweck bestand auch nicht darin, die heutige Zeit hervorzubringen. Diese heutige Zeit um jeden Preis zu vermeiden, verlangsamte eben jene Energie, durch die ihre Erfindungen die Erde und ihre Bewohner unterstützt hätten. Im Grunde führten sie die Polarität ihres Pendelausschlags selbst herbei. Verstehst Du? Sie hätten das Pendel in eine Richtung ausschlagen lassen, weil sie in Verbindung mit diesem Zweck etwas anderes im Hinterkopf hatten – nicht das also: *Das* verlangsamte das Ganze. In ihrem Leben gingen sie anders damit um. Das ist eine Sichtweise. Natürlich gibt es noch andere Sichtweisen, denn zu jeder Antwort gibt es immer mehr als eine.

Wahr ist auch, dass diejenigen, die die Kontrolle über die Ressourcen innehatten, nicht wünschten, sie so leicht verteilt zu sehen. Die Erde ist kein freier Planet. Sie ist ein Planet der freien Wahl und des freien Willens, oder so hat es zumindest den Anschein, aber ihre Ressourcen sind nicht kostenlos zugänglich – im Gegenteil: Sie sind sogar ziemlich kostspielig. Es gibt welche, die die Ressourcen einfach so verwalten und die möchten, dass diese Geldquelle nicht versiegt. Von ihnen gibt es heute eine Menge.

Tesla war einer von vielen. Es gibt viele mit grandiosen Ideen. Einige dieser Ideen wurden beschlagnahmt. Andere wurden gegen horrende Summen aufgekauft. Andere wurden gestohlen. Wieder andere finden sich in bestimmten Wissensspeichern verborgen, um zu einem späteren Zeitpunkt hervorgeholt zu werden. Es gibt jede Menge großartiger Ideen und jede Menge Ressourcen. Dieser Planet ist nicht ohne Ressourcen. Nicht im Hinblick auf seine Elemente oder seine Naturreiche, von denen das umfassende kollektive Gedankengut der Menschen nur eines ist. Es gibt genug Ressourcen und Kenntnisse, die nur genutzt zu werden brauchten, damit heute alles gut wird, einschließlich des Wissens, wie sich die Eigenwärme des Planeten verwalten und nutzbar machen lässt. Wenn es auf einem Speicher zu warm ist, kann man dann nicht zusehen, einiges an dieser Wärme von dort abzuleiten? Ist es im Haus zu kalt, kann man dann nicht einiges von der Wärme auf dem Speicher herbeiholen, um die Bewohner zu wärmen? Ist der Planet denn nicht ebenfalls nur ein Haus, eine Heimstatt, und sind bestimmte Schichten nicht ein Speicher, in denen sich zu viel Wärme staut? Kann man sie nicht anderswohin ableiten und gibt es nicht kluge Köpfe, die wissen, wie sie das anstellen können? Es ist gar kein so schwieriges Problem, nicht wirklich.

Aber die Zeit naht, und das Denken muss sich unterdessen erweitern, dem Bewusstsein muss erlaubt werden, aufzublühen, und die

Menschheit muss sich erst in ihre eigene Souveränität hinein befreien. Das alles ist miteinander verbunden. Deshalb muss das
Spürbewusstsein Gaias allem erlauben, seinen Lauf zu nehmen, und
darf nicht einfach sagen: »Schau, da ist die Antwort – hole sie dir.«
Es muss darauf hinauslaufen, dass die Menschheit sich selbst rettet,
denn nur das eigene Handeln wird zur Evolution beitragen.

Die Big Foot

Ich habe eine Frage zum Geschlecht der Big Foot, dieser übergroßen Fell-
wesen, die in fast allen Gebirgen der USA und Kanadas leben. Und sie
hängt mit den bevorstehenden Veränderungen zusammen. Ich bin neugierig.
Mir ist so ein Big Foot nämlich einmal begegnet, als ich schätzungsweise
acht war, in den Rocky Mountains, und ich möchte gern wissen, wie sie
von den Veränderungen betroffen sein werden. Ich weiß, dass sie interdi-
mensional sind, aber werden sie eine aktivere Rolle übernehmen?

Das werden sie nicht. Sie werden immer im Hintergrund bleiben.
Ihre Zahl ist gering. Groß ist ihr Herz, klein ihr Verstand. Sie
sind eine verschworene Gemeinschaft. Sie sind fest entschlossen,
zahlenmäßig übersichtlich und möglichst im Verborgenen zu bleiben. Nicht, weil sie die Menschheit fürchten – sie verstehen sie
schlichtweg nicht. Sie verstehen sich darauf, unter ihresgleichen
zu sein. Sie verstehen sich darauf, zu nähren. Sie vermehren sich
zahlenmäßig nicht stark – nicht wie die Menschen. Sie sind nur
einmal alle vier bis sieben Jahre in der Lage, Nachwuchs zu bekommen, deshalb bleibt ihre Zahl recht klein.

Und dort, wohin sie anfangs gebracht wurden, dort bleiben sie
auch. Sie reisen nicht – nicht wie der Mensch, der sagen würde:
»Jetzt möchte ich einmal auf diesem oder jenem Kontinent leben.«
Wohin man sie gesteckt hat, dort sind sie anzutreffen, jetzt und
immer. Sie gehören ebenso sehr zur Erde wie die Elemente. Sie
gehören den Dimensionen und den Naturreichen an, aber sie
gehören auch sich selbst an. Sie werden eine Zukunft auf der Erde

haben, aber sie kennen keine Veränderung. Sie leben nur im gegenwärtigen Moment. Sie haben keine Erinnerung daran, wie die Vergangenheit ausgesehen haben mag oder wie viele Kataklysmen die Erde bereits durchlaufen hat. Sie sind sich nicht gewahr, dass die Erde sich erwärmt, und ihre jeweilige Umwelt ist sehr stabil. Sie sind sich ihres Weges gewahr und ihrer Muster, und sie sind sich dieses Moments gewahr. Sie sind nicht einmal neugierig auf das, was die Zukunft bringen mag. Ihr Bewusstsein entwickelt sich gemeinsam mit dem aller anderen Naturreiche. Mit anderen Worten, wenn das Pflanzenreich sich ausweitet, weiten sie sich als Teil von ihm ebenfalls aus. Weitet sich das Tierreich aus, so weiten sie sich auch mit diesem aus, wobei sie ein großes kollektives Bewusstsein anzapfen.

Was die Menschheit angeht, so zapfen sie auch hier ein kollektives Menschheitsbewusstsein an, nicht das individuelle. Sie bleiben größtenteils, wie sie sind – mit kleinen Sprüngen hie und da –, winzig gemessen an dem, was die Menschheit bewerkstelligen wird.

Wie wirken sich die Drehung und der Neigungswinkel der Erde, von denen Du etwas früher gesprochen hast, auf die aus, die im Erdinneren leben?

Es hat Einfluss auf ihr Bewusstsein, bevor es sich auf das der Menschheit auswirkt. Sie sind größeren inneren Belastungen ausgesetzt als die Menschheit. Der Art von Belastungen, die einen von innen her schubsen und verändern und Wandel herbeiführen. Auch sie durchlaufen Veränderungen in ihrer DNS. Es ist ein Bestandteil ihrer eigenen Evolution.

Die meisten von uns, die heute im Inneren des Planeten wohnen, haben aus dem einen oder anderen Grund – das ist jetzt eine verallgemeinernde Aussage – bei der vorherigen großen evolutionären Veränderung größtenteils bis zum letzten Moment geleugnet, was sich da abspielte. Im allerletzten Moment war es so, als hätte ein Funke ihren Geist geöffnet und ihnen infolgedessen eine Öffnung in der Erde offenbart, und so gelang es ihnen, zunächst zu überleben und dann sogar zu gedeihen. Sie waren die Spätkommer oder Spätblüher. Aber sei's drum – sie trafen ihre Entscheidung, und sie richteten sich häuslich ein. Nun wählen sie aufgrund dessen für sich aus, auf jeden Fall zu den Ersten zu gehören, den Ersten, die wissen, und den Ersten, die sehen, und den Ersten, die expandieren. Genau aus diesem Grund glauben viele, dass diejenigen, die über das größte Wissen verfügen, aus dem Erdinneren kommen werden, um Lehrer zu sein. Es liegt daran, dass dies ein Versprechen war, das vor langer, langer Zeit gegeben wurde, und daran erinnern sich manche. Sie glauben, dass sie als Ausgleich für das, was ihnen gewährt wurde, nun dienen werden.

Doch gleichzeitig herrscht große Angst und großes Zittern unter vielen. Sie haben dort Trost gefunden. Ihre Welt ist nicht so schwierig wie die Welt an der Oberfläche. Sie sind an dem Punkt angelangt, sehr dankbar zu sein für das, was dort ist, und dafür, wie sie hausen. Eine Rückkehr zur Erdoberfläche ist nicht ganz das, was sie sich angesichts dessen, wie das heute auf der Oberfläche alles aussieht, vorgestellt hatten. Und dennoch gibt es viele, die der eingegangenen Verpflichtung treu bleiben und das kollektive Bewusstsein ihrer Völker in sich tragen und weitertragen werden.

Was meinst Du wohl, wie viele Menschen vortreten und sagen werden: »Ja, ich heiße euch willkommen. Ich erkenne, dass ihr aus dem Erdinneren kommt, da eure Erscheinung ziemlich anders ist als meine und euer Wissen sich von meinem eigenen unterscheidet. Kommt zu mir nach Hause, und dann reden wir miteinander. Ihr sagt mir alles, was ihr wisst, und ich werde daraufhin meine Gewohnheiten ändern, denn was ihr sagt, wird für mich segensreich sein.« Was glaubt Ihr wohl, wie oft das der Fall sein wird?

Wir reden hier also wieder von 27 Prozent?

Eher von ungefähr drei Prozent, und so gibt es noch viel zu tun und Ihr könnt Euch vielleicht vorstellen, dass sie ganz schön zittern. Aber sie haben ihren eigenen Daseinszweck und werden ein Versprechen genauso halten wie jedes andere Wesen auch.

Es werden nur wenige sein, und sie werden derzeit durch die eigenen Belastungen und Veränderungen auf ein Leben an der Erdoberfläche vorbereitet und darauf, ihre Präsenz zu wahren – unabhängig davon, was zu ihnen gesagt oder ihnen angetan wird. Sie werden derzeit dafür gestählt, das zu überstehen. In gewisser Hinsicht wird man sie als Übermenschen betrachten. Ihr Körper wird etwas anders aussehen. Sie sind in ihrer Beschaffenheit etwas anders. So wie Euer Superman-Mythos bewirkt, dass ein Körper einem anderen wie aus Stahl vorkommt, werden auch sie auf ihre Weise einzigartig wirken, schon allein von ihren körperlichen Eigenschaften her, so dass auf einer gewissen Ebene einiges von dem, was sie sagen, gleich bewiesen werden kann.

Und natürlich werden sie, wenn sie hierherkommen, ihre Sicherheit aufs Spiel setzen. Deshalb suchen sie sich den richtigen Zeitpunkt aus. Sie richten es sich so ein, dass sie zu einer ähnlichen Zeit aus dem Erdinneren in Erscheinung treten wie diejenigen, die von anderen Welten ankommen werden.

Stellt Euch die Menschheit dann vor. Sie wird sagen, es kommt von überall her. Vom Innern der Erde, von außerhalb der Erde. Können wir denn solche Ignoranten gewesen sein? Und die Antwort wird lauten: Ja. Wir sind solche Ignoranten gewesen. Nun sperrt die Augen und Ohren auf und seht und wisst. Es wird sicher gut getimt sein. Auf die gleiche Zeit getimt.

Befinden sich die Menschen aus dem Erdinneren nun in Körpern der dritten Dimension oder in welchen, die der vierten oder fünften Dimension angehören?

Es kommt darauf an. Sie befinden sich in Körpern, die wandelbar sind, transformiert werden können. Sie stecken in Körpern, die formbar sind. Sie haben ein Skelett, aber es ist elastischer. Ihr habt ja mitbekommen, dass das der Menschheit recht spröde ist. Es war nicht so gedacht, dass es so würde – es hat sich einfach ergeben. Das Außenskelett des Menschen war eigentlich fließender, eher gummiartig vorgesehen. Es gab eine Menge Öle, die den

Körper genau auf diese Weise gut schmierten und nicht nur in die Blutbahn gelangten, sondern auch in das Skelett. Der Körper war besser geregelt. Für diese Körper ist die Langlebigkeit besser geregelt. Ihre Lebensspanne ist länger als die der Erde. Es gibt auch vieles, was sie verändern und lehren können. Sie würden bei so manchem, was die Menschheit verzehrt, nicht auf die Idee kommen, es zu verzehren oder für nahrhaft zu halten.

Eure Zukunft und Euer künftiges Ich

Du hast gesagt, dass wir in dieser Zeit erwachen. Kannst Du darauf noch einmal näher eingehen und sagen, wie das aussehen könnte?

Schon bald wird vieles an den Zahlen, von denen wir gesprochen haben – das mit den 27 und den 73 – und das Erwachen der einen und die DNS-Umstrukturierung der anderen abgeschlossen sein. Wie Ihr Euch vielleicht vorstellen könnt, ist das in etwa der Zeitpunkt, an dem die großen Fragen gestellt werden, die nach einer Antwort verlangen. Die großen Fragen wie: Können wir, die Menschheit, als Spezies überleben? Wie? Wo? Mit welchen Mitteln? Was sind die großen Prioritäten, nach denen ich mein Leben und das meiner Lieben ausrichten werde? Die ganz großen Fragen werden also gestellt, und sie werden eine Antwort brauchen, denn ohne eine Antwort wird die Menschheit nicht weiterkommen können.

Wie, was, wo oder wer ist Gott? Wo ist das übergeordnete Bewusstsein? Das sind Fragen biblischen Ausmaßes, und sie werden gestellt werden und eine Antwort erfordern, denn es wird entweder so sein, dass alles, was in den großen heiligen Schriften steht, zutrifft, oder dass sich alles als unzutreffend erweist. Was wird dann daraus? Was wird dann aus den großen Religionen und religiösen Oberhäuptern? Wenn die Religionen weg sind, sind auch die Regierungen weg. Sie sind miteinander verknüpft. Sie sind durch ihre jeweilige Führung miteinander verknüpft. Sie hängen zusammen, weil einige das Sagen haben und die anderen folgen. Wenn diejenigen, die nur zu den Anhängern gehören, niemanden mehr haben, dem sie noch folgen können, werden sie nicht zwangsläufig selbst zu Führern werden – sie werden in die Irre gehen. Diese Fragen werden zur gleichen Zeit auftauchen. Die großen Fragen werden auftauchen, und es müssen dann zu diesem Zeitpunkt die Antworten auf diese Fragen erfolgen. Einige werden sich auch einstellen, auf andere wird es scheinbar keine Antwort geben. Eine Lösung für ein Problem – aber nicht unbedingt eine Antwort auf eine Frage.

Es ist also eine Zeit großer Umstrukturierungen. Es ist die Zeit, wo die Krux an allen Themen ans Licht gebracht wird. Diese Zeit ist im Grunde wichtiger als das Große Jahr 2012, von dem alle reden. Das ist nichts weiter als ein Tor, durch das bis dahin alles verstanden sein wird. Es ist nicht der fragliche Moment. Er wird kommen, und es wird weitere Momente geben, aber es ist ein großer Moment, den wir nicht einfach ignorieren sollten.

Du sprichst davon, dass unser künftiges Ich uns in vieler Hinsicht behilflich sein wird. Es war oft von einer Gruppe mit Namen »Die Vogelstämme« die Rede. Hast Du dazu etwas zu sagen?

Das sind Wesen, die eine große Weisheit bewahrt haben. Es sind Wesen, die eine Weisheit in sich tragen, die nicht verloren gegangen ist. Sie tragen eine Weisheit in sich, die ihnen hilft, sich aufzuschwingen. Im Grunde weg von der Erde. Sie tragen sie im Höhenflug über die Erde und lassen ein Samenkorn hier oder ein Wesen dort hinabfallen, wo es am dringendsten benötigt wird. Die Wiederkehr dieser Stämme ist wie die Wiederkehr des Wissens, wie die Wiederkehr wahren Wissens – Ihr könnt es aber auch Weisheit nennen.

Wie schon zuvor haben wir nun wieder die Zeit, in der die Weisen das Wort ergreifen, doch nur wenn sie gefragt werden, und gerade jene mit reichlich viel Halbwissen werden eine Menge zu sagen haben. Die wahren Stämme sind jene, welche die ursprüngliche

Saat der Wahrheit weitertragen. Von einem Weg zum anderen, einer Wahrheit zur anderen, einer Dimension oder einem Paradigma zum anderen. Sie tragen das weiter, was nicht verwässert werden kann. Sie tragen das weiter, was sich nicht herunterspielen oder verstecken lässt. Und zu bestimmten Zeiten und an bestimmten Orten bringen sie sich durch die Menschheit oder eine andere Spezies ins Spiel. Sie sind bereits Meister. Meister im Tun. Meister im Wissen. Meister im Dienst an einer anderen Menschheit, einer anderen Evolution.

In der Regel entsprechen sie auch auf anderen Welten einer menschenähnlichen Spezies. Sie fühlen sich auf der Erde wohl, und dies ist in der Tat der Moment ihrer Rückkehr. Sie begann schon vor langer Zeit, aber vielleicht sind es jetzt viele. Sie wohnen Euch inne, und sie wohnen außerhalb von Euch. Sie können willentlich einen Körper manifestieren, und sie können den Euren mit Euch teilen, wenn Ihr es ihnen erlaubt. Sie sind die Verkörperung des reinen Wissens. Sie sind das, was Veränderung bringt – zügig, aber problemlos.

Sie sind diejenigen, die verstehen, dass diese ganz bestimmte Zeit nicht zufälliger Natur ist und auch nicht auf menschliche Irrtümer zurückgeht, sondern eine gezielt geschaffene Zeit ist, die auf den evolutionären Sprung wartet. Und da sie dies tief und wahrhaftig wissen, können sie sich vertrauensvoll in diesen zeitlichen Rahmen einschalten.

Gibt es noch etwas, was ich zu verstehen oder zu tun habe, außer einfach zu erlauben, dass die Veränderung sich Bahn bricht, und dabei meinen Platz als liebendes Wesen auf diesem Planeten beizubehalten?

Es ist an Euch, zu verstehen, dass Ihr voll und aktiv beteiligt seid an allem, was da stattfindet. Und alles, was da stattfindet, wurde von Dir persönlich ausgewählt. Und dass Du Dir eine Einladung zu Deiner eigenen Party gegeben hast, anscheinend deshalb, damit du keinen Moment davon verpasst. Alles jetzt Geschaffene ist Bestandteil des Weges, der Reise, des Ziels und des Endes und nächsten Neuanfangs. Es gehört alles mit zu einer großen Schwangerschaftsperiode und einer großen Geburt, die sich gerade entfaltet.

Das Ganze kann als eine Zeit der Vernichtung und eine Zeit der Kriege gesehen werden. Man kann es als eine Zeit sehen, in der diejenigen, die am wenigsten bewusst sind, am Steuer des Schiffes stehen. All das ist nichts als Torheit. Die großen Momente stehen Euch unmittelbar bevor und sind in Euch, da Ihr sie eingeladen habt. Die große Evolution eines Himmelskörpers und dessen, was in Eurem irdischen Körper sowohl dem physischen wie auch dem geistigen Himmel entspricht – alles das habt Ihr eingeladen. Und nicht nur eingeladen – lasst uns in dieser Hinsicht genauer sein. Ihr habt um diese Chance gebettelt.

Vor dieser Inkarnation habt Ihr gesagt: »Lass es nicht ohne mich starten. Lass da einen Körper sein, der meine Seele akzeptieren wird. Lass mich meiner selbst so bewusst sein, wie ich nur kann. Lass mir alles an Licht begegnen, was auf ein Thema geworfen werden kann, sei es Kerzenschein oder der strahlende Glanz der Sonne. Lass nicht zu, dass mir etwas entgeht, und lass mich nicht in einem Vakuum leben, aus dem nichts entweichen kann. Lass mich das sein, was von den größten Wahrheiten, den größten Gelehrten und Lehrern geleitet wird. Lass das Licht immer in mir beginnen und auch ausgehend von mir nach außen scheinen. Sollte das Pendel ausschwingen, so lass mich in jedem Moment das Gleichgewicht erfahren. Lass mich von einer inneren Wahrheit geführt werden, aber im Äußeren von Weggefährten wohlwollend begleitet werden. Lass mich meine eigene Wahrheit und die anderer würdigen. Und lass das breite Spektrum des Universums auch als Regenbogen aus Licht in meinem eigenen Herzen wohnen. Denn ein solcher friedfertiger Krieger bin ich, dass ich in keinem anderen Moment zur Seite treten würde als dann, wenn dadurch der lichte Pfad eines anderen und mein eigener unmittelbar daneben Platz fänden.« So sei es, meine Süße, so hast Du entschieden. Ich erinnere Dich jetzt daran. Vielleicht sind diese Worte ein lyrischer Höhenflug für Dich, aber ich möchte Dir zu bedenken geben, dass die Worte, die Du vor langer Zeit gewählt hast, noch sehr viel lyrischer waren. Ich biete Dir schlichtweg eine einfachere Erinnerung an das an, was sich aus dieser Zeit aufsammeln lässt. Nimm es angemessen auf.

Das Thema ist hiermit gut abgedeckt. Wir werden sagen, wir haben ausführlich darüber gesprochen und ihm auf eine Weise jenseits der Norm Licht und Wahrheit verliehen. Wenn Ihr in nächster Zeit einen Kommentar zu einem dieser Themen hört, denkt daran, Euch in den größeren Kontext einzuordnen, nicht den begrenzteren. Ihr tragt nun eine Verantwortung für alle Entscheidungen, die Ihr zu den Ressourcen trefft, und dazu, wie sie erhalten oder verwaltet werden, aber seht Euch auch selbst als diese Ressource. Und wenn Eure eigene Ressource gut gehegt wird – Euer Körper und Euer Geist und das sich weitende Herz und die ersehnte Seele –, so werdet Ihr alles anerkennen, was Veränderung ist – sei es Chaos oder Ordnung oder Umstrukturierung und eine unergründliche Tiefe an Liebe und Mitgefühl. Auch all das sind Ressourcen, und sie dürfen zu einer solchen Zeit nicht übersehen werden.

So sei es, meine Lieben, bis zum nächsten Moment unserer Zusammenkunft. Ich ziehe mich aus dem Channelmedium zurück und nehme tief im Inneren Eures Herzens Platz, wo ich zu wohnen hoffe.

Die Straße, in der du wohnst – wonach wir unsere sogenannten Wohnorte wählen

Für die Zwecke des hier Gesagten und der nachfolgend gedruckten Worte verwenden wir einmal Los Angeles als Beispiel, da diese Stadt unsere Zusammenkünfte derzeit willkommen heißt, und dem wollen wir Respekt erweisen und dafür etwas im Gegenzug anbieten.

Oft werde ich gefragt: »Warum gibt es Kalifornien noch?« Es ist eine respektlose, aber durchaus angebrachte Frage, wenn man an all die Prophezeiungen denkt, es werde im Meer versinken, auseinanderbrechen oder seinen Niedergang durch ein heftiges Erdbeben erfahren. Angesichts dessen, dass viele den ganzen Bundesstaat schon abgeschrieben haben, ist es ein Wunder, dass so viele von Euch hier versammelt sind! Aber ich bin hier, um Euch zu sagen, dass Kalifornien in der Geschichte, an die Ihr Euch erinnert, bereits oft zerstört und wiederaufgebaut wurde, auch schon, bevor es diesen Namen trug.

Kalifornien ist ein wenig wie der letzte Rest Zuckerguss auf dem Kuchen, der scheinbar einfach nicht kleben bleiben will. Er hält nicht auf dem Kuchen. Er will nicht zum Festland gehören. Könnt Ihr Euch vorstellen, wie die hawaiianischen Inseln wohl aussehen würden, wenn sie alle aneinandergeklebt und an einem Kontinent festgeheftet wären? Natürlich nicht! Nun, genau das geht derzeit in Kalifornien vor. Deshalb kommt es zu diesen ständigen Debatten, ob das und das denn nun passieren würde. Wer oder was nährt diese Debatte?

Kalifornien ist Bestandteil eines empfindungsfähigen größeren Ganzen

Das, was Ihr Kalifornien nennt, schwingt in alles hinein, was im Namen Kaliforniens gesagt, getan und gedacht wird, und durchdringt es. Vergesst nicht, dass alles, was die Erde ist, auch Teil des Spürbewusstseins von Gaia ist. Deshalb ist alles, was Kalifornien ist, auch ein Aspekt oder Teil dieses Spürbewusstseins.

Das mit einem Spürbewusstsein ausgestattete Land kennt sich selbst als Kalifornien und auch noch unter anderen Namen. Ihm liegen all seine Bewohner aus den dort vertretenen Naturreichen am Herzen und es identifiziert sich mit ihnen. Das Gleiche gilt für jede Stadt, jedes Land, jeden Kontinent und jede Sandbank. Das bedeutet nicht, dass Kalifornien glaubt, dass es von den anderen Bundesstaaten getrennt sei, aber es erkennt seine Individualität oder sein Selbstsein ebenso sehr an wie ihr. Ihr wisst, dass Ihr nicht vom Menschengeschlecht getrennt seid, aber dennoch seid Ihr individuell einmalig. Nun, so geht es auch Kalifornien und jedem anderen Stück Land, das benannt, besessen, beansprucht, benutzt oder links liegen gelassen wurde. Sie sind alle Aspekte des Ganzen und haben ein Spürbewusstsein, und die Individualität, die sie repräsentieren, beruht auf dem, womit sie ausgestattet werden.

Würden die Grenzen neu gezogen, so könnte sich die individuelle Natur oder Persönlichkeit des Landes verändern. Das Gleiche gilt bei einem groß angelegten Zuzug oder einer Migration von einer oder mehreren Spezies: Dann würde das Spürbewusstsein des Staates davon beeinflusst werden.

Alles, was sich auf Euch auswirkt, hat auch Wirkung auf Euer unmittelbares Umfeld und seine verlängerten Arme.

Es gilt, die lebendige Erde zu verstehen

Kaliforniens Meridiane verlaufen lang und dicht beieinander in Längsrichtung durch den ganzen Bundesstaat. Sie verlaufen widerstandslos, denn es gibt nicht genug horizontale Gitterlinien, um ein höheres energetisches Gleichgewicht anzuregen. Das ist mit ein Grund dafür, warum es in Kalifornien so viele Erdbeben-Verwerfungszonen gibt: Kalifornien ist bemüht, sich umzustrukturieren. Es benutzt seine Verwerfungslinien dazu, ein verbessertes Gittersystem anzuregen, indem es eines simuliert. Würde man den Bundesstaat zweiteilen, physisch oder energetisch, so würde das neu geschaffene Gittersystem ein Nachwachsen der Ressourcen des Staates anregen, die seiner Bewohner inbegriffen. Und würde das Gittersystem noch weiter verbessert, so hätte das noch weitere positive Folgen. Denkt daran, dass wir Kalifornien und Los Angeles lediglich als Beispiele benutzen, denn jede Landmasse hat ihre eigene Energie, und jede besitzt ein Gittersystem, das sich zumindest über das Bewusstsein beeinflussen lässt.

Jede Stadt und jeder Ort hat eine reale Vergangenheit und Zukunft, und daneben mindestens eine, die auf Überlieferungen oder historischen Ungenauigkeiten beruht. Diese Illusionen, zu denen mitunter auch Prophezeiungen gehören, haben oft einen größeren Einfluss als ihre wahrheitsgemäßeren Vettern.

Was Kalifornien angeht, so hat man hier eine reiche Auswahl, und sein bevorstehender Untergang durch Versinken im Meer ragt weit über die restlichen hinaus. Ein Ableger dieser Prophezeiung unterstellt, dass aus den Teilen Kaliforniens eine Inselkette werden würde. Zwar ist dies als Möglichkeit in Eure Zukunft projiziert worden, aber ich möchte behaupten, dass sie aus der Vergangenheit Kaliforniens stammt, wo es in der Tat in einem solchen Zustand existierte. Schließlich drifteten zu Zwecken, die dem Ganzen dienten, die nördlichsten Inseln in Richtung Zentrum, und die südlichsten bahnten sich einen Weg weiter in den Norden. Diese Bewegungen waren voller Anmut und Weiblichkeit und spielten sich über sehr lange Zeit hinweg ab. Es waren keine abrupten Veränderungen, wie sie noch heute für alle Betroffenen auf Schritt und Tritt zur Katastrophe werden.

Die heutigen Energien sind nicht so sanft, und ebenso wenig ist es der frische Wind, der ganz in der Nähe bläst. Deshalb besteht die Möglichkeit, und zwar sehr stark, dass Kalifornien eines Tages zu etwas zurückkehrt, was einen heimischeren und organischeren Eindruck macht. Die kalifornischen Inseln wurden zur Landmasse, indem sie sich auf die Mitte zubewegten. Sollte eine solche Bewegung den Kurs ändern oder sich umkehren, so würde es erneut dort beginnen. Nachdem das Land zusammengebacken war, machte es sich daran, das zu kräftigen, was es aneinander festhielt. Erreicht wurde das durch eine Verstärkung der Landmasse von unten. Derzeit dünnt die Erosion der Küstenstriche und das Eindringen von Salzwasser die Landmasse von unten aus, was signalisiert, dass Kalifornien vielleicht gerade einen Gesinnungswandel durchmacht.

Aber es muss zugelassen werden, versteht Ihr das? Es muss zugelassen werden, da das Herz jede Menge Einfluss auf die Fähigkeit hat, seine Verpflichtungen einzuhalten. Selbst wenn Kalifornien von vorne bis hinten abgestützt wäre, würde das sein Herz nicht beeinflussen. Auch New Orleans muss dem Ruf seines Herzens folgen, wenn es für seine Bewohner eine Zukunft erfinden will. Die lebendige Erde muss verstanden werden, denn solange man sie nur für Gestein hält, wird sie weiterhin zerfallen.

Die Inseln Kaliforniens ruhen bis auf Weiteres unter den Wellen, an den dünner werdenden Bodensubstraten, und warten darauf, dass sie sich zu einem bestimmten Zweck – sollte es einen solchen geben – heben werden. Kann es sein, dass die Inseln von Atlantis auf einen ähnlichen Ruf warten? Ein Knochen bricht dort, wo er unter Belastung steht, und selbst wenn diese Belastung dann aufgehoben und der Bruch behoben wird, bleibt die Erinnerung an den Bruch zurück. Ebenso sammelt sich seismische Aktivität in der Erinnerung an frühere Brüche. Wenn sich die seismische Energie ausdehnt, füllt sie die Leerräume. Das ist ein angenehmer Effekt, was die Erde angeht, aber er vertieft und steigert die Belastungen auf und zwischen den Platten, die den kalifornischen Kanal wegziehen und abtauchen lassen.

Kalifornien hat atlantische und lemurische Energien

Diese Energien können genauso zeitliche Landschaften verzerren, wie sie Landschaften entstellen, und so die Vorhersage seismischer Ereignisse nahezu unmöglich machen. Zeitliche Landschaften oder »Zeitschaften« werden ebenso sehr von der Vergangenheit beeinflusst wie von der Gegenwart – sie sind unvollständig gebliebene Energieeinheiten. Wären sie Menschen, so würdet Ihr sie vielleicht Geister nennen, aber hier können wir sie stattdessen als freie Agenzen oder freie Radikale bezeichnen.

Wie Ihr schon wisst, kann physikalische Energie entweder vergrößert oder aufgebraucht werden. Bei diesem Beispiel bemühen sich die Geschichte der Vergangenheit und das zukünftige Potenzial, die Gegenwart zu stabilisieren. Kalifornien verfügt sowohl über lemurische als auch über atlantische Energie, und das vielleicht in ausgeprägteren Mengen als andere amerikanische Staaten. Die energetischen Demarkationslinien teilen den Bundesstaat vertikal. Die höchste Konzentration von atlantischer Energie sammelt sich in der Gegend, die Silicon Valley genannt wird und synchronistisch von einem sehr großen konzentrischen Kreis an lemurischer Energie umgeben ist, wozu die Weinanbaugebiete und landwirtschaftlich stark genutzten Gebiete des Bundesstaats gehören. Diese Energien sind nicht separat voneinander und überschneiden und kreuzen sich *de facto* an vielen Stellen. Sie zapfen sowohl Möglichkeiten aus der Vergangenheit an als auch welche aus der Zukunft und lassen so die best- und die schlimmstmöglichen Szenarien entstehen.

So weit möglich, wird Kaliforniens überschüssige Energie energetisch zu der im Südwesten gelegenen Region von Four Corners geschleust, da dies ein Ort ist, an dem Energie gesammelt, wiederaufbereitet und dann neu verteilt wird. Ganz nebenbei möchten wir sagen, dass das der Grund dafür ist, warum Menschen krank werden, die es nicht gewohnt sind, in der Nähe eines solchen energetischen Recycling-Zentrums zu leben. Es ist transformierend, so viel steht fest, aber immerhin sind es Giftstoffe, die da in etwas anderes umgewandelt werden. Die Gegend von Four Corners zerstreut Energie nach unten, nach oben und nach außen, in alle Richtungen. Wären die Vereinigten Staaten anders aufgeteilt oder würde es sich um mehr als ein Land handeln, so wäre die Energie anders verteilt, als es heute der Fall ist.

Vergangenheit und Gegenwart existieren Seite an Seite und erschaffen die Zukunft

Vor noch gar nicht so langer Zeit entdeckte man irgendwo in der Nähe der Häfen von Los Angeles Skelettüberreste einer Frau. Nach der Radiokarbonmethode wurde das Alter der weiblichen Überreste auf zirka 23 Millionen Jahre datiert. Das war eine interessante Entdeckung, da die Geschichte Euch immer zu verstehen gab, dass dieser Teil des Kontinents erst seit acht oder neun Millionen Jahren menschliches Leben beherbergt. Doch diese Überreste sagen anderes aus. Fragt Ihr Euch nicht, wohin mehrere Millionen Jahre verschwunden sind?

Geschichte und Wissenschaft sind beide verzerrt und unehrlich in ihren Interpretationen, und zumindest vorerst wird keiner von ihnen es dem anderen gegenüber eingestehen, denn wenn sie das täten, müssten sie neu datieren, neu benennen, neu nummerieren und das, was als Tatsache herausgestellt wurde, stattdessen als Irrtum ausweisen. Interessanterweise war die Frau zu Tode geknüppelt und dann neben ihrem hundeartigen Begleiter begraben worden. Vergangenheit und Gegenwart existieren Seite an Seite und erschaffen gemeinsam die Zukunft. In Los Angeles gibt es Teergruben, die nach wie vor Überreste von Dinosaurierskeletten enthalten. Ist das nicht ein perfektes Beispiel hierfür?

Es muss mehr als ein Element beteiligt sein, damit ein Ereignis entsteht

Energie ist dimensionsgebunden, und so sind es auch die Gitternetze, die die unterschiedlichen Arten von Energie tragen. An den Stellen, wo sich Gitterlinien kreuzen, entstehen Energiespiralen. Einige Spiralen bewegen sich im Uhrzeigersinn und andere gegen den Uhrzeigersinn. Die Bewegung dieser Spirale entscheidet darüber, wie weit und auf welche Weise weitertransportiert wird. Dichtere Energie dreht sich in langsameren Spiralen und erzeugt Drucksysteme oberhalb der Gitternetzlinien. Diese wiederum beeinflussen Epizentren sowohl oberhalb als auch unterhalb der Erdoberfläche. Mit anderen Worten: Erdbeben sind nicht immer Erdbeben, zumindest nicht so wie gegenwärtig verstanden. Ein Erdbeben entsteht durch ein Drucksystem, eine Absenkung der Dichte, und obwohl es immer ein Epizentrum unterhalb der Erdkruste gibt, findet sich immer auch eines darüber. Vergesst nicht: Es braucht mehr als ein Element, um ein solches Ereignis auszulösen. So entsteht beispielsweise ein Wirbelsturm immer durch Luft und Wasser.

Solange die Energie frei fließen kann, wird die seismische Aktivität geringer sein. Wo Energie stagniert oder gestaut wird, ohne dass auf eine Entlastung gehofft werden kann, wird der Druck zu entweichen suchen. Dämme zum Beispiel sind hochgradig seismische Stätten. Alle Systeme funktionieren in einem gewissen Umfang nach diesem Prinzip, Beziehungen inbegriffen. Ihr steht auch in einer Beziehung zur Erde und zu dem sozialen Gefüge um Euch herum sowie zu den inneren Strukturen Eures häuslichen Umfelds.

Warum lasst Ihr Euch an einem der seismisch aktivsten Orte nieder?

Kalifornien gehört zweifellos zu den seismisch aktivsten Regionen auf der Erde. Wenn das doch der Fall ist: Warum zieht es so viele von Euch dorthin? Warum sollte es intelligente, findige und bewusste Wesen wie Euch in so großem Maße dorthin ziehen? Ihr lebt dort dicht an dicht, es herrscht oft Wasserknappheit, Ihr verbringt mehr Zeit im Berufsverkehr als fast überall sonst auf diesem Kontinent, und Ihr könnt kaum meditieren angesichts des enormen Getöses, das so viele menschliche Gedanken gleichzeitig verursachen! Und dennoch begebt Ihr Euch in Scharen dorthin, Jahr für Jahr und zu jeder Jahreszeit. Und wisst Ihr warum? Weil Euch das Licht anzieht, das sich dort findet.

Es gibt dort, und das war schon immer so, ein einzigartiges und ganz besonders brillantes Licht, ein Licht, das sowohl von innen erstrahlt als auch im Äußeren, und manchmal hat man es schon als Künstlerlicht bezeichnet. Es ist ein regeneratives Licht, das dem Einfluss der Küste unterliegt und dann nach innen gezogen wird. Dieses Licht ist der Grund dafür, warum die Stadt »Los Angeles« genannt wurde. Nicht die Engel haben dieses einzigartige Licht gebracht, obwohl es gut so sein könnte, denn es gibt in der Tat Engel in Los Angeles. Von Engeln zu sprechen bedeutet, von einem bestimmten Lichtbogen zu sprechen, denn Engel bewegen sich in und um Lichtmuster herum. Engel gehen in einem Umfeld, in dem viel an Veränderung, Mut und Bereitschaft zu finden ist, ein und aus und sind dort überall zu finden. Also reagiert die Stadt passenderweise auf ihre Namensvetter, ebenso wie diejenigen, die sich dort niederlassen. Wenn Du Dich als Einwohner von Los Angeles betrachtest, musst Du Dich auch als Engel betrachten oder zumindest als einen Aspekt von einem.

Darüber hinaus mag es von Interesse sein, zu beachten, dass dieser Ort, wenn Ihr Euch dort heute niederlasst, auch mindestens schon einmal in der Vergangenheit Euer Zuhause war – Du hattest dort mindestens ein Leben als Heilerin/Heiler, wenigstens ein früheres Leben als Künstlerin/Künstler und ein anderes, wo Drama und Komödie oder Bewegung und Tanz Deine Leidenschaft waren. All diese Formen des Selbstausdrucks sind lemurischen Ursprungs, deshalb kann man das gerade geschilderte Licht so nennen. Die Lemurier waren Innovatoren auf dem Gebiet der Kunst, und genau deshalb sind auch die Künste und die Unterhaltungsindustrie dort sehr konzentriert. Die Lemurier liebten Fantasie, weshalb die Animation dort wieder auftauchte. Lemurische Energie nährt die Seele mit kreativen Träumen und Gesten des Wohlergehens. Dieses Licht hat auch Euch dorthin gezogen, und Ihr lebt noch immer von ihm. Deshalb werden unheilvolle Vorhersagen in den Wind geschlagen, während man seinen Leidenschaften frönt oder sie zumindest näher erkundet.

Woran merkt Ihr, dass und wann es an der Zeit ist zu gehen?

Was aber geschieht, wenn schöpferisch der Hahn zugedreht wird? Was macht Ihr, wenn die innere Stimme sich zu fragen beginnt, ob Ihr noch am richtigen Ort seid? Ist es dann Zeit, ihn zu verlassen? Diese Momente sind zur Besinnung und Selbstreflexion gedacht. Zieht es Euch woandershin, oder ist es eine vorübergehende Unzufriedenheit?

Die Antwort offenbart sich vielleicht nicht gleich, aber sie wird nicht lange auf sich warten lassen. Seid offen und bereit, einer Vision oder Vorahnung zu folgen, aber packt erst dann Eure Siebensachen, wenn auf mehr als einem Gebiet Eures Lebens Gewissheit besteht oder sich dieser Entschluss mit ihm verträgt. Bei einigen ist das überaus klar, bei anderen wird ein Zweifel bestehen bleiben, selbst noch zuallerletzt. Zweifel heißen nicht, dass die Entscheidung falsch ist – sie bedeuten lediglich, dass der neue Boden, auf dem Ihr steht, noch nicht tragfähig genug ist. Zieht an Punkten, wo Ungewissheit besteht, einen Kreis spiralartiger Energie mit einer sachten Bewegung nach außen, bis es Euch unangenehm wird, und dann hört auf damit. Mit großer Wahrscheinlichkeit befindet sich Euer nächster Bestimmungsort innerhalb dieser Spirale. Taucht kein offensichtliches Unbehagen auf, so wisst, dass Euch die ganze Welt offensteht, und es gibt keinen Ort, den Ihr nicht Euer Zuhause nennen könntet.

Je nach Person werden einige Spiralen mit zunehmendem Alter größer, und bei anderen werden sie ein gutes Stück kleiner.

Ist Euch beispielsweise aufgefallen, dass bestimmte Menschen im Alter dazu neigen, mehr auf Reisen zu gehen? Es liegt nicht daran, dass sie jetzt mehr Zeit dazu haben, auch wenn dieser Faktor durchaus dazu beitragen mag. Es liegt daran, dass ihre eigenen energetischen Spiralen sich mit ihrer Lebenserfahrung ausgedehnt haben. Demgegenüber stehen diejenigen, die ihr Leben in den äußeren Bereichen einer energetischen Spirale begonnen haben und sich seitdem zur Mitte vorgearbeitet haben. Wenn sie sich dort wiederfinden, schlagen sie fröhlich und vergnügt Wurzeln und verspüren nicht mehr das Verlangen, anderswo zu sein. Unkonventionelle Menschen bereisen mit fast leeren Taschen mutig die ganze Welt, während es andere gibt, über deren Wagemut und Abenteurergeist manche nur staunen können. Die Ersten gehen in der Welt ein und aus und bewegen sich frei darin, und dabei kommen sie nur kurze Zeit zur Ruhe, bevor sie wieder von vorn beginnen. Diese Menschen leben auf der Spirale, wird Euch das jetzt klar?

Eure einzige Einschränkung ist Euer physischer Körper. Aber auch er besteht aus Licht. Mit Eurem physischen Gefährt im Schlepptau kann Euer Geist sich in große Höhen aufschwingen, und Eure Seele kann emotional, mental und spirituell das Leben erfahren.

Die Zukunft von Los Angeles

Kannst Du uns sagen, wie es künftig um Los Angeles bestellt sein wird?

Los Angeles wird ein Stück weit ein Mekka für alle werden, die Umschwung und Veränderung in all den Formen ehren, in denen sie sich noch zeigen. Genauso wie es jene geben wird, die in einem wahren Exodus von Los Angeles wegziehen werden, wird es auch jene geben, die sich auf die große Pilgerfahrt nach Los Angeles begeben. Unter denen, die dorthin reisen, werden Künstler und Kunsthandwerker sein, die sich anderswo eingeengt fühlen, aber auch jene, die sich von der Energie nach einer Katastrophe angezogen fühlen. Einige warten dort bereits auf den Tag davor und den Tag danach auf der zwanghaften Suche nach der Art von Adrenalinschub, die eine jähe Veränderung für Euch mit sich bringt. Eine Zeit lang wird Los Angeles den Weltuntergangspropheten, den Künstlern und Dichtern gehören – ein künstlerischer, aber absurder Tanz von Dunkelheit und Licht. Könnt Ihr Euch das vorstellen? Außerdem gibt es noch eine sehr wenig verbreitete, sich aber hartnäckig haltende Prophezeiung über eine Rückkehr des Goldes, wenn Kalifornien erst einmal aus seiner jetzigen Verankerung gerissen wurde. Nicht zuletzt werden reinkarnierte Goldsucher und Glücksritter der Stadt mit großer Wahrscheinlichkeit einen Besuch abstatten. Träume von Schätzen halten sich stärker als andere, aber sie sind auch irreführender.

Nationalparks sind großartige Energiereservoire

Kannst Du mir etwas zu den Nationalparks Kaliforniens sagen?

Sie sind großartige Energiereservoire, jedenfalls vorerst noch. Es ist ein Segen, dass es Aspekte dieser Orte gibt, die für das Gros der Menschen unzugänglich sind – dass sie nationales Kulturgut geblieben sind, statt Volksgut zu werden. Viele Stätten innerhalb ihrer Grenzen sind noch unberührt, was sie zu großartigen Energieleitern macht. Ein Besuch dort und die Verbindung mit dieser Energie regt die Kreativität an, wirkt verjüngend; sie hat etwas Lebensbejahendes. Wenn sich die Chance bietet, oben auf einem Berg zu stehen – ergreift sie! Berge haben eine Menge Energie an Euch abzugeben, und Ihr werdet feststellen, dass sie ziemlich großzügig sind. Wenn Ihr auf dem Gipfel eines Berges steht, atmet so, als würde das Einatmen am Sockel des Berges (und in seinem Innern) beginnen, und zieht dabei Energie durch die Wirbelsäule, das Chakrasystem und schließlich die physische Lunge bis nach oben. Atmet mit einer Panoramadrehung von 360 Grad aus.

Interessanterweise hat Kalifornien einige der unverblümtesten Bäume weltweit, die wirklich kein Blatt vor den Mund nehmen, und wenn Ihr sie darum bittet, werden sie energetisch in einen Austausch mit Euch treten. Die riesigen Redwoods zum Beispiel sind hervorragende Kommunikatoren. Es liegt nicht so sehr an ihrer Größe oder ihrem Alter – es sind ihre Wurzeln, die das bewirken. Ein Grund dafür, warum diese Spezies so groß ist, besteht darin, dass sie so lange energetisch aufrecht gestanden haben und für sich und andere eingetreten sind. Sie haben ihre Wurzeln sehr gezielt ins Erdreich abgesenkt, nicht etwa beliebig. Sie sind Verteidiger des Waldes und von allem, was dort lebt, und viele von ihnen werden Euch ihre Geschichte erzählen, wenn Ihr sie danach fragt.

In ihrer Pracht werden sie Euch an Eure eigene Größe erinnern, ihre Reserven werden Eure anregen. Sie würden Euch sagen, dass auch Ihr in der Lage seid, mit Würde abzugeben, an Eurem Frieden teilhaben zu lassen und auszusprechen, was Ihr in Eurem Herzen tragt. Sie können Euch zeigen, wie Ihr Eure Wurzeln so lenken könnt, dass ihre Reichweite unbegrenzt und durch nichts zu beirren ist. Sie können Euch beibringen, Rückgrat zu entwickeln und Euch in dem zu behaupten, was Ihr seid!

Ich habe schon wundervolle Erlebnisse mit Bäumen gehabt, aber nicht mit Gestein. Ich bekomme Kopfschmerzen davon und verstehe nicht, warum. Kannst Du mir da helfen?

Das sind völlig verschiedene Erfahrungen, die man nicht messen kann und die auch nicht vergleichbar sind. Das Mineralienreich scheint energetisch dicht und vom physischen Ausdruck her schwer zu sein, ist es aber nicht. Tatsache ist, dass das physische Medium umso stärker werden wird, je leichter die Menschen im Hinblick auf ihr Bewusstsein werden. Mit der Zeit werdet Ihr selbst riesige Steine zum Schweben bringen, wie Ihr es schon einmal getan habt. Wenn Ihr Euer Gewahrsein mit dem eines Baumes vereint, so dehnt es sich über die Wurzeln des Baumes in die Erde und über seine Zweige und Blätter bis in den Himmel hinein aus. Steine, Felsen und Berge – das Reich der Mineralien – sind anders geerdet. Bäume sind elektrischer Natur, während das Mineralienreich magnetisch ist.

Eure derzeitige Wahrnehmung wurzelt eher im Elektrischen, aber Ihr würdet von einer ausgewogeneren Wahrnehmung sehr profitieren. Deine Kopfschmerzen rühren daher, dass Du Dir nicht gestattest, Deine Wahrnehmung in das Mineralienreich hinaus auszudehnen und es zu durchdringen. Das physische Gestein stellt für Dich kein Hindernis dar, aber Du glaubst, dass es das tut. Dein derzeitiger Glaube hält Dein Gewahrsein im Gestein gefangen und lässt dabei den Gedanken aufsteigen, wenn Du länger dort verweilst, würdest auch Du in der Dichte gefangen sein. Du glaubst, dass Deine Angst vom Reich der Mineralien ausgelöst wird, aber so ist es nicht. Kopfschmerzen sind wie mentale Erdbeben – sie werden dadurch ausgelöst, dass da Energie ist, die nicht fließen kann. Denke daran, dass Dein Bewusstsein Dir gehört und dass Du es in fast alles andere im Universum versenken kannst, ebenso wie Du es zurückholen oder von vornherein getrennt halten kannst.

Du erfährst das, was in Dir ist

Ich bin mir der Natur gewahr und fühle mich ihr verbunden, und doch habe ich Angst vor Erdbeben und mache mir Sorgen wegen möglicher Katastrophen. Kann ich daran etwas ändern?

Du kannst Deinen Partner oder Deine Partnerin lieben und gleichzeitig seine oder ihre üblen Launen fürchten – das eine schließt das andere nicht aus. Ihr werdet Erfahrungen so auswählen, wie sie am besten zu dem Gewahrsein passen, das Ihr in Euch entwickelt. Ihr braucht keine Erdbeben oder Katastrophen zu durchleben, und wenn Ihr es doch tut, müsst Ihr sie nicht auf die gleiche Weise durchleben wie andere. Die Erdbevölkerung befindet sich heute in einem Zustand der Migration, und das wird noch viele Jahre so bleiben. Einige werden in den Norden ziehen, andere dagegen zieht es in den Süden oder Westen. Es gibt einen innerlichen Ruf, und wer ihn hört, ist gut beraten, ihm zu folgen.

Ja, seismische Aktivitäten werden weiter an Heftigkeit und Häufigkeit zunehmen. Stellt in allen Lebensbereichen, wo Ihr das könnt, ein Gleichgewicht her, innerlich und äußerlich, und Ihr werdet Ruhe und Frieden finden.

Es ist durchaus möglich, dass Ihr es überhaupt nicht wahrnehmt, wenn die Erde gleich neben Euch bebt, ungeachtet der Stärke. Wenn Euer Herz nicht bebt und Euer Geist nicht leidet, werdet Ihr seismische Giftigkeit gar nicht anziehen.

Falls es zu einem Erdbeben in Los Angeles oder einer anderen Großstadt kommt – wie wird es sich dann niederschlagen oder wie wird es ausgehen?

Es ist nach den Engeln benannt, und so wird Los Angeles nicht ohne ihren Schutz sein. Andere Städte werden durch ihre eigenen spirituellen und physischen Schutzpatrone und die Energien der Devas geschützt sein, die hinter ihnen stehen. Diejenigen, die sich in einer Umgebung bewegen, in der viele dicht beieinanderleben, haben sich bereit erklärt, anderen behilflich zu sein, selbst wenn sie derzeit ein zurückgezogenes Leben führen.

Wenn wir uns einig sind, dass es auf der inneren Ebene Unterstützung in Hülle und Fülle gibt, so muss im Gegenzug hierzu und nach den Gesetzen der 3D-Polarität auch gleichermaßen Unterstützung auf der äußeren Ebene da sein. Da jedoch alles im Gleichgewicht sein muss, müsst Ihr bereit sein, andere zu unterstützen, falls und wenn das erforderlich ist. Wenn Ihr Euch dabei besonders gefordert seht, ruft Euch in Erinnerung, dass Ihr aus lebendigem Mitgefühl besteht, und dann handelt weise und schnell. Sollte sich ein Szenarium wie das von uns angesprochene präsentieren, so wartet nicht auf Anweisungen von irgendwo außerhalb, da wahre Weisheit immer von innen kommen wird.

Die Erde wird die Vorstellungen und das Treiben des Bewusstseins der breiten Masse noch eine Zeit lang unterstützen. In dieser Zeit werden Nachbarn zusätzliche Zäune ziehen, Städte werden weitere Sportstadien bauen, und es wird zu einer Zunahme an Sportturnieren und inszenierten Kämpfen kommen. Die Kriminalität wird in einigen Städten steigen und in anderen dramatisch abnehmen. Es wird mehr sinnlose Morde und Selbstmorde geben. Wenn Ihr es zulasst, werden diese Erfahrungen zum Bestandteil Eurer täglichen Rituale werden, und die Morgenzeitung wird die Unglücksfälle des Vorabends bekanntgeben. Ihr könnt Euch aber auch dafür entscheiden, Euch von der Schönheit wecken zu lassen, die unterhalb, oberhalb oder jenseits des Gewöhnlichen ist. Das Unheil, das hier skizziert wurde, gilt primär für größere Städte, aber es kann selbstverständlich auch für Kleinstädte und Gemeinschaften mit großem sozialen Zusammenhalt gelten.

Viele ernsthafte Umsiedler, die von Los Angeles, New York und anderen Metropolen weggezogen sind, um verheerenden Umständen zu entgehen, fanden sie unerwartet an ihrem neuen Wohnort genauso vor, da Paradigmen wie Viren sind – sie werden leicht und unsichtbar weitergetragen.

Denkt daran, dass Ihr in Eurem Geist, in Eurem Herzen und auf Eurem Rücken sowohl Segensreiches als auch Belastendes tragt. Stellt deshalb sicher, dass ein Umzug auf die entgegengesetzte Seite des Landes oder auf andere Kontinente die Sache auch wert ist! Nicht alle Städte oder Länder werden verschont bleiben, da nicht alle sonderlich viel für die Zukunft verheißen, zumindest nicht in diesem geologischen und astrologischen Zyklus.

Selbst das mächtige Atlantis erlebte seinen Niedergang!

Es ist an der Zeit, dass jedes Land, jedes Volk und jede Rasse dem Rest der Welt das Beste von sich darbringt statt dem Schlechtesten. Die Menschheit wird sich nicht selbst vernichten, aber sie muss sich selbst neu erschaffen. Sie *muss* es.

Die Architekten und Erbauer
zukünftiger Lebensumfelder

Kann das Feenreich uns jetzt eine Hilfe sein?

Die Familie der Feen gehört sowohl der Erde als auch der geistigen Welt an. Die Feen sind die Energie, die den Wurzeln hilft, fest in der Erde zu haften, damit die Bäume zu ihrer stolzen Höhe aufragen können, versteht Ihr? Sie verbinden Naturreiche, Elemente und Wirklichkeiten miteinander. Sie verbinden das, was voneinander getrennt erscheint, es aber nicht ist. Sie flicken die Nähte, an denen Gedankenwelten sich aufzulösen drohen, und machen aus Maulwurfshügeln nicht einfach Berge, sondern wahre Wunderwerke. Sie gehören allen Umgebungen an und transzendieren sie gleichzeitig. Feen recken sich nicht dem Himmel entgegen wie der Mensch – vielmehr ziehen sie den Himmel zu sich herab.

Weil ich es interessant finde, sei mir die Anmerkung gestattet, dass viele Menschen kleine Talismane oder Symbole mit sich herumtragen, die sie an das Feenreich erinnern sollen, wo sie doch stattdessen das Original haben könnten. Feen unterstützen die Menschheit sozusagen auf der Wurzelebene – im Schützengraben, wo das wahre Wachstum stattfindet. Sie sind die Architekten und Erbauer der Umfelder der Zukunft, und wenn Ihr das Glück habt, von einer Fee eingeladen zu werden, seid so gut und geht darauf ein.

Die Wahl des eigenen Zuhauses ist nie dem Zufall überlassen, aber Ihr wählt nicht immer bewusst

Wählen wir unsere Wohnorte aus, wählen sie uns aus oder werden wir dorthin geschickt?

Zufall ist es nie, aber es geschieht auch nicht immer bewusst. Es gibt harmonisierende Energien, die während bestimmter Lebenszyklen mehr oder weniger unterstützend wirken. Auf diese Harmonien zu achten, kann hilfreich sein, und zwar sowohl vor als auch nach jedem einzelnen Zyklus. Wenn es Euch an einen bestimmten Ort zieht, ist es durchaus der Mühe wert, einmal näher zu ergründen, was dieser Ort für Euch bedeutet.

Gittersysteme dehnen sich aus und ziehen sich zusammen – sie atmen. Steht Euer Atmen im Einklang mit dem Ort, an dem Ihr lebt, so werdet Ihr dort bleiben wollen, steht es nicht damit im Einklang, werdet Ihr den Wunsch verspüren, Euch anderswo zu befinden. Energie, die atmet, sendet auch einen Ruf aus, und manchmal ergeht an Euch einfach der Ruf, irgendwo zu sein, wo Ihr es am wenigsten erwartet hättet. Dieser Ruf kommt manchmal von sehr weit weg, sogar von weit entfernten Leben. Einige Gittersysteme ähneln sich stark, während andere ganz anders sind. Ihr räumt vielleicht das Feld, um am anderen Ende der Welt ein neues Leben anzufangen, nur um herauszufinden, dass Ihr Euch weitgehend genauso fühlt.

Andererseits gilt: Wenn Ihr etwas anderes (oder irgendwo anders) lebt, als es Euren eigenen Vorstellungen entspricht, so werdet Ihr es wissen! Es ist wichtig zu reisen und aus erster Hand etwas über energetische Geografie zu lernen.

Zeitschaften und Landschaften verändern sich immer wieder

Aufgrund unseres Gesprächs nehme ich einmal an, dass Kalifornien nicht gleich heute im Meer versinken oder auseinanderbrechen wird. Aber gibt es bevorstehende seismische Aktivitäten, auf die Du uns aufmerksam machen könntest?

Deine Annahme ist korrekt. Dennoch: Wenn Du einmal auf die Inseln vor der nord- und südkalifornischen Küste achten würdest, so würdest Du sehen, dass es *de facto* schon jetzt zu Veränderungen kommt. Einige Inseln sind bereits in Ausdehnung begriffen, zumindest hinsichtlich der über dem Wasserspiegel gelegenen Landmasse, andere weniger. Das Gleiche wird in Kürze auf dem kalifornischen Festland deutlicher zu bemerken sein – vor allem das Wenigerwerden oder die Absenkung des Küstenstreifens in erster Linie von der Mitte des Bundesstaates an südwärts. Mexiko hält San Diego derzeit hoch, es hat seinem Volk etwas versprochen. Durch Los Angeles wird bald ein neuer Ruck gehen, aber es wird sich nicht um das lange erwartete »Großereignis« handeln. Es wird einer in einer Serie von Weckrufen im ganzen Staat sein. San Francisco wird an einem Beben beteiligt sein, das eine Kettenreaktion darstellt, aber noch ist es nicht so weit. Diejenigen, die am nächsten zur Bucht wohnen, werden am besten fahren. Zeitlandschaften verändern sich wie sonstige Landschaften häufig und machen die Natur von Vorhersagen – nun ja – unvorhersehbar.

Das Land bringt das hervor, was in dir ist

Wenn Kalifornien wirklich instabil wird, würden dann viele beispielsweise nach Arizona ziehen? Und wenn ja, wie würde sich das auf die Empfindungsenergie Arizonas auswirken?

Das hängt von denen ab, die dorthin umziehen und ob sie Verheißung mitbringen oder Angst, beides ist ansteckend und hochgradig einflussreich. Viele profitieren heutzutage von Angst und schlagen Kapital aus ihr, wie Ihr wisst. Natürlich kann eine Landmasse das nicht tun, aber diejenigen, die auf ihr leben, können es durchaus und tun es auch.

Arizona ist ja schon dafür bekannt, in seiner Geschichte die eine oder andere Rebellion überwunden zu haben. Man kann darauf zählen, dass es bei Bedarf darin schwelgt. Wenn diejenigen, die aus Kalifornien (oder von anderswo) kommen, eine einzigartige Angst vor seismischen Aktivitäten mitbringen und diese Seuche sich auf andere Einwohner auszuwirken beginnt, so steht es für Arizona an, eine mehr von seismischer Aktivität geprägte

Zukunft zu erben. Es ist bislang noch nicht so gewesen, aber es kann auf jeden Fall dazu kommen. Ihr tragt das, wovor Ihr Angst habt, in Eurem Denken und auf Eurem Rücken mit Euch herum, und beide werden Einwohner Eures neuen Heimat-Bundesstaats werden.

Ihr könnt vor seismischen Ereignissen nicht davonlaufen, weil auch Ihr seismischer Natur seid. Euer Körper besteht aus elektromagnetischen Strömen, die innerhalb der zur dritten Dimension gehörigen Dichte entstehen. Ihr erzeugt täglich Erdbeben beträchtlichen Ausmaßes, mit Euren Gedanken und Eurem Körper. Seismische Städte ziehen seismische Menschen an. Los Angeles erzeugt so leicht Erdbeben, weil seine Einwohner keine angemessenen Möglichkeiten gefunden haben, Stress abzubauen, ohne mit ihm in Interaktion zu treten. Die entspannte Lockerheit des kalifornischen Lebensstils ist eine Illusion, die eine tiefere Wahrheit in sich birgt.

Städte und ihre Beziehung zu Außerirdischen

Würdest Du sagen, dass bestimmte Städte, etwa Los Angeles, eine stärkere Verbindung zu Außerirdischen haben als andere?

Ja! Bestimmte Städte (und Länder) haben früher Beziehungen zu extraterrestrischen Familien und Pilgern unterhalten, oder es ist aktuell der Fall. Gelegentlich wurden sogar diplomatische Beziehungen geknüpft. Wie Ihr Euch vielleicht vorstellen könnt, braucht ein Wesen von jenseits dieses Planeten sich nicht bei Eurer Regierung zu melden, um ein Visum zu erhalten, und die Genehmigung erfolgt auf der dimensional-gedanklichen Ebene. So besteht beispielsweise in Los Angeles eine offene Einladung, aber da die Dichte des menschlichen Erlebens in dieser Stadt sehr hoch ist, fühlt sich die Energie für diejenigen, die etwas anderes gewohnt sind, nicht ganz so gastfreundlich an. Interessanterweise ist man einem Einwohner von Los Angeles leichter geneigt, zu glauben, wenn er von einem Zusammentreffen oder einem anderen Erlebnis mit einem Besucher von jenseits des Planeten berichtet. Natürlich würde in diesem Raum hier niemand dabei auch nur mit der Wimper zucken!

Oft bestehen zwischen Einzelnen, Städten und Ländern Absprachen, Vereinbarungen oder sogar Allianzen, aus denen die Natur und der Zweck der Begegnungen hervorgehen. Los Angeles etwa besteht darauf, dass der Erstkontakt von denen ausgeht, die Besuchsabsichten haben, und dass er sich auf kurze Begegnungen beschränkt, die damit in Verbindung stehen, sich harmonisch auf das Erwachen einzustellen. Zusätzlich muss der Kontakt von Vorteil für das Individuum, ein oder zwei Naturreiche und ein oder mehrere Elemente sein.

Auch wenn das sehr nach einem Vertrag klingt, dient es in erster Linie dazu, dass die Zukunft der Stadt davon profitiert, und es soll dafür sorgen, dass die Teile weiter das Ganze ergänzen. Andere Städte (sogar innerhalb von Kalifornien) sind da weniger restriktiv. Sie verlangen vielleicht einfach, dass Besuche – ob bewusst erinnert oder nicht – vorteilhaft für die Vergangenheit, Gegenwart oder Zukunft des Individuums sind. Die umfassendsten außerirdischen Verbindungen sind jene, die außerhalb des Zeitkorridors und jenseits der Illusionen von Orten stattfinden, da diese konkretere und langfristige Vorteile erlauben.

Bewusstes Gewahrsein kommt vor und nach dem Physischen

Kannst Du uns sagen, wie lange Dein Spürbewusstsein schon mit der physischen Erde in Verbindung steht und wie lange diese Verantwortung in Deinen Augen anhalten wird?

Mein Spürbewusstsein, das bewusste Gewahrsein, das die Erde ist, war bereits vor der Zeit, als die Erde einen physischen Ausdruck erhielt, an sie angeschlossen. Auch Eure Verbindung mit Eurer physischen Seite existierte schon, bevor Ihr Gestalt annahmt. Mein Anfang war das Auftauchen in einer spezifischen Gestalt. Es fand vor mehreren Milliarden Jahren statt.

Mein Spürbewusstsein wird eins mit der Erde bleiben, solange es Lichtpartikel gibt, die ein Teil der Erde sind oder waren. Obwohl das wie eine unmöglich lange Zeit klingt, wird der Tag kommen, an dem die Erde zusammenbricht, Dimension für Dimension, um sich einem neuen Daseinszweck zu widmen. Mein Spürbewusstsein wird dann einfach in eine andere Ausdrucksform im Universum weiterziehen. Der Fortbestand meines Spürbewusstseins ist sicher und garantiert. Es wird im Inneren meiner Zellstruktur weitergetragen, unabhängig von der Form, die es annimmt. Alle meine Erinnerungen und Momente, die ich erfahren habe, darunter auch diese hier, bleiben als Teil meines Spürbewusstseins bestehen.

Ich verabschiede mich jetzt von Euch und sage noch vielen Dank für die Gelegenheit, Euch zu Diensten gewesen zu sein. Bitte denkt daran, dass Ihr Euch vielleicht ausschließlich in dieser Stadt ein Zuhause schafft, ich dies aber nicht tue und deshalb genauso erfreut wäre, Euch anderswo einen Besuch abzustatten, auf den innerlichen oder äußerlichen Ebenen.

Friedenskrieger und der Nahe Osten

Ich habe viel Zeit in Indonesien verbracht, und die Menschen dort liegen mir sehr am Herzen. Es sind einfache Leute, aber sie sind voller Liebe. In den letzten Jahren haben sie viele Naturkatastrophen erlebt, vor allem Erdbeben. Ich verstehe, dass diese Ereignisse angemessen sein müssen, also werde ich nicht fragen, ob sie notwendig waren. Aber ich frage mich, ob es etwas gibt, was ich für das Land oder die Menschen tun kann. Ich weiß, dass das sehr veränderungsträchtige Zeiten sind, und ich ehre sie zwar, aber ich kann nicht umhin, zu wünschen, dass diese Veränderungen nicht auch große Katastrophen mit sich bringen.

Es obliegt mir, Euch zu sagen, dass noch viele weitere Veränderungen bevorstehen, vor allem, was diese Länder anbelangt. Ihr bezeichnet es als Naturkatastrophen, und deshalb werde auch ich diese Veränderungen so nennen. Wenn wir einmal eine Metapher gebrauchen wollen, nach der alle Kontinente und Länder zur physischen Geburt des Neuen Zeitalters beitragen und dabei behilflich sind, so könnte man Indonesien, seine Besitztümer und sogar einige seiner unmittelbaren Nachbarn als eine Art Nabelschnur der Erde betrachten.

Bitte beachtet mein Zögern, den Begriff »neue Erde« zu verwenden. In der Vergangenheit wurde er irrtümlich als Ersatz für den derzeitigen Körper der Erde gedeutet. Für diejenigen, die das noch einmal betont haben möchten, wiederhole ich gern, dass es nur eine Erde gibt, so wie es Euch nur einmal gibt. Ihr habt Euch in einer Vielfalt kreativer und endloser Ausdrucksformen immer wieder erneuert und werdet dies auch weiter tun, und das

Ergebnis seid immer wieder Ihr. Bitte habt Vertrauen in Eure unbegrenzte Fähigkeit, Euch selbst und Eure Erfahrungen zu erneuern, damit Ihr auch Vertrauen in die Erde haben könnt.

Die sich ständig weiterentwickelnde Erde

Tief, tief unterhalb dieser Länder und unter dem Boden des großen Ozeans gibt es Spalten und Risse, die Öffnungen zum Erdinneren preisgeben. Dies sind keine Wunden, und sie verlangen nicht nach Heilung. Die Öffnungen dienen dazu, die Freisetzung mächtiger Energien aus großen Tiefen der Erde zu erleichtern. Was von dort aufsteigt, wird von einer Elementarintelligenz überwacht, einem Teil meines Spürbewusstseins, der sich seiner selbst bewusst ist und gerade jetzt in diesem Moment seiner potenziellen Zukunft sowie allem, was auf und in der Erde wohnt, eine Form verleiht.

Auch wenn Ihr es Euch schwer vorstellen könnt: Diese Veränderungen sind etwas, wovon die Erde und die Zukunft der Menschheit enorm profitieren. Die Erde muss sich wiederherstellen und ein neues Leben planen. Dabei werden ihre Bewohner angespornt, es ihr nachzutun. Alle Veränderungen sind auf die Wiederherstellung aktueller und künftiger Ressourcen ausgerichtet. Wenn Ihr über die auf dem Planeten derzeit noch vorherrschenden Komfortzonen und Denkweisen hinausschaut, werdet Ihr die Notwendigkeit von alldem sehen, was gerade stattfindet. Kommt zu dem Entschluss, gleichzeitig Beteiligter und Beobachter zu sein, und Ihr werdet noch viel mehr sehen und erfahren.

Die heute dort gelegenen Inseln befanden sich vor langer Zeit einmal woanders. Sie waren unter anderen Namen bekannt und von anderen Menschen bewohnt. Die Kontinente und Länder der Erde sind so angelegt, dass sie sich ganz oder teilweise bewegen, oberhalb oder unterhalb der Meere, und auch die Menschheit hat oberhalb, unterhalb und in verschiedenen Welten gelebt. Sie vergisst. Sie erschafft. Sie erschafft von Neuem. Je unvollkommener die Welt erscheint, desto vollkommener wird die Menschheit sie machen und sich bei diesem Prozess selbst perfektionieren.

Vielleicht vergebt Ihr mir den Anschein einer nicht ganz so mitfühlenden Antwort, da ich schlichtweg über den Horizont hinausblicke, von dem wir beide nur zu gut wissen, dass der Mehrheit des Planeten mit ihm nicht mehr gedient ist. Noch bevorstehende größere Beben werden diese Länder neu anordnen und einige dabei stärker anheben, so dass sie nicht unter den Wellen verschwinden, selbst wenn andere es tun. Die katastrophalen Veränderungen, die durch diese Ereignisse eintreten, werden Land, Behausungen und Ressourcen für die Erben und Vorfahren verfügbar machen. Es ist ein verdienstvolles Opfer, und jene, die es heute erbringen, haben ebenfalls die Vorteile davon geerntet, dass da jene waren, die vor ihnen geopfert haben. Die Zyklen sind hinlänglich bekannt und ausgetretene Pfade, doch sie wiederholen sich nie. So groß ist die Genialität und Majestät von Allem-was-ist, zu dem auch die Menschheit gehört.

Deine Verbindung zum indonesischen Volk

Die Menschen, die sich in dieser Region eine Heimat geschaffen haben, verstehen sich darauf, zu leben, vielleicht besser als andere. Sie wissen um den Wert des Lebens, sei es des menschlichen Lebens oder eines anderweitigen. Das ist mit ein Grund dafür, warum es Dich dorthin zieht. Dich ziehen der Wert des Lebens und die Lebensqualität dort an.

In anderen Teilen der Welt und wenn man eine modernere Definition des Begriffs als Ausgangspunkt nimmt, kann Lebensqualität bedeuten, was man besitzt, wie viel arbeitsfreie Zeit man hat, welchen finanziellen Wohlstand und anderes, was sich zur Schau stellen lässt. Die meisten Leute dort kennen Derartiges nicht, aber sie verstehen etwas vom Leben und davon, wie man es lebt. Sie leiden, wenn es an der Zeit ist, zu leiden, und sie feiern, wenn es etwas zu feiern gibt. Sie leben nach den Gesetzen der physischen

Umgebung, die dem ewigen Moment angehört. Ihr Leben ist beidem gewidmet. Auf diesem Boden werdet Ihr gleichermaßen sehr, sehr junge Seelen und sehr alte Seelen antreffen, die mehr als bereit sind, das Alte zu lehren.

Die Alten erzählen von einer Geschichte, die den Jungen fremd ist – einer, die eher nach Mythologie klingt, als real zu erscheinen. Wer soll sagen, was real ist? Wer hätte vor ein paar Jahren geglaubt, dass Wellen eine ganze Insel verschlingen könnten? Wer würde das heute noch anzweifeln? Die Alten wissen und sind liebend gerne bereit, ihr Wissen weiterzugeben, aber dazu muss es jene geben, die bereit sind, zuzuhören und zu handeln, sonst spielt es keine Rolle, ob das Land sich hebt oder senkt, versteht Ihr das?

Da Du mir Fragen gestellt hast, werde ich Dich auch dazu veranlassen, über ein paar Fragen meinerseits nachzudenken. Du musst sie nur Dir selbst und dem beantworten, was Dich einzigartig macht, ungeachtet des Namens, mit dem Du das Namenlose bedenkst, das Dir teuer ist: Warum ist diese Nation und ihr Volk für mich heilig? Warum zieht es mich immer wieder auf seinen Boden, ebenso wie in andere Regionen, wo die ganz Jungen und die ganz Alten zusammenkommen? Warum werde ich konsequent immer wieder eingeladen, Zeuge der kooperativen Natur in und von allem zu werden? Wer hat einen Nutzen davon? Mein Rat geht noch weiter, selbst während Du weiterfragst ...

Deine Reise begann in anderen Leben und geht heute lediglich weiter, da alle Leben sowohl ursprünglich als auch nachfolgende sind. Vor dem ersten Auseinanderbrechen der Kontinente befandest Du Dich dort in der Nähe und auch woanders, in einem Körper, der ein wenig leichter war als der, den Du jetzt bewohnst. Du ordnetest für Dich selbst an, als Mann oder Frau zu erscheinen, je nach Bedarf und Zweck. Du hättest Deine Züge für polynesisch gehalten, auch wenn sie den Eindruck erweckten, als stammten sie aus einer anderen Zeit. Du warst Krieger und Du warst Gott, zumindest für diejenigen, die Dich kannten, und Deine Worte waren oft warnender Natur. Wie bringt man einem Volk bei, dass es auf einem Stück Land nicht mehr willkommen ist? Wie erklärt man ihm, dass es sich heute noch auf dem Rücken eines großen Wales befindet, aber bald unter seinem Bauch sein wird?

Es wäre angebracht zu sagen, dass Du meist (wenn auch nicht komplett) erfolglos warst bei diesem Unterfangen. Es wäre aber nicht angebracht, zu sagen, dass es ein Fehlschlag war, auch wenn Du das glaubtest, und zwar länger, als es den meisten, denen Du am Herzen lagst, lieb war. Es war Deine Entscheidung. Ist es immer. Dämmert es Dir? Und nun, wo sie wieder in Dir aufscheint, sei darauf bedacht, Dich nicht lange bei dieser Erinnerung aufzuhalten, denn nur allzu bald kehren die Qualen zurück, auch wenn es nicht mehr Deine eigenen sind. Erinnere Dich, aber nur so, dass Du es auch wieder vergisst. Sonst wird es Dir an der Sicherheit mangeln, die Du in diesem Leben brauchst, verstehst Du? Damit Erinnerungen Dir dienlich sein können, müssen sie weich und geschmeidig bleiben, dürfen nicht hart und spröde sein, damit die Zeit sie heilen kann, ohne sie zu zertrümmern.

Lass Dich von der Sprache der Veränderung leiten

Nun benutze Deine Bildgebungsstation [Fantasie], damit sie Dir dabei hilft, die Wichtigkeit dieser Zeit und dieses Lebens zu erkennen. Verknüpfe die Gedanken mit Dimension und Zweck, bis allmählich ein klarer Weg zum Vorschein kommt, als wäre es einer, der aus dem Wald auf eine Lichtung führt. In Dir, und auch in anderen, die von diesen Worten profitieren werden, gibt es den Wunsch, anderen behilflich zu sein. Wisst das zuerst. Wisst das, bevor Ihr handelt. Zu wissen, ist die erste Natur, und zu handeln, ist die zweite. Lasst Euch von Euren langfristigen Wünschen leiten, denjenigen, die anzeigen, dass Euch ein Abenteuer erwartet. Wenn das Erwachen weitergeht, wird ein Feuer entfacht werden. Aus einer ewigen Flamme geboren, wirst Du erst von der Dimension und dann von der Richtung geführt.

Diese erste Reaktion, die, von der wir hier jetzt sprechen, ist genau das ... eine erste ... von vielen. Deine anhaltende Verbindung zur Quelle wird dafür sorgen, dass es noch andere Verbindungen geben wird. Jede Nuance bei den Veränderungen, die Du um Dich herum erlebst, wird zu Dir in einer Sprache sprechen, die Du erkennst wie von vor langer Zeit. Es ist nicht die Sprache der Not. Lass andere dieser leeren Versprechung folgen, bis sie herausfinden, dass sie hohl und nichtig ist. Folge vielmehr der Sprache namens Präsenz. Sie ist die Sprache der Alten, just die, die sie verwenden, um Dich auf ihre Nähe aufmerksam zu machen. Dort wirst Du Deinen nächsten Schritt entdecken und vielleicht mehr.

Die Sprache der Veränderung wird sich weiter Ausdruck verschaffen, in Kleinigkeiten und im Großen. Macht Euch darauf gefasst, denn sich davor zu fürchten, wird innerlich und äußerlich ein Hindernis erzeugen. Veränderung besteht auf Reaktion. Sie sagt Dir, dass Du sie nicht übersehen oder etwas anderes sein darfst als das, was Du bist, und nicht woanders sein darfst als dort, wo Du bist. Sei in der Veränderung präsent, und Du wirst Ihr nicht ausgeliefert sein. Lerne das, und Du wirst es lehren. Erneuere Dich selbst im Licht des neuen Tages, dann wirst Du im Einklang mit dem Gesetz der Natur die Welt erneuern.

Deine Wirkung auf das Land

Wer bist Du, dass Du für Dich in Anspruch nimmst, derart verantwortlich für ein Land oder sein Volk zu sein? Diesmal bist Du bei Deinem Aufenthalt hier ein Familienvater, ein Haushaltsvorstand sozusagen. Diesmal hast Du Dich nicht den Tempeln geweiht oder als Initiant der Unterweisung unterzogen. Dennoch dürftest Du unschwer erkennen, dass auch dies eine Art von Initiation ist. Dies ist eine Zeit, in der Du das erneuerst, was Du bist, während die Erde dasselbe tut. Siehst Du das? Du wirst zu einer Vielzahl verschiedener Länder gerufen, und dieser Hafen, der erste, zu dem Du gerufen wirst, hat Dein Herz vor langer Zeit in seinen Bann geschlagen. Soll ich Dir sagen, dass es, als Du vor langer Zeit hier auftauchtest, schon zu spät war? Soll ich Dir sagen, dass selbst auf Deine lauten Rufe hin keiner mehr übrig war, der sie noch hätte hören können? Soll ich Dir zuflüstern, dass nicht einmal ein taubes Ohr da war, Dein Flehen zu erhören?

Dieses Land, über einer der Öffnungen zur Erde selbst gelegen, wird seinen Nutzen aus Deiner Gegenwart ziehen. Es erinnert sich an Dich. Es kennt Dich. Wenn Du weiter in die Zukunft gehst, wird es eine Art Mekka werden, die Art von Stätte, zu der andere reisen und bei der sie staunen werden darüber, dass das Land sich noch immer geheiligt anfühlt. Es wird gewissermaßen ein Refugium sein – weil es dem, der das möchte, zu verschwinden erlaubt. Es wird andere Länder geben, die den gleichen Vorzug bieten, zusammen mit Herausforderungen, von denen nur sie selbst sprechen werden. Es wird auch ein Zufluchtsort für andere Lebensformen sein. Es wird Arten beherbergen und nähren, deren Zahl allzu sehr dezimiert wurde, als dass sie sich selbst schützen könnten. Jene, die kurz vor dem Aussterben stehen, sowie jene, die sich vielleicht noch umgestalten, werden dort Zuflucht suchen. Es wird ein geschütztes Land sein, aber erst sehr viel später, nachdem einige der anderen Veränderungen stattgefunden haben.

Hisse dort eine Flagge, wenn Du möchtest, ein Banner, das unbemerkt bleiben wird außer auf Seiten derer, die wissen, was Du weißt, nämlich dass Ressource und Quelle ein und dasselbe sind. Lass diese Flagge wie meine eigene sein, damit keine andere Nation dieses Land für sich in Anspruch nimmt.

Es wird noch viele Beben geben, die dieses Land und das Wasser, von dem es umgeben ist, erschüttern werden. Sie werden auf den Instrumenten, mit denen man sie aufzeichnet, starke Ausschläge verursachen, und die sich mit ihnen befassen, werden mit Sicherheit alarmiert sein. Einige Beben werden von der Tiefe des Meeresbodens aufsteigen und noch von weitaus tiefer. Das Geräusch, das durch die erzeugten Magnetwellen entsteht, wird zu den sonstigen Meeren der Welt hinausgetragen werden und von dort wieder zurück. Die Wissenschaft mag hieraus eine Menge lernen, wenn sie auf alte Gedankengänge neue Regeln anwendet.

Die auf diesem Boden ansässigen Menschen sind ebenso sehr Teil des Wassers wie des Landes selbst. Man hat es ihnen gesagt, es gehört zu ihrer Geschichte und Überlieferung – aber sie glauben nicht mehr so recht daran. Mag sein, dass die Stimme dieses Teils der Menschheit beben und sein Mut ins Wanken kommen wird, aber sogar daraus wird man sich wieder aufrappeln. Die Menschen dort werden sich erinnern, dass sie als Gefäße auf der Erde ihren Säulen gleichen und als Gefäße des Meeres die Pinne sind, die es durchpflügt. Angebunden an die Erde mittels einer Schnur aus Licht und Klang, nährt sie der Himmel. Hast Du dort erst einmal Deinen Frieden mit der Zukunft und der Vergangenheit geschlossen, so wird Du gut darauf vorbereitet sein, Dich woandershin zu begeben, und Dein Gedächtnis wird wieder in der Sprache der Alten sprechen.

Deine Präsenz wird Dich leiten, und Du wirst es wissen.

Die mütterlichen Wasser

Gilt das, was Du sagst, auch für das Volk und das Land von Bangladesh? Ich kann nicht erklären, warum, aber das ist ein anderer Ort, dem ich mich nahe fühle und der mir am Herzen liegt.

Ja und nein. Dieses Land hat eine andere Geschichte. Es wird künftig weniger dicht bevölkert sein, denn so war es einmal und so möchte es wieder sein. Dieses Land wird überschwemmt werden. Immer wieder wird es überschwemmt werden, bis man begreift, dass dies der Wille der Elemente selbst ist. Die Menschheit tut sich immer noch schwer damit, zu verstehen, dass sie die Elemente nicht kontrollieren kann, und so wird sie es weiter probieren.

Dieses Land neigt zu Überschwemmungen. Die Wissenschaft würde es als Überflutungsraum bezeichnen, aber Eingeweihte wissen es besser. Es ist das Land der Mutterwasser. Des Wassers, das sich Bahn bricht und in Strömen fließt, wenn die Geburt kurz bevorsteht. Sie kündigen die Jahreszeiten der Wiedergeburt an und sogar den Namen der nächsten heiligen Zeit. Niemand hört darauf. Auch die Sprache hier ist ziemlich alt. Es gibt wenige, die sie sprechen, und die es tun, hören selten hin. Die Mutterwasser versorgen das Land mit Nährstoffen wie die Wasser des Nils vor langer Zeit. Sie drücken und schieben alles vor sich her, was ihnen im Weg ist, wie ein Kind, wenn es auftaucht, um seinen ersten Atemzug zu tun.

Heute herrscht Gedränge überall auf der Welt, und sie ist voller Menschen und Orte. Es ist keine einfache Zeit, und die Entscheidung, sich selbst oder seine Familie anderswo anzusiedeln, ist nicht leicht, für manche sogar fast unmöglich zu treffen. Ist das Land erbarmungslos und ohne Mitgefühl, wenn seine Fluten sich Bahn brechen? Ist es gefühllos, wenn es darum geht, heute für künftige Generationen zu sorgen? Wer dort sein Zuhause einrichtet, ist Teil des großen Zyklus, und weise sind diejenigen, die das wissen.

Diejenigen, die zu den uralten Göttern klagen, wären besser damit bedient, zu den neuen zu beten oder zumindest anzuerkennen, dass es neue Götter geben wird – genauso sicher, wie es alte Götter gibt. Jene, die sich bei ihren Nachbarn beklagen oder bei den Wahrsagern darum betteln, ihnen zu sagen, dass das Ganze anders ausgeht, werden dieses Jahr erneut enttäuscht werden, denn die Natur, Mutter der Elemente, wird tun, was sie für richtig hält.

Nährt die Erde

Es gilt, die Erde zu nähren, damit sie in der Lage ist, wiederum die Menschheit zu ernähren. Sie wird das zurückverlangen, was ihr nicht in vernünftiger Weise überlassen wurde. Die Menschheit kämpft untereinander um Parzellen von der Größe einer Briefmarke. Selten gibt ein Mensch seinem Nachbarn oder auch nur seinem Freund gegenüber nach. Grund und Boden ist ein wertvolles Kapital, da man ihn als fruchtbare Ressource betrachtet – als

Wüste wäre er die Mühe bei Weitem nicht wert. Die Menschheit muss lernen, zu geben, damit sie auch etwas bekommen kann, aber das ist eine Lehre, die nicht so leicht gezogen wird, vor allem wenn sich am Horizont Mangel abzeichnet statt Überfluss.

Nehmt die Fülle der Erde auf die Weise entgegen, wie sie Euch angeboten wird, dann werden sich die Fluten zurückziehen. Die Elemente werden nicht mehr für sich beanspruchen, als sie brauchen, und selbst das wird in viel besserem Zustand zurückgegeben werden als dem gegenwärtigen. Die Erde kann den Frierenden ein Zuhause geben, die Hungernden ernähren und den Durst vertreiben. Aber sie wird sich nicht der Kontrolle kleinlicher Tyrannen beugen, die sich selbst wie Könige gebärden, während andere verhungern. Wappnet Euch gegen Gefahr und schützt Eure Haushalte, aber vernachlässigt nicht das erste Haus, das Zuhause des Geistes, der in Euch wohnt, sonst wird alles andere vergebens sein.

Land, das jetzt nicht hergegeben wird, wird später so umverteilt werden, als wäre es hergegeben worden. Die Erde und ihre Ressourcen sind Leihgaben. Entgegen dem Dafürhalten einiger werden sie sich aus eigenen Kräften verschieben und verändern, vor allem dort, wo die Menschheit ihre Abmachungen nicht einhält. Habt Ihr schon gesehen, wie Seen sich leeren? Habt Ihr gesehen, wie das Wasser anderswo auftaucht? Beobachtet es! Ihr werdet noch Euer blaues Wunder erleben! Der Reichtum der Erde wird sich gerecht verteilen, aber die Menschheit muss bereit sein, an der Verteilung teilzunehmen, und in manchen Fällen wird das bedeuten, sich selbst und seine Familie auf die Reise zu schicken.

So wird dieses großartige Land Bangladesh wieder Gaia übertragen werden. Es wird zur Erde zurückkehren, und andere Gebiete werden ihm mitgegeben werden. Es fällt unter die großen Zyklen der Dinge, dass sie wiederbeansprucht, was Euch gehört, am besten ist es also, Veränderung zu bejahen, statt sich gegen das Unvermeidliche zu stemmen.

Ich habe das Gefühl, dass ich weiterfragen muss, selbst wenn Deine Antworten nur noch unterstreichen, was Du mir schon gezeigt hast. Vielleicht

deshalb, weil Deine Channelerin in Nordamerika lebt, richten Deine
Worte sich oft an die, die im Norden und im Süden leben. Meine Heimat
ist Fernost, und dort ist auch mein Herz. Die Menschen dort haben Angst
vor ihren Nachbarn in Nordkorea. Ich habe versucht, keine zu haben,
aber hier, wo es keine Barrieren gibt, gestehe ich ein, dass es sich anders
verhält. Kannst Du mir dazu etwas sagen?

Schaut über die Wirren hinaus

Du fühlst Dich zu Regionen hingezogen, die wenig Respekt vor
dem Leben zeigen oder vor dem, was das Leben unterstützt – oder
wenig Respekt davor gezeigt haben. Vor langer Zeit hast Du das
Land Nordkorea als »Killing Fields« bezeichnet, wie die über drei-
hundert Stätten in Kambodscha genannt werden, an denen über
zweihunderttausend Menschen starben. Das hat für das Land eine
starke Polarisierung im Hinblick auf Deine Person bedeutet.

Nehmen wir einmal an, dass am einen Ende des Spektrums
der Verlust von Menschenleben steht, während am anderen Ende
Mord, Verlust und Gemetzel stehen. Was das Land Nordkorea
angeht, so hast Du Dich damit in die Nähe des dichteren Randes
des Spektrums gestellt. Deshalb hältst Du Dich in einem Land
auf, das nicht Dein Geburtsland ist, und deshalb sprichst Du für
ein Volk und eine Kultur, die bestenfalls angenommen sind. Du
hast sie heute zu Deinem Anliegen gemacht, weil dieses Anliegen
einmal Dein eigenes war. Du bist hier Deine eigene Lehrerin und
auch Deine eigene Heilerin. Leuchtet Dir das ein?

Sei unschuldig in Deinen Gedanken, und es wird schnelle Fortschritte geben. Sei absolut in Deinem inständigen Wunsch, und
die Reise vollendet sich. Mit anderen Worten: Sieh vor Dir das
Land der Unschuldigen und Wohlmeinenden, denn wenn du
etwas anderes vor Dir siehst, wird Dich das aufhalten und anderweitig in Anspruch nehmen. Warum gegen den Tiger kämpfen,
wenn es nicht sein muss? Es ist niemand da, der mitbekommt,
ob Du gewinnst oder verlierst. Wetze Deine Klinge und stecke

das Schwert dann in seine Scheide zurück. Das würde ein Krieger tun. Große Kriege wurden schon um weniger geführt, und Blut ist es durchaus wert, geschützt zu werden. Meine Worte schützen Deine Erinnerungen, aber sie verbergen sie nicht. Blicke über die Wirren hinaus und lasse die Gedanken sprechen. Es wird keine Schlacht auf der Erde geführt, die Deine wäre. Zettle keine an. Es gibt keinen Verlust an Leben, den es zu rächen gälte. Lege das Schwert beiseite. Werde neutral und beschreite den Mittelweg. Lasse Dich nicht zum Rand des Gewahrseins komplimentieren. Der Weg der Polarität ist diesmal nicht der Deinige, und Du bist nicht hier, um ein Unrecht wiedergutzumachen. Mindere den Widerstand in Dir, und Du wirst eine Verbesserung der Bedingungen im Außen antreffen. Sei kreativ, was Dein natürlicher Zustand ist, dann wirst Du feststellen, dass Du allen Betroffenen großen Nutzen bringen kannst.

Die Metapher vom Tiger

Was das Land selbst angeht, so ist es nicht bewaffnet. Es ist hungrig und matt. Der Tiger kann mit ein wenig Milch gezähmt werden, aber die Milch, die man ihm bislang angeboten hat, ist unrein, und diejenigen, die sie ihm als Lockmittel anbieten, halten versteckt Halsband und Käfig bereit. Der Tiger weiß das und würde lieber verhungern und auch sein Volk verhungern lassen. Der Tiger ist nicht besonders gescheit. Er folgt seinen Instinkten, und sie dienen ihm nicht mehr so gut wie früher einmal. Die Welt kann ohne den Tiger leben, aber der Tiger kann nicht ohne die Welt leben, und so geht er zum Angriff über. Er kratzt und beißt und zieht sich dann wieder zurück. Der Tiger lauert niemandem heimlich auf – er schreitet ruhig dahin, in feierlicher Ruhe. Er trägt keine Waffen, wird jedoch von denen flankiert, die durchaus welche tragen. Seine offenkundige Freiheit geht auf Kosten anderer, aber er entschuldigt sich bei niemandem dafür. Der Tiger durchstreift einen Käfig, den er selbst geschaffen hat. Wie im künstlichen Lebensraum eines Zoos ist die Illusion perfekt.

Warum fürchten Du und andere den großen Tiger? Ihr seid fasziniert von dem, was Ihr nicht erjagen könnt. Ihr könnt weder Euer Schwert einsetzen noch eine Trophäe mit zurückbringen. Ihr geht den Weg unentdeckter Weisheit und sich auflösender Wirklichkeiten. Warum spricht Gaia in Metaphern? Damit Du Dir nicht selbst ins Netz gehst! Um Dich zu schützen und Dir die Unschuld zu bewahren! Damit Du keine übereilten Worte sprichst und so Deine Rückkehr bewirkst – oder, noch schlimmer, die des Tigers. Du bist gekommen, um Leben und Atem, Brot und Wasser zu geben. Verschwende nichts.

Lass zu, dass alle Länder und Völker von einer höheren Autorität geführt werden. Verteidige niemanden und gib niemandem die Schuld. Stell Dir vor, dass alle eine Fackel in einer anderen Farbe tragen. Gib ihnen in Deinem Herzen einen neuen Namen, und bald werden sie sich selbst umbenennen.

Lass das Licht für sich sprechen – es weiß genau, wo es hinfällt. Bedenke, dass selbst das Licht manche polarisiert, ebenso wie andere die Dunkelheit. Die Dramen der dritten Dimension haben sich viele Male von Neuem abgespielt. Unterstütze sie nicht darin, das Gleiche noch einmal zu tun. Blicke daran vorbei, sieh zur Seite oder schau weg. Wenn Du das machst, bringst Du das Land und sein Volk in einen Zustand, in dem sich beide erholen können. In der stillen Praxis der Nichteinmischung wird die Saat der Weisheit ausgebracht. Bald werdet Ihr sehen, wie sich die Korridore des Himmels auftun, um selbst jene aufzunehmen, bei denen Du es Dir am wenigsten vorstelltest würdest.

Die Bösewichter dieser Welt, die ihre Sandburgen gebaut haben! Irgendwie tun sie das immer.

 Das Neueste zu den Bienen

Spielt mir meine Fantasie einen Streich, oder hast Du bislang wirklich merkwürdig viel geschwiegen, wenn es um das Thema der abnehmenden Honigbienenpopulation geht? Es scheint, dass Hinz und Kunz sich hierzu zu Wort gemeldet haben, und die Informationen sind wieder einmal auf der ganzen Skala der Vielfalt angesiedelt. Ich gebe es nicht gern zu, aber trotz allem, was bereits gesagt wurde, erlebe ich es noch immer als unbefriedigend. Verzeih mir das Wortspiel, aber als jemand, die schon seit langem Deine Channelings liest, habe ich die honiggleiche Süße Deiner Worte gespürt und gelegentlich auch hie und da den Stich der Biene. Würdest Du bitte etwas zu diesem Thema sagen?

Die lauteste Stimme ist manchmal die, die in der Stille anzutreffen ist, und so haben die Bienen sich durch ihre bloße Abwesenheit zu Wort gemeldet und tun es weiter. Was sie der Menschheit darbringen, ist ein Luxus, denn ihr Daseinszweck gleicht keinem anderen und ihr Verlust ist unermesslich. Wer oder was sonst könnte ihre endlose Plackerei im Namen der Natur übernehmen oder die Ergebnisse vorweisen, die sie täglich erzielen? Das Rätsel um sie hat Philosophen und Dichter, Mathematiker und Metaphysiker gleichermaßen geplagt, und so bleibt nur wenig, was noch nicht zusammengefasst wurde.

Die Honigbiene ist ein Langzeitbewohner der Erde und schon weitaus länger hier als die Menschheit. Sie hat auch woanders existiert, sogar auf anderen Planeten innerhalb dieses Sonnensystems, vor allem wenn der Mensch (oder eine Version von ihm) ebenfalls anwesend war. Wie und warum sie eintreffen, ist als Thema mindestens so interessant wie die Frage, warum sie wieder verschwinden. Vielleicht wirst Du das dimensionale Bindeglied finden und ihm folgen, wenn wir uns mit ihrer Botschaft näher befassen.

Der unvergleichliche Schüler

Die Honigbiene ist so rein wie der Honig, den sie produziert. Sie ist eine dimensional hoch entwickelte Spezies, und sie hat sich selbst erhoben und mit den Naturreichen verwoben und sogar mit dem Geflecht des Lebens. Ihre Gesellschaft ist in vieler Hinsicht überlegen und ideal. Symbolisch repräsentiert sie den wahren Schüler, der darauf hinarbeitet, dem Ganzen zur Vollkommenheit zu verhelfen, weil das Ganze den vielen wie auch dem Einen dient. Der Schüler (die Arbeiterin) erzeugt Honig (Nektar), die köstlichste und einzigartigste Nahrung, die aus der Blüte (dem Universum) gewonnen wird. Wenn Ihr Honigbienen lange genug beobachtet, werden sie Euch lehren, wie Ihr den Honig aus Eurem eigenen Leben herauszieht, was Euch geistig beflügeln und Euren Geist mit einem Duft erfüllen wird, der köstlich ist und an dem sich alle höheren Frequenzen des Lebendigen berauschen.

Kein anderes Insekt ist mit der Biene vergleichbar. Sie wurde nicht mehr auf dieser Erde geboren als Du, und die Mysterien, die sie schützen, sind nicht anders als die, die Dir noch entgehen. Die Natur bietet immer einen Spiegel an, ein Ebenbild ihrer selbst, als wolle sie sich über die Illusion lustig machen, dass das Leben singulär sei. Was die Biene betrifft, so hat die Natur die Wespe als ihr auf einer niedrigeren Frequenz angesiedeltes Gegenstück oder ihren Vetter anzubieten. Wespen sind in der Lage, Waben aus Wachs herzustellen, aber sie können keinen Honig produzieren. Symbolisch stehen sie für die unbewusste Seite des Menschen, der nimmt, aber nicht zu geben gelernt hat – den noch nicht erwachten Schüler, der Honig verspeist, aber keinen herstellen kann. Wespen repräsentieren die Illusion des Egoismus oder jene, die den niederen Ich-Anteilen dienen, während die höheren hungern. Die Natur wird damit fortfahren, ihre Geheimnisse und Mysterien zu hüten, bis der Mensch die Schleier der falschen Wahrnehmung zur Seite zieht, die ihm den Blick verstellen.

Keine Angst vor dem Stich der Biene

Die Menschen haben Angst davor, von einer Biene gestochen zu werden, aber aus dem Stechapparat fließt eine Substanz, die dafür sorgt, dass der Honig unter allen Umständen rein bleibt. Ohne diese einzigartige Ingredienz wird der Honig von niederen Aspekten der Natur beeinflusst und unterliegt den Variationen und Abweichungen, die dort anzutreffen sind.

Honig, der auf diese Weise verändert wurde, ist für den menschlichen Verzehr nicht mehr geeignet. Es stimmt, dass das Leben einer Biene verwirkt ist, nachdem sie ihren Stechapparat eingesetzt hat, aber wenn sie dem Ganzen (dem Bienenstock) nicht dadurch dienen kann, dass sie reinsten Honig herstellt, so ist ihr Leben ohnehin wertlos, und in einer niederen Funktion zu dienen, bedeutet, den Wert des Lebens zu mindern.

Bienen sind perfekte Architekten und Baumeister. Die unermüdlichen Arbeiterinnen verfügen über einen eingebauten Kompass, der sich auf die Magnetgitterlinien der Erde stützt. Sie können sich unmöglich verirren, obwohl sie dazu in der Lage sind, Orientierungslosigkeit vorzugeben, und sei es nur zu einem höheren Zweck. Bienen sind in der Lage, feinstoffliche Energien zu erkennen und zu identifizieren, darunter etwa Disharmonie und Unaufrichtigkeit. Da Ihre Aufgabe darin besteht, den Bienenstock und den Honig zu vervollkommnen, werden sie kaum jemals einen Bienenstock in einem oder in der Nähe eines ungerechten Umfelds errichten oder in ihm bleiben. Sie können zudem auch zwischen einer friedlichen und einer chaotischen Umgebung unterscheiden und sogar Angstschwingungen spüren, die sie nicht ausstehen können. So manch ein Bienenstich ist einfach das Ergebnis der überwältigend heftigen und chaotischen Schwingung der Angst, noch zusätzlich verstärkt durch wildes Herumwedeln mit den Armen und anderen akrobatischen menschlichen Bemühungen, das Interesse einer Biene von sich abzulenken. Bienen haben eine erstaunliche Aufmerksamkeitsspanne, und derart hoffnungslose Versuche sind für alle lachhaft – außer für die, die sich als potenzielle Opfer sehen.

Bienen sind die Alchemistinnen der Natur

Bienen bevorzugen in allem Symmetrie. Sie sind Insektenforscher und in der Lage, Quantität wie auch Qualität zu erkennen. Sie können ein immenses Spektrum von Farben unterscheiden, darunter Farbabstufungen und Farbtöne, die für das menschliche Auge ungeachtet der Umstände kaum jemals sichtbar sind. Die Fähigkeit der Bienen, derart weite Abstufungen in Farbvariationen zu sehen, macht sie zu Repräsentantinnen des vollen Lichtspektrums, des vollkommenen Prismas, das durch die wohlmeinenden Kräfte der Natur Licht (Liebe) gleichmäßig verteilt.

Diese Feinheiten machen sie außerdem zum Schutztotemtier der zweimal Geborenen oder derer, die von einer Reise ein Stück weit verändert durch den von ihnen gewählten Weg hervorgehen. Die zweimal Geborenen leben so wie andere auch, nur vielleicht schlichter und in der Nähe der Randbezirke von Orten, an denen andere ihre Wohnstatt wählen – nicht weil sie Angst haben, von ihrem vorherigen Leben umgarnt zu werden, sondern weil sie sich für ein anderes Leben entscheiden.

Bienen sind die wahren Alchemistinnen der Natur, und kein anderes Geschöpf, ob groß oder klein, kann Wissen so gut schützen oder projizieren, wie sie es tun. Sie sind Kinder der Natur und Abkömmlinge der Weisheit, und ihr Rückzug ist bemerkenswert, vor allem weil der Mensch sich noch nicht darauf versteht, selbst Honig herzustellen. Und dennoch sehen wir ihn wie die Wespe – da drüben auf dem nachbarlichen Feld, wie er Festungen der Angst statt der Symmetrie und des Friedens errichtet, so dass er die Gefahr des Stechenmüssens vergrößert und Ansprüche auf simulierte Ressourcen geltend macht, während die Natur sich weiter entzieht. Die Wespe, gefangen in ihrer eigenen Illusion, kann nicht umhin, sogar jene zu stechen, die kommen, um sie zu befreien.

Als Wissenschaftler unter den Insekten sind Bienen Werkzeuge der Natur, und als solche reagieren sie auf die gleichen unsichtbaren Schöpfungscodes wie Ihr. Mit zunehmender Beschleunigung des menschlichen Entwicklungsweges muss sich auch jeder einzelne Aspekt beschleunigen. Wenn es anders wäre, wäre es ein falscher Weg, leuchtet das nicht ein?

Der Mensch hat sich daran gewöhnt, sein Wachstum daran zu messen, dass er sich mit etwas oder jemand anderem vergleicht. Dabei blickt er zurück oder in die Vergangenheit, um sich anzusehen, wie weit er schon gekommen ist. Aber alles, was zurückgelassen wurde, sieht gleich aus, weil die Geschwindigkeit des Lebens (Lichts) ein ständiges Tempo der Veränderung spiegelt, was die Veränderung als neu oder das nächste Jetzt darstellt. Da der neue Moment auf einzigartige Weise anders als der letzte oder vergangene erscheint, wird der Gegensatz zwischen den beiden als Wachstum oder Evolution wahrgenommen.

Verwirrend? Hier ein simples Beispiel: Erinnerst Du Dich, wie das war, als Du das letzte Mal bei einem Familien- oder Klassentreffen warst? Hattest Du das Gefühl, Du hättest in Deiner Entwicklung einen riesigen Sprung nach vorn getan, verglichen mit anderen, die an dem gleichen Treffen teilnahmen?

Die Bienen reagieren auf den Ruf der Natur

Was hat das Ganze mit den Bienen zu tun? Alles, da das Tempo Eures Evolutionszyklus an ihren geknüpft ist und umgekehrt. Sie sind nicht in der Lage, Euch eine falsche Wirklichkeit vorzuspiegeln, weil sich das nicht mit Ihrem Modell vertragen würde,

Vollkommenheit anzustreben. Aber wenn Ihr sie weiterhin beobachtet und studiert, werden Sie Euch durch ihre Lebensweise eine Metamorphose zu zeigen beginnen, und vielleicht bieten sie sogar ein paar Lösungen für einige der Herausforderungen an, die der Menschheit bevorstehen.

Wir haben die unwiederbringlichen Eigenschaften der Biene näher beleuchtet und sie noch unverzichtbarer als je zuvor gemacht, aber die Fragen, was um alles in der Welt denn nun nicht stimmt mit den Bienen und wohin sie gehen, haben wir noch nicht vollständig beantwortet. Einfach ausgedrückt: Bei der gesamten Spezies haben die inneren Alarmglocken geschrillt, und sie reagieren in Scharen auf den Ruf der Natur!

Denkt daran, wir haben gesagt, dass sie unermüdlich auf die Vervollkommnung des Ganzen hinarbeiten werden, aber wenn das Ganze (der Bienenstock) sich nicht mehr als vollkommen darstellen lässt, muss Ihr Daseinszweck woanders liegen. Deshalb verlieren einige Bienen unweit ihres Stocks die Orientierung, und andere geben ihn gleich ganz auf. Wenn sich der Bienenstock nicht mehr mit der Aufgabe der Bienen verträgt, muss entweder der Stock oder die Aufgabe sich ändern.

Bienen verfügen nicht über individuelle Persönlichkeiten, obwohl jeder Bienenstock bestimmte einzigartige Merkmale aufweist. Ebenso sind die europäischen Bienen auf unverwechselbare Weise anders als die nordamerikanischen, und die südamerikanischen Bienen unterscheiden sich von den australischen. Bienen sind niemals aufgebracht, weil sie zu einer solchen Gefühlsregung gar nicht imstande sind, aber sie können die Orientierung verlieren und fühlen sich dann von ihrem vorherigen Modell abgeschnitten. Ihre Beziehung zum Bienenstock baut dann nicht mehr auf den gleichen Prozessen auf oder auf solchen, die die Menschheit als normal betrachten würde.

Jeder Kontinent wird Veränderungen, die sich in seiner Bienenpopulation spiegeln, auf andere Weise mitbekommen. Irgendwann werden die meisten Länder davon betroffen sein, und einige wird es sehr heftig treffen. Nordamerika wird höhere Verluste erleiden, da die Zahl der Bienen von vornherein höher war und die Evolution auf diesem Kontinent stärkere Belastungen mit sich bringt als anderswo. Schon seit vielen Jahrzehnten hat es dort nur sehr wenige normale Bienenstöcke gegeben.

In Kästen eingesperrte Bienen werden neben allem, was sonst noch in langen Karawanen über die Autobahnen und Nebenstraßen der Welt zieht, von A nach B verschickt. Nicht länger ein Symbol der Weisheit, scheint der Wohlstand, den sie bieten, denen vorbehalten zu sein, die die Kontrolle über die von ihnen zu bestäubenden Feldfrüchte haben. Wir könnten all die Bürden aufzählen, die die Menschheit dieser Spezies auferlegt hat, aber das hätte keinen Zweck, zumal die Bienen deshalb keine Ressentiments hegen – sie sind dazu nicht in der Lage.

Andererseits unterscheiden sich die Belastungen für sie nicht von denen, mit denen Ihr täglich umgehen müsst. Und auch die Schädlinge, Pestizide und Viren, denen sie ausgesetzt sind, unterscheiden sich nicht. Versteht Ihr das? Der Spezies, in deren Dienst sie steht, fällt es zu, nicht nur als Bote zu fungieren, sondern auch möglichst auf dem Weg in Richtung Veränderung voranzugehen. Die ganze Natur ist nichts als ein Spiegelbild ihrer selbst. Die Menschheit kennt derzeit viele Beispiele, bei denen sie sich bedienen kann. Sie muss nun das Beste aus sich herausholen, um die beste aller möglichen Zukünfte zu erschaffen. Der evolutionäre Wecker der Menschheit hat gerade geschrillt, und bald wird sie schon beim leisesten Alarmruf die Augen öffnen müssen.

Ein neues Gleichgewicht in der Natur

Wo sind die Bienen hin? Die Natur hat die stärksten unter ihnen in Richtung der südlichen Erdhalbkugel gelenkt. Von sich verschiebenden Magnetgittern geleitet, ziehen sie den Äquatorregionen entgegen und noch weiter in den Süden. Diese weniger betroffenen Bienen werden von ihren neuen Kolonien Kraft beziehen und mit einheimischen Bienen evolutionäre Bündnisse eingehen. Sie tragen einen neuen Satz kodierter Anweisungen in sich, die auf einer neueren Blaupause für die Umwelt beruhen. Sie werden ihn dazu verwenden, ein neues Arbeitsmodell einer im Gleichgewicht befindlichen Natur zu erstellen. Einem größeren Daseinszweck folgend, werden sie einen besseren Bienenstock errichten und produktiver sein, und zwar auf Weisen, von denen die Menschheit den größten Nutzen hat.

Was wird aus den nordamerikanischen Bienen? Interessanterweise werden derzeit Bienen aus Australien und Neuseeland in großer Zahl nach Nordamerika eingeführt, um das jähe Ende eines alten Modells hinauszuschieben. Vieles von dem, was als Nächstes geschehen wird, hängt von modernen Bienenzüchtern, Landwirten, Viehzüchtern und anderen ab, die als Schnittstelle zwischen dem Reich des Menschen und anderen Naturreichen dienen. Viele, die diese Positionen heute innehaben, haben schon früher ähnliche Rollen gespielt, zumindest was die Natur anbelangt. Sie verstehen vielleicht weit mehr als andere, dass es mit dem alten Modell so nicht weitergehen kann.

Diejenigen, die in den Naturreichen arbeiten, als Protagonisten oder Antagonisten, sind sowohl in die Gesetze als auch die Mysterien eingeweiht, die dort herrschen. Selbst jene, die diese Gesetze um ihres persönlichen oder beruflichen Vorteils willen manipulieren, wissen, dass das Pendel eines Tages mit größter Wahrscheinlichkeit in die entgegengesetzte Richtung ausschlagen wird. Die lange Verkennung der Naturgesetze durch den Menschen ist keine Entschuldigung dafür, dass es notwendig ist, Lösungen für die Wiederherstellung des Gleichgewichts in der Natur zu finden und außerdem noch eine hungernde Welt zu ernähren.

Die Antwort ist eine kooperierende Welt

Die Gesundheit der nordamerikanischen Bienenpopulation wiederherzustellen, wird bei der Wiederherstellung der Weltgesundheit helfen. Vielleicht ist es mittlerweile offensichtlich geworden, dass in diese Worte Beispiele eingeflochten sind, die Veränderungen am Modell der Bienen oder ihrer Aufgabe mit aktuellen und bevorstehenden Veränderungen am Modell der Menschen oder ihrer Aufgabe in Verbindung bringen.

Um es ganz deutlich zu sagen: Die Bienen sind keine Warnung – sie geben vielmehr ein Beispiel. Sie weigern sich, zusätzlich Belastungen zu übernehmen, die ihnen ein älteres Modell, das dem Ganzen nicht mehr dienlich ist, überstülpen will. Die Geringeren unter ihnen erliegen Krankheiten und Unterernährung durch parasitäre Eindringlinge. Sie weisen die chemischen und künstlichen Placebos zurück, die das alte Modell ihnen sonst weiterhin aufzwingen würde. Sie verändern etwas daran, wie und wo sie leben. Sie ziehen weiter, manchmal über große Entfernungen, um sich in einem gesünderen Umfeld niederzulassen, das die Zukunft ihrer Spezies sicherstellen wird.

Angesichts dieser unwiderruflichen Bedingungen setzen sich auf den landwirtschaftlichen Märkten der Welt Veränderungen durch und die von ihnen unterstützten Wirtschaftssysteme werden automatisch anderswohin ausweichen. Landwirtschaftliche Praktiken, die sich am alten Modell orientieren, werden sich zunehmend ändern, allerdings langsamer, als einem lieb wäre. In dem Bemühen, die eigene wirtschaftliche Position zu wahren, und in der Hoffnung, es sich zunutze machen zu können, dass man so eine bessere Handhabe über die kontinuierlich abnehmende Bienenpopulation hat, werden kooperierende Unternehmen im großen Stil mit Treibhausanbau experimentieren.

Die enormen Kosten, die mit diesen Bemühungen verbunden sind, gekoppelt mit einer Veränderung in der Weltwirtschaft, werden den Preis für viele Artikel bedeutend in die Höhe treiben. Positiv betrachtet wird es eine nachhaltige Rückkehr zum organischen Anbau geben, da seine Vorteile immer deutlicher zutage treten, vor allem in Verbindung mit dem landwirtschaftlichen Anbau unter Treibhausbedingungen. Natürlich werden auch andere Branchen von diesen Veränderungen berührt werden, aber das einzuschätzen soll einem anderen Zeitpunkt vorbehalten sein.

Die Zukunft der Weltressourcen, einschließlich der so lebenswichtigen Posten Nahrung und Wasser, hängt von einer kooperierenden Welt ab, die bereit ist, ihren Nachbarn zu dienen und sie zu unterstützen, ebenso wie von einer Welt, die bereit ist, die Stärken und Schwächen eines jeden Naturreichs zu ehren. Vor allem die Bedeutung jeder einzelnen Spezies muss gesehen werden und der Dienst, den sie erweist. Die Hilfe und Unterstützung für eine oder mehrere Arten sollte die Auslöschung einer unerwünschten anderen ausgleichen.

Die fortlaufende Manipulation der Natur durch diejenigen, die so tun, als wäre sie in ihrem Besitz, darf so nicht weitergehen, ebenso wenig wie die gleichermaßen katastrophalen Bestrebungen derer, die das Eigentum anderer eher zerstören als schützen würden, weil sie nicht damit einverstanden sind, zu welchen Zwecken es aktuell verwendet wird. Der Ignoranz eine kooperierende Brüderlichkeit einzuflößen, wird auf der Welt die Saat für künftige Generationen ausbringen, die in Wort und Tat das Wohlergehen fördern – Modelle für eine Menschheit, die in Frieden und ohne Angst lebt.

Lauscht und achtet ohne Angst auf die Botschaft, die die Bienen Euch übermitteln. Auch andere Arten haben wichtige Botschaften für Euch. Hört genau hin, und sie werden sich Euch zu erkennen geben.

Gezähmte Naturreiche – ein künstlicher Blick auf die Natur

Ich interessiere mich besonders dafür, in welcher Beziehung Elemente und Naturreiche zueinander stehen. Schon länger befasse ich mich mit den Unterschieden, wie wir auf unser häusliches Umfeld reagieren und auf unsere äußere Umwelt. Ich schreibe darüber eine Diplomarbeit und bin sicher, dass Deine Antworten sich als sehr hilfreich erweisen werden.

Da hast Du ein interessantes Thema ausgewählt – etwas, das einem täglich begegnet und das meistens einfach als gegeben hingenommen wird. Über dieses Thema hat man natürlich auch schon anderenorts nachgedacht, aber es wird Dich vielleicht überraschen, dass es derzeit mehrere offiziell abgesegnete und finanziell gut ausgestattete Programme von Seiten der Regierungen vieler Länder gibt, die sich näher damit befassen.

Die Unsicherheiten rund um die äußere Umwelt und die äußeren Ressourcen der Erde erfordern alternative Planungen. Ein Problem bei den aktuellen Studien ist, dass die Herangehensweise an das Ganze von Missverständnissen und Misstrauen geprägt ist. Vielleicht wirst Du das beim Sammeln von Material, das Dir bei Deinen eigenen Recherchen helfen wird, berücksichtigen können. Vergiss nicht, Deine eigenen sorgsam ausgearbeiteten Erkenntnisse hinzuzufügen. Du wirst merken, dass eine neu aktivierte *intuitive* Region des Gehirns nun vielleicht hilfreicher sein wird als in der Vergangenheit. Sie kann für Euch jetzt und künftig eine wichtige Ressource sein.

Künstliche Lebensumfelder

Hat es in der neueren Erdgeschichte schon einmal eine Zeit gegeben, in der die Menschheit sich dafür entschied oder gezwungen war, in künstlich geschaffenen Umgebungen zu leben?

Natürlich würden Deine und meine Vorstellung von »neuerer Geschichte« sich unterscheiden. Aber die Antwort wäre die gleiche: Ja. Fast jede Umgebung ist künstlich geschaffen, so viel muss man verstehen. Bald wird sich die Unterscheidung zwischen Natürlichem und Künstlichem ändern, und sie wird umdefiniert werden. Die Wissenschaft hat bereits künstliche DNS-Muster hervorgebracht und zahlreiche Verwendungen für sie im Sinn. Sicher werden die Grenzen, die dieses Thema umreißen, noch weiter verschwimmen.

Die Erde bietet viele verschiedene Arten und Weisen an, wie Denken, beseelender Geist und Körper sich ausdrücken können. Wichtig ist, dass möglichst immer das Gleichgewicht zwischen diesen dreien aufrechterhalten wird. Die Übertreibung oder Vernachlässigung eines Aspekts im Verhältnis zu einem anderen kann viele Schwierigkeiten heraufbeschwören (und hat es bereits getan). Woher weißt Du, dass das, was Du heute als Deine äußere Umgebung betrachtest, in Wahrheit nicht in einer viel umfassenderen innerlichen Umgebung angesiedelt ist?

Natürlich ist das eine Kopfzerbrechen bereitende, zum Nachdenken anregende Frage, auf die Du die Antwort nicht kennen kannst. Das Wesentliche daran ist, dass Eure Umgebung so sicher, gefahrlos, weit oder real ist, wie Du sie als solche anerkennst.

Wenn ein lebenserhaltender Teil des Erdinneren dazu gebracht würde, so auszusehen wie Euer derzeitiges äußeres Umfeld, würdet Ihr dann wirklich den Unterschied bemerken? Und selbst wenn ja, würde die nächste Generation oder die nach ihr noch den Unterschied kennen?

So lief es vor langer Zeit, und so wird es wieder sein.

Während sich die Ereignisse auf der Erde weiter entfalten, werden experimentelle Kreise unter der Erde, auf der Erde sowie auf dem Mond und selbst auf dem fernen Mars gegründet werden. An welchem Punkt würde ein Erdenbürger ein Bürger des Mars werden, ein Marsianer? Die Antwort lautet: sobald die Umwelt und dieses Gemeinwesen sich aneinander anpassen, so dass das Denken, der Geist, der den Menschen beseelt, und der Körper das bestehende Band anerkennen. Beruhend darauf, dass dies anerkannt wird, wird sich der Körper akklimatisieren und physiologisch abgestimmt auf das, was für sein innerliches und äußerliches Umfeld gebraucht wird, schnell weiterentwickeln.

Innerhalb einiger weniger kurzer Generationen kann eine Umgebung, die zuvor toxisch war, recht gastlich werden. Ihr wärt überrascht, wenn Ihr wüsstet, wie schnell sich vor allem die Lunge anpassen kann. Denkt daran, dass selbst künstlich geschaffene Umgebungen aus dem gleichen bewussten »Stoff« gemacht sind wie jene, die als natürlich wahrgenommen werden. Von daher ist das Bewusstsein die *einzige* Realität, ebenso wie sie *jede* Möglichkeit ist.

Ausdrucksformen der Vegetation

Wird eine künstliche Pflanze, die neben eine echte gesetzt wird, anders reagieren, als wenn man sie in Gesellschaft anderer künstlicher Pflanzen setzt?

Das hängt vom relativen Bewusstsein der Umgebung ab, in der die Erfahrung stattfindet. Eine natürliche Pflanze weiß, dass sie echt ist, aber eine künstliche Pflanze weiß nicht, dass sie *nicht* echt ist. So nimmst Du beispielsweise doch an, dass Freunde und Angehörige von Dir die Entwicklung ihres Bewusstseins teilweise verschlafen, aber da würden sie nicht mit Dir übereinstimmen. Siehst Du? Der Schlüssel ist das Gewahrsein.

Künstliche Zimmerpflanzen sind nicht komplett künstlich, weil etwas oder jemand sie geschaffen hat, aber sie sind auch nicht lebendig – sie atmen nicht und sie geben keinen Sauerstoff an ihre Umgebung ab. Und dennoch tragen sie etwas zu der Umgebung bei, in die sie gesetzt werden. Sie erfüllen einen Zweck, und in einem geringen Umfang sind sie sich dieser Aufgabe bewusst. Setzt man eine künstliche Pflanze neben eine organisch gewachsene Zimmerpflanze, so kann es geschehen, dass die künstliche Pflanze molekular betrachtet an Dichte verliert. Zimmerpflanzen haben keine Gedanken, aber sie haben Bewusstsein. Künstliche Pflanzen haben nicht so viel Glück, und doch gibt es in allem eine innewohnende Intelligenz, die einen »Resonanzfaktor« aussendet.

Zimmerpflanzen nehmen das relative Bewusstsein der Haushaltsmitglieder an. Der Gesellschaft eines Fernsehers überlassen, wird eine Zimmerpflanze oft verholzen oder Wildwuchs zeigen, worauf ihre Eigentümerin oder ihr Eigentümer glaubt, sie hätte zu viel oder zu wenig Wasser oder Sonnenlicht abbekommen. Bleibt sie länger verschiedenen Klangmustern von Musik ausgesetzt, so kann es geschehen, dass ihre Blätter sich neu anordnen oder sogar die Farbe verändern. In einem Umfeld, in dem viel gestritten wird, wird die Pflanze vielleicht dick und lederig, und in einem deprimierten Umfeld kann es sein, dass die Blätter schlaff herabhängen oder sogar abfallen.

Wie Haustiere, die Gefährten des Menschen sind, sind auch Zimmerpflanzen Bestandteil des emotionalen »Körpers« einer Umgebung. Sie strahlen Güte und Mitgefühl aus und bereiten Schadstoffe wieder auf, aber es ist wichtig, nicht zu vergessen, dass sie nicht für die Aufrechterhaltung der Umgebung verantwortlich sind, in die sie gesetzt wurden. Sie gehören einer Umgebung freiwillig an; sie sind nicht an irgendjemanden oder irgendetwas gebunden, und sie haben ihre eigenen Methoden, ihrem Missfallen »Gehör« zu verschaffen.

Harmonische Gefährten

Stimmt es, dass Haustiere ihre Besitzer heilen und derart viel Negativität oder Krankheit aufnehmen können, dass sie unter Umständen krank werden und ihr eigenes Leben sich dadurch verkürzt? Und gilt das auch für Pflanzen oder Bäume?

Ja, das stimmt, aber es ist nicht so weit verbreitet, wie viele glauben mögen. Das Tier ist in erster Linie wild und erst in zweiter Linie domestiziert. Der Mensch ist in erster Linie domestiziert und erst in zweiter Linie wild. Domestizierte Tiere sind eine kleine Unterkategorie, die einer nicht domestizierten Familie angehören – sie sind nicht einfach nur Nachkömmlinge wild lebender Vorfahren. Fast jedes tierische Individuum kann zum Haustier werden, aber nicht jede Tierart lässt sich domestizieren. Der Unterschied liegt in der entsprechenden Untergruppe selbst, die man im weitesten Sinne mit einer Seelenfamilie vergleichen kann. Interessant ist es auch festzustellen, dass ein Unterschied zwischen domestiziertem Tier und Haustier besteht, ebenso wie es einen Unterschied zwischen einem Tier in freier Wildbahn gibt und einem, das zum menschlichen Verzehr gezüchtet wird, selbst wenn sie der gleichen Spezies angehören.

Ein Haustier kann Energie um- oder ablenken, die ansonsten auf seinen menschlichen Gefährten einwirken würde. Es geht dabei nicht um Heilung in dem Sinne, wie ihr sie derzeit versteht, aber das Ergebnis ist ähnlich.

Tiere sind hochgradig sensibel für Frequenzen und können sie voneinander unterscheiden. Dissonante Energien sind für sie so laut hörbar, dass es sie verstört, und oft finden sie es in ihrem eigenen Interesse, diese möglichst aus ihrem unmittelbaren Umfeld zu verbannen. Hunde können dies mitunter mit ihrem Gebell, wobei sie eine störende Frequenz oder Energie durch eine ersetzen, die eher nach ihrem Geschmack ist. Wenn Ihr das nächste Mal einen Hund erlebt, der scheinbar ins Leere bellt, beachtet, dass sein Tun vielleicht durchaus einen angemessenen Sinn hat. Ebenso mag eine Katze mit einem Satz auf ein scheinbares Nichts springen, und dennoch ist ziemlich deutlich, dass das, worauf sie sich gerade noch stürzte, sich danach in Luft aufgelöst hat.

Was das gerade erwähnte Treiben anbelangt, so könnten Haustiere auch destruktive Energien von ihren Besitzern ablenken, ehe diese konkrete Person sie in ihre Aura oder Matrix aufnimmt. Sie sind in der Lage, die Energie anderswohin zu lenken und durch eine Alternative zu ersetzen, die hoffentlich weniger aus dem Lot bringt. Je näher der Besitzer oder die Besitzerin dem tierischen Begleiter ist, desto einfacher und schneller ist diese Aufgabe bewältigt. Tiere, die in der Nähe ihres Besitzers schlafen dürfen, haben es da leichter. Eine chronische oder tödliche Krankheit ist schon schwerer zu behandeln. Ob ein tierischer Wegbegleiter in der Lage ist, seinen menschlichen Kompagnon zu heilen oder nicht, hängt von dem Band ab, das sie verbindet, und außerdem davon, wie kompatibel sie sind. Die Energie muss eine Resonanz oder einen *Anziehungspunkt* finden, an dem sie andocken kann, um das Gift sozusagen herauszuziehen. Wenn ein Tier sich allzu sehr an dem Gift andockt – etwa an Krebs –, kann es passieren, dass es sich nicht lange genug von ihm lösen kann, um seine eigene Harmonie wiederherzustellen. Die Besitzer sind sich oft gar nicht im Klaren über die Gaben, die ihre tierischen Gefährten in sich tragen, oder die Opfer, die sie bringen.

Eine Pflanze oder ein Baum hat eine andere Form von Dasein und ist auf eine andere Art Gefährte. Eine Zimmerpflanze oder ein Baum atmet ein, atmet aus, pausiert und beginnt dann mit dem nächsten Zyklus. Da diese Zyklen konstant sind, würdet Ihr nicht in der Lage sein, auch nur die leiseste Nuance zu erkennen, die darauf schließen lässt, dass eine Veränderung stattgefunden hat, aber in jeder Pause findet sich ein Moment der Einheit, des Einsseins. Die Pause ist der Erholungszyklus, und alles innerhalb des »Einflussbereichs« der Pflanze wird dabei erneuert. Nicht anders ist es bei Pflanzen und Bäumen im Außenbereich, weshalb die meisten Menschen buchstäblich wiederhergestellt werden, wenn sie sich in die Natur begeben. Einen Baum zu umarmen, mag nicht jedermanns Sache sein, aber sich in seiner Nähe niederzulassen, reicht aus, um großen Nutzen daraus zu ziehen.

Wiederherstellung durch Blumen

Wie steht es mit Blumen? Ist ihre Schwingung wirklich die höchste im gesamten Pflanzenreich?

Allgemein gesprochen ja, aber wir müssen vorsichtig mit solchen Aussagen sein. Generelle Aussagen verweisen auf eine Wahrheit, werden diese aber nicht voll und ganz untermauern können. Die tiefere Wahrheit ruht immer darin, der Beobachter oder Zeuge dieser Wahrheit zu werden. Der Beobachter ist kein Richter, noch ist er derjenige, von dem plausible Annahmen kommen. Vielmehr ist er derjenige, der das Mysterium in der Wahrheit oder im Offenbarten wahrnimmt. Deshalb könnt Ihr eine Offenbarung erleben, versteht aber vielleicht nicht die Offenbarung, die Eure Freundin oder Euer Freund Euch schildert.

Blumen gehörten einmal zu den höher entwickelten und bewussteren Arten auf der Erde. Es wird Euch vielleicht überraschen, wenn Ihr erfahrt, dass einige Sorten sogar die Lehrmeister der ersten Generationen von Lemuriern waren. Diese sehr intensiv wirkenden und intelligenten Exemplare von Blumen erinnerten die Menschen der Frühzeit daran, dass sie die Hüter der Erde sein sollten. Sie sprachen davon, wie wichtig es sei, seinen »Garten zu kultivieren«. Erinnert Ihr Euch? Die Blumen und Pflanzen mit der höchsten Schwingung sind jene, die von diesen mit einem Bewusstsein ausgestatteten Sorten abstammen. Mehr als alle anderen verstehen sie den Menschen, seine Bedürfnisse und seinen Weg.

Wir sagten zuvor, dass Pflanzen *wiederherstellen*. Hier, wo es um Blumen geht, werden wir sagen, dass sie helfen, *sich aufzufrischen*. Soll heißen, dass sie nähren, dass sie dafür sorgen, dass etwas wieder gut wird und dass sie das leidenschaftliche innere Interesse am Leben wieder entfachen. Deshalb wurden für bestimmte Parfums und Düfte schon immer so hohe Preise gezahlt. Die Lemurier, Eure frühesten mit einem Bewusstsein ausgestatteten Vorfahren, hatten dank der Gaben, mit denen ihre riesigen Lehrer unter den Blumen, die mitunter einen Durchmesser von gut zwei Metern aufwiesen, sie ausgestattet hatten, einen überaus gut entwickelten Geruchssinn. Die frühen Lemurier, die ziemlich achtlos sein konnten, wenn es um die Bindung an ihren physischen Körper ging, entfleuchten leicht aus ihrer physischen Umgebung. Die Blumenlehrer brachten ihnen bei, so zu atmen, dass die Fähigkeit der Seele aufgefrischt wurde, das Geistige in einem physischen Gefährt zu halten. Auch für die Erschaffung und Weiterentwicklung der physischen Lunge waren die Blumenlehrer verantwortlich, die bei diesem Prozess mithalfen.

Die wahre Geschichte dieser Blumenwesen ist in das Reich der Mythen und Sagen abgeglitten, wie es so vielen wunderbaren, heute aber ausgestorbenen Erfahrungen erging. Hier werden wir einfach sagen, dass das, was heutzutage als skurrile und kindlich anmutende Feenenergie gilt, einst die sehr kraftvolle und doch unschuldige Weisheit einer Urkraft war.

Wechselseitiges Bewusstsein

Sind die Naturreiche und die Elemente sich darüber im Klaren, dass die Menschheit sich Sorgen um fehlende Ressourcen wie Wasser und Öl macht? Bekommen sie die globale Erwärmung auf die gleiche Weise mit wie wir? Wenn nicht, gibt es etwas, was wir als Rasse uns entwickelnder Wesen tun können, um ihnen unsere Sorge bewusst zu machen?

Die anderen Naturreiche und Elemente sind nicht wirklich von Euch getrennt – es scheint nur so zu sein. Ebenso sind die zutage tretenden Probleme der Menschheit nicht real, aber sie scheinen es zwingend zu sein. Jedes Naturreich, Element, Atom und Teilchen und was dazwischen liegt ist von einem Bewusstsein dafür durchwirkt, dass die Evolution alles in einem Tempo beschleunigt, das nicht abzusehen war. Angst vor dem Unbekannten ist in den anderen Reichen des Daseins nicht ganz so vorherrschend, und deshalb würdet Ihr keine Reaktion auf die Veränderungen antreffen, die ähnlich ausfiele wie bei einem Großteil der Menschheit.

Natürlich versammeln sich die anderen Naturreiche auch nicht zu den Abendnachrichten vor dem Fernseher, und ebenso wenig weckt sie der Radiowecker mit einer morgendlichen Dosis an Trübsinn, was zumindest teilweise erklärt, worauf der Mensch seine Aufmerksamkeit lenkt.

Die Naturreiche und die Elemente sind, was sie sind, sie wissen, was sie wissen, und sie haben zum Leben eine Beziehung wie die, die das Leben zu ihnen hat: eine, die auf Wechselseitigkeit beruht. *Wechselseitigkeit* ist der Zustand oder Umstand, der allen Dingen und Beziehungen gleiche Vorteile und gegenseitigen Austausch zubilligt. Es mag der Menschheit nicht so vorkommen, als existierte auch sie in diesem Zustand, aber das kommt noch. Dieser Zustand nicht realisierten Bewusstseins drückt wortlos aus, dass alles gut ist, und sendet diese Botschaft auf der Schwingungsebene durch alle Seinsreiche, das des Menschen inbegriffen. Dieser friedvolle Ausdruck überlagert jedes Wissen um globale Erwärmung und jede Sorge um die Umwelt. Er erkennt jede Veränderung als die nächste Ausdrucksform oder Erfahrung an. Von außerhalb dieser Erlebniswelt mag es so wirken, als nähmen die anderen Seinsreiche keine Notiz vom Geschehen, aber das ist nicht der Fall.

Konkreter ausgedrückt ist es nicht etwa so, dass Öl, Wasser oder andere Ressourcen knapp wären. Es kommt zu einer Umverteilung von Kapital und Vermögen jeder Art, darunter auch Öl, Wasser und vieles andere. Außerdem gibt es neue und wesentliche Ressourcen, die nur darauf warten, entdeckt zu werden – und mit großer Wahrscheinlichkeit ausgeschöpft zu werden, zumindest eine Zeit lang. Die anderen Naturreiche kennen Mangel, doch das bleibt auf den Moment bezogen, ein Ausdruck des *Jetzt*. So wird ein ganz normales Eichhörnchen in diesem Winter beispielsweise nicht mehr Nüsse (Ressourcen) verstecken als im letzten.

Die nächsten paar Jahre werden für einige kreativ sein, und andere werden sie verfluchen. Wie immer hat man die Wahl. Es kommt eine Zeit, Euch selbst und Eure Welt zu erneuern. Die Polaritätslinie krümmt sich derzeit. Positiv und negativ befinden sich nicht mehr an entgegengesetzten Enden der Skala. Sie liegen nebeneinander, so wie Dunkelheit und Licht. Wenn Ihr Euch lange genug damit aufhalten möchtet, einen Ort namens Mangel aufzusuchen, nur zu, aber seht möglichst zu, dass Ihr dort nicht länger verweilt, denn es gibt viele weitere, erheblich wundervollere Orte zu erkunden.

Die Schweinegrippe und die Zukunft der Virusbiologie

Ich kann mir nicht helfen, aber ich stelle mir vor, dass das, was wir bislang über die Schweinegrippe, auch H1N1 genannt, wissen, vielleicht nicht stimmt. Kannst Du uns bitte etwas an relevanten Hintergrundinformationen zu diesem Virus geben?

Es ist kein neues Virus – vielmehr ist es sogar schon mehrere Millionen Jahre alt. In anderen Zeiten und bei anderen Gelegenheiten war es unter anderen Namen bekannt und zeigte leicht unterschiedliche Merkmale. Sein Wiederauftauchen zum jetzigen Zeitpunkt ist weder bemerkenswert noch überraschend angesichts der Belastung und des Drucks, unter denen alle organische Materie steht. Um dieses Virus zu verstehen, wäre es hilfreich, zu wissen, wie Viren ganz allgemein in Austausch mit dem Menschen und mit anderen Spezies treten und warum sie bei denen, die sich mit ihnen beschäftigen, so große Ängste wecken.

Zunächst einmal ist es wichtig, sich zu erinnern, dass der Zweck des Lebens das Leben selbst ist. Natürlich magst Du zudem auch spirituell auf der Suche sein, mit einem entwickelten Gewahrsein, einem erweiterten Bewusstsein, und vielleicht verfolgst du physisch und nichtphysisch auch noch andere Ziele. Aber der Sinn und Zweck aller geschaffenen Dinge und Wesen ist derjenige, zu leben. Um diesen Sinn und Zweck zu fördern, müssen alle Wesen sich weiterentwickeln, und eine der besten Möglichkeiten besteht darin, sich an so viele verschiedene Umfelder wie möglich anzupassen.

Alles Leben richtet sich nach den gleichen Gesetzen und gehorcht ihrem Regiment. Das Universelle Gesetz begünstigt nichts und niemanden, obwohl es mitunter – aufgrund begrenzter oder unvollständiger Wahrnehmungen – so wirken mag, als würde es eine Spezies einer anderen vorziehen. Beispielsweise könnte Euch die jähe und nahezu vollständige Ausrottung der Dinosaurierpopulation fälschlich dazu veranlassen, zu glauben, dass jeder Typ und jede Gattung dieser Tiere in Ungnade gefallen war, und zwar alle gleichzeitig.

Viren sind, einfach ausgedrückt, winzige Abschnitte zellularer DNS und RNS. Einige davon sind älter als jede Euch zugängliche Erinnerung, und einige sind sogar noch älter als meine eigenen Erinnerungen, da sie es vor längerer Zeit als selbst für mich nachvollziehbar von anderswoher auf die Erde geschafft haben. Die ältesten Viren auf der Erde (einschließlich derer, die derzeit als schlummernd gelten) sind mehrere Milliarden Jahre alt. Um die Verhältnisse in den rechten Blickwinkel zu rücken: Die jüngsten sind immer noch mehrere Millionen Jahre alt. Ganz nebenbei: Beachtet bitte, dass die Bezeichnung »Retrovirus« kein Verweis auf ein bestimmtes Alter ist, sondern dass es sich um einen Prozess handelt, bei dem der normale Informationsfluss innerhalb einer Zelle umgekehrt wird.

Viren können ebenso das genetische Material ihrer ursprünglichen Wirte in sich tragen wie das von jedem sonstigen ihnen bekannten Wirt, und sie sind clever genug, sich selbst immer wieder aufs Neue zu kopieren und neu zu erfinden. Die meisten bekannten Viren, vor allem solche, die das Menschen- und Tierreich infiziert haben, wurden durch Stechmücken und deren Vorfahren, von denen einige recht groß waren, auf ihren Wirt übertragen!

Um ein Virus zu entschlüsseln und zu entwaffnen, wäre es hilfreich, seine Vorgeschichte zu erfahren, seine kompletten Vorfahren inbegriffen. In Anbetracht ihres heutigen Wissenschaftsverständnisses verfügt die Menschheit noch nicht über diese Fähigkeit. Ein Virus infiziert einen Organismus nicht gezielt, um ihm zu schaden. Es tut das im Grunde nur – um zu überleben.

Viren gehören mit zu unserer Evolution

Viren können fast jede Art von Organismus infizieren und tun es auch. Bakterien bilden hier keine Ausnahme, ebenso wenig wie Pflanzen, Tiere oder Menschen. Viren sind Bestandteil der Evolution selbst, und einige Viren sind sogar ein zentraler Bestandteil eines bestimmten Genoms. Die meisten Viren sind gemein, ansteckend und verdienen es um jeden Preis, dass man ihnen aus dem Weg geht. Einige sind jedoch auch nützlich und haben ihre Wirte bereits an entscheidenden Punkten ihrer Entwicklung in ihrer Überlebensfähigkeit gestärkt. Ohne das Vorhandensein bestimmter Viren hätten sich gewisse Wale und Delfine nicht an die Ozeane der Erde anpassen können. Die Menschheit selbst hätte sich womöglich anders entwickelt, wäre sie nicht an spezifischen Wendepunkten »infiziert« worden.

Obwohl das Vorliegen einer neuen Virenkette kein Kennzeichen für eine evolutionäre Entwicklung ist, verweist es doch auf diese Möglichkeit, vor allem, wenn sie ebenso alte wie neue Informationen enthält. Mit anderen Worten, das Vermögen eines Virus, zu mutieren (sich weiterzuentwickeln), verweist darauf, dass auch sein Wirt dazu in der Lage ist. Ob es geschieht oder nicht, hängt davon ab, welche Beziehung zwischen dem Wirt und dem in ihn eingedrungenen Virus entstanden ist. Viele parasitäre Lebensformen haben sich im Laufe der Zeit recht gut angepasst und ihren Wirten sogar in vieler Hinsicht Vorteile beschert. Ihr werdet wohl nicht schlecht von Gaia denken, wenn sie auf einige Eurer eigenen Theorien verweist, die zu bedenken geben, dass die Menschheit, was ihre Beziehung zur Erde anbelangt, den »Virus-Lebensstil« perfektioniert hat. Die Beziehung zwischen Wirt und Gast ist wichtig, wenn es um Evolution geht, und sie ist uralt. Vielleicht sollte an dieser Stelle erwähnt werden, dass Viren schon oft für Phasen rasanter und bedeutsamer Veränderungen verantwortlich waren, vor allem bei komplexeren Arten von Organismen.

H1N1, die Schweinegrippe (wie sein aktueller Name lautet), ist ziemlich aufsässig für ein Virus. Würden wir ihm eine Persönlichkeit zuordnen, so könnten wir sagen, dass es störrisch ist, Widerstand gegen Autoritätspersonen an den Tag legt, schwer zu bändigen und zu kontrollieren ist und in seinem Aufbau keinen Regeln folgt. Diese Merkmale ängstigen und frustrieren diejenigen, die sich mit Viren befassen, ebenso wie alle, die ihre Aufgabe darin sehen, dieses Virus auszubremsen, ihm Einhalt zu gebieten oder ihm vorzubeugen. Es ist kein Virus, das seine Geheimnisse billig weitergibt oder einfach so verschachert. Seine Entschlüsselung wird selbst die hellsten Köpfe vor Herausforderungen stellen. Aber was Viren angeht, so ist diese spezielle Kette gar nicht der bösartige Killer, für den manche sie gehalten haben. Es gehört jedoch zur gleichen Familie, und in der nahen Zukunft der Menschheit lauert sein Vetter, der erheblich ansteckender und feindseliger ist.

Die Menschheit befindet sich in ihrer Evolution an einem Scheideweg. Davon war schon viele Male und auf viele unterschiedliche Weise die Rede. Die Menschheit steht bei diesem Bestreben nicht alleine da, denn sie teilt sich die Bühne der Evolution mit fast jeder Spezies auf der Erde. Eine oder mehrere Kräfte, natürliche und sonstige, wirken auf die Zusammensetzung jedes auf der Erde bekannten Elements ein, und es wäre unklug anzunehmen, dass das Leben in seiner heutigen Form weitergehen wird. Noch einmal: Der Sinn und Zweck allen Lebens ist es, zu leben – und es fällt unter den Zweck des Menschen, den Sinn des Lebens in allen Dingen und allen Momenten zu finden, ohne jede Ausnahme.

Die Schweinegrippe und die globale Gesellschaft

Hat das Virus wirklich epidemische Ausmaße angenommen? Hat es sich tatsächlich zur Pandemie entwickelt?

Wenn wir »Epidemie« einmal so definieren, dass es sich um die rasante, umfassende und unerwartete Ausbreitung einer Krankheit handelt, dann ja. Aber wenn wir von dieser Annahme ausgehen, würden auch Komplikationen in Verbindung mit einer gewöhnlichen Erkältung darunter fallen, ebenso wie andere Viren, die man derzeit nicht eingehender beobachtet. Bei einer Pandemie handelt es sich ja um dieselbe Epidemie, nur hat sie jetzt eine größere Population und geografische Ausbreitung erreicht. Angesichts dessen, dass viele Länder alarmiert und in den Prozess involviert waren, könnte man diesen Ausbruch als Pandemie bezeichnen, doch würde ich an dieser Stelle eine Warnflagge hochreißen wollen und die Vermutung äußern, dass es sich bei fast einem Drittel der Fälle, in denen H1N1 diagnostiziert wurde, um Fehldiagnosen handelte.

Und dass ein weiteres Drittel der Menschen ihren Zellen wahrscheinlich eingeredet hat, zu der neueren, exotischeren Krankheit zu mutieren.

Hatten die Quarantäne- und Vorbeugemaßnahmen, die von den diversen Stellen und Regierungen ins Leben gerufen wurden, auf die Weltbevölkerung eine positive oder eine negative Wirkung? In welchem Umfang hätte sich das Virus ohne diese Maßnahmen ausgebreitet?

Das Virus war so angelegt, dass man es schnell entdecken und in den Griff bekommen würde, ohne dass es sich vorher über große Entfernungen ausbreitete. Auch wenn Maßnahmen erfolgten, um das Virus zu isolieren, wurden sie nicht so durchgesetzt wie bei einer angeordneten Quarantäne. Die damit befassten Gesundheitsbehörden waren unsicher, was sie sagen oder tun sollten, und so waren die Regierungen, die von ihnen beraten wurden, gleichermaßen unsicher. Da wenig getan wurde, um eine weitere Verbreitung der ausgebrochenen Krankheit zu verhindern, könnte man das Ganze auch als kontrollierte Studie ansehen. Hätte man nichts gegen sie unternommen, so hätte sie nur lokal begrenzt von sich reden gemacht.

Nach allem, was ich hier zwischen den Zeilen herauslese, könnte man fast die Auffassung gewinnen, dass der Ausbruch nicht wirklich einer war?

Der Ausbruch war schon real, aber er war nicht weiter erwähnenswert. Frei erfunden war er nicht, aber zu bestimmten Zwecken eingesetzt. Künstliche Bedrohungen, ob real oder anderer Art, wirken oft nur *allzu* real. Es besteht nicht die Notwendigkeit, eine gewisse Sichtweise herbeizuführen. Das ist in Eurer Zeitlinie ein gängiges Vorkommnis.

Hat die übermäßige Medienbeteiligung den Informationsfluss unterstützt oder behindert? Wie vielen Fehlinformationen waren wir im Hinblick auf dieses Thema ausgesetzt?

In vielen Teilen der Erde, sogar in Ländern der Ersten Welt, könnte man die Medien als verlängerten Arm der Regierung sehen. Genau wie bei einer Großfamilie haben die Mitglieder untereinander Streit und stellen die schlechte Seite des jeweils anderen bloß, aber am Ende raufen sie sich als Familie wieder zusammen und sprechen doch wieder wie aus einem Mund, selbst wenn sie dabei ihre Unabhängigkeit und Individualität verkünden.

In dieser Angelegenheit sowie in anderen taten die Medien einfach das, was sie am besten können: ein Thema ausgiebig abzudecken, bis die Übersättigung das öffentliche Interesse woanders hinlenkt. Es spielt keine Rolle, ob die Übersättigung durch Informationen oder Fehlinformationen zustande kommt, denn das läuft gewissermaßen auf dasselbe hinaus.

Was können wir tun, um uns besser zu informieren, damit wir uns nicht von anderweitig kontrollierten Informationen oder Fehlinformationen abhängig machen müssen? Ist das Internet eine bessere Quelle? Die medizinische Fachwelt?

Gib einem Löwen nicht die Schuld, wenn er ein Zebra reißt. Er ist ein Jäger und muss fressen. Gebt auch nicht den Medien die Schuld daran, dass sie sind, was sie sind, und tun, was sie tun. Nachrichten sind eine Handelsware; sie sind ein Produkt. Die Medien bewerben die Produkte und Dienstleistungen ihrer

Werbekunden Euch gegenüber, und sie bieten auch ihre eigenen Produkte dazu an, damit Ihr Euch mit ihnen befasst. In beiden Fällen werdet Ihr dahingehend beeinflusst, etwas zu kaufen, aber die Entscheidung liegt dennoch bei Euch – kauft ihnen alles ab, kauft ihnen einiges ab oder kauft ihnen nichts ab.

In allen Dingen ist es am besten, Euch selbst zu kennen. Kennt Euch SELBST. Wisst, was Ihr seid und woraus Ihr besteht. Wisst, woraus Eure Zellen und Moleküle bestehen. Wenn Ihr in Bezug auf Euren Körper nach Intelligenz sucht, so fangt dort an. Werdet Euch der zellularen und molekularen Struktur des Körpers bewusst. Beschäftigt Euch mit der Beziehung zwischen Denken und Erfahren. Ein Moment reiner Intelligenz, von Euch selbst beeinflusst, ist ein ganzes Jahr Verdauen und Verarbeiten von Informationen wert. Eine gut organisierte, intelligente Struktur nährt und unterstützt jedes System Eures Körpers. Euer Körper unterliegt einer ganzen Bandbreite an Umwelteinflüssen und Umweltgiften, doch jenseits davon und in tieferen Schichten wohnt ein System von reiner und göttlicher Intelligenz, die seit einem Jahrtausend existiert und auch davor schon existiert hat. Beginnt, indem Ihr darauf vertraut.

Das Internet ist ein umfassender lebendiger Korpus von Informationen. Fehlinformationen sind in genau demselben Korpus anzutreffen. Das Wort »lebendiger« hat deshalb seine Berechtigung, weil ständig Material hinzugefügt, weggenommen, verändert und ausgetauscht wird, in Nachahmung des Atems. Es ist ein Organismus, der auf Grundlage dessen überlebt, was ihm zugeführt wird, ein nützliches Werkzeug für die Zeit, das sich als solches weiterentwickeln wird. Und irgendwann wird daraus etwas völlig anderes werden. Die gegenwärtige Form wird noch für eine Weile als eine Art Grundschullehrerin bestehen bleiben, später jedoch wird aus ihr ein Museum werden, das für Historiker, Archäologen und Forensiker unterhalten wird.

In medizinischen Kreisen wird man sich bald mit seinen eigenen Dilemmata konfrontiert sehen. Das sollte am besten vor der nächsten Krise auf diesem Gebiet geschehen, sonst wird die nächste, die ihr folgt, Euch keine Wahl mehr lassen. Diese lose Gemeinschaft halbgebildeter Fachleute hat noch viel zu lernen, wenn es darum geht, der Menschheit zu helfen, die vielen Klüfte zu überbrücken, die zur Evolution einer großartigen Spezies führen. Solange die Medizin weiterhin die biologische Intelligenz ignoriert, die den Körper hervorbringt und am Leben erhält, wird sie für eine sich schnell entwickelnde und mutierende Spezies nicht von großem Nutzen sein. Vielleicht ist Euch eine Beziehung zwischen der Zunahme an pharmazeutischen/chirurgischen Lösungen und der Abnahme der Gesundheit in fast jedem Segment der Bevölkerung bereits aufgefallen.

Füllt Euren Geist mit Intelligenz statt mit Informationen. Trefft Entscheidungen auf der Grundlage Eures erworbenen Wissens und Eurer Erfahrung. Vertraut einer Weisheit, die zeitlos ist. Erlaubt Eurer Fantasie, Euch mit Visionen einer nahen Zukunft zu faszinieren, die selbstheilend und selbstlehrend ist. Zu viele erwarten heute die schlimmsten Zeiten. Es ist noch immer möglich, die besten Zeiten zu erwarten und zu leben. Die Auseinandersetzung mit Worst-Case-Szenarien mag sie durchaus mit sich bringen. Es ist gut, bestens vorbereitet zu sein, aber noch besser ist es, das Gefäß für das Gute vorzubereiten.

Baut mit Euren Gedanken Gesundheit auf

Was gilt es sonst noch zu wissen, um uns vorzubereiten? Worauf bereiten wir uns vor?

Fangt mit dem Offensichtlichen an. Es ist gut, ein solides Dach über dem Kopf zu haben. Ebenso ist es gut, vernünftige Gedanken und beruhigende Worte zu haben, von denen Ihr Euch leiten lassen könnt. Wenn die Tagesnachrichten Euch verstören, reduziert ihren Einfluss auf Euren Tag. Ereignisse, die zum Wohlergehen der Menschheit beitragen, geben auch der Landschaft des Tages ihre Gestalt, aber sie werden oft zugunsten sensationeller Schlagzeilen übersehen. Ein weiterer wichtiger Schritt beim Bau eines Eigenheimes ist es, die Isolierung anzubringen. Ihr isoliert Euren Körper, indem Ihr ihn innerlich und äußerlich nährt.

Beginnt jeden Tag mit freundlichen Gedanken über Euch selbst und andere. Klingt diese Anregung zu banal? An jedem beliebigen Tag geht die Zahl der Zellen in Eurem Körper in die Billionen, deshalb wird jeder Gedanke und jedes Gefühl, das Ihr habt, nahezu 100 Billionen Mal multipliziert. Wie viele Gedanken meint Ihr an einem durchschnittlichen Tag haben zu können? Ein gut entwickelter Denkapparat ist in der Lage, mehr als 60.000 Gedanken pro Tag zu verarbeiten. Ein weniger gut entwickelter Denkapparat verarbeitet 10.000 bis 80.000 Gedanken am Tag, die meisten davon widersprüchliche und unvollständige Fragmente. Rund achtzig Prozent davon sind negative Gedanken über sich selbst, andere oder das Leben im Allgemeinen. Setzt man nun voraus, dass nur ein Bruchteil dieser Statistik stimmt, so kann man gefahrlos sagen, dass die eigenen Gedanken sich als ungeheuerlicher erweisen können als ein Grippevirus.

Zieht für einen Moment in Betracht, dass diejenigen, die sich die Schweinegrippe zugezogen haben, das vielleicht taten, weil ihre eigenen konditionierten Gedanken ihre Zellen beeinflussten (infizierten). Ein gewöhnlicher Schnupfen kann dahingehend beeinflusst werden, dass aus ihm eine Grippe wird, und auf ein Grippevirus kann so eingewirkt werden, dass es zu einer gefährlicheren Version von sich mutiert.

Gedanken sind entweder bösartig oder gutartig. Eure Gedanken über Euch selbst und die Welt, in der Ihr lebt, bauen jeden einzelnen Tag den menschlichen Körper, in dem Ihr lebt, auf und abermals auf. Wer ist der Hüter Eurer Burg? Wer hält Wache am Tor, um sicherzustellen, dass nur gesunde Gedanken, Gefühle, Beziehungen und Aktivitäten hereinkommen? Welches System habt Ihr eingerichtet für den Fall, dass Ihr dies vergesst und es Eurem Bewusstsein entgleitet?

Unterschätzt nicht die Rolle der Natur

Angenommen, wir beherzigen alles, was Du vorgeschlagen hast (and das tun wir), werden wir dann immun sein gegen die schädlicheren Auswirkungen dieses Virus und anderer Viren, oder müssen wir uns trotzdem impfen lassen?

Zu diesem Zeitpunkt gibt es kein spezifisches Heilmittel gegen die Grippe. Einige antivirale Arzneimittel können die Heftigkeit der Symptome lindern oder mindern, das aber nur in bescheidenem Rahmen. Am besten konzentrieren wir uns auf Möglichkeiten der Vorbeugung, die Eure körpereigene Abwehr verbessern.

Die Gesundheit des Körpers hängt ein Stück weit von der Stärke seines Immunsystems ab. Ein Grippeimpfstoff besteht aus verbrauchten Bruchstücken anderer Viren. *Antigene* (stimulierende Elemente) im Impfstoff regen das Immunsystem zur Produktion von Antikörpern (Eiweißmolekülen) an, um sich gegen ein Virus zu verteidigen. Ein Impfstoff mag gegen ein bestimmtes Grippevirus wirksam sein, nicht jedoch gegen sämtliche Grippeviren. Antikörper können viele Jahre lang schlummern und dann erwachen, wenn das sensibilisierte Immunsystem erkennt, dass das Virus in den Organismus gelangt ist, oder sie erwachen nie, wenn das Virus nicht eingeschleust wird.

Die meisten Spezies verfügen sowohl über angeborene (natürliche und unspezifische) als auch über adaptive (nach Eintritt reagierende) Systeme, die Widerstand gegen die Krankheit aufbauen. Angeborene Immunmechanismen verhindern das Eindringen und die Verbreitung von Bakterien, können es jedoch nicht komplett ausschließen. Die adaptive Immunität ist konkreter, erfordert aber das physische Vorliegen der Bakterien (Infektion). Derzeit in Entwicklung befindliche Impfstoffe sind dazu gedacht, beide Abwehrlinien in einem Maß zu verstärken, dass das Eindringen eines Virus sogar noch Jahre später eine unmittelbare Reaktion auf Seiten des Immunsystems hervorruft. Leider wurde bei Tests der *Gedächtnisinhalt* des ursprünglichen Virus nicht mit umgewandelt, was es dem Immunsystem erschwert, die schädliche Substanz zu erkennen und von anderen vorteilhaft wirkenden Bakterien zu trennen. In einigen Fällen kann der Impfstoff nicht zwischen den verschiedenen Viren unterscheiden. In anderen Fällen hatte das Immunsystem, nachdem der Impfstoff verabreicht worden war, Probleme, gute Bakterien von schlechten zu unterscheiden.

Die derzeit auf dem Markt befindlichen Impfstoffe sind allenfalls passabel und eignen sich nur zur Behandlung bekannter und vorhersehbarer Grippeviren. Wenig oder gar keine Unterstützung bieten sie allerdings im Hinblick auf neuere oder gefährlichere Viren. Die Nebenwirkungen aktueller Impfstoffe sind vergleichsweise wenig heftig, aber dennoch wird ein größerer Prozentsatz der Bevölkerung als vermutet eine nachteilige Reaktion auf Antigene haben, wenn sie in den Körper gelangen. In einigen Fällen kann es vorkommen, dass die Antigene die Produktion von Antikörpern überhaupt nicht ankurbeln und dass die Infektion ernsthafte Ausmaße annimmt. Es ist wichtig, dass so bald wie möglich Antikörper an Bakterien, Viren und andere Toxine gebunden werden, um sie inaktiv zu machen. Die heutigen Impfstoffe sind in der Lage, die Oberfläche der Bakterien zu schwächen, wodurch sie anfällig werden, aber wenn sie bei dem Prozess nicht vollständig neutralisiert werden, können sie als ein komplett anderes Virus wieder auftauchen.

Die meisten Spezies haben keine Antikörper gegen Substanzen, denen sie noch nie ausgesetzt waren, aber wenn ein Virus erst einmal eingeschleust wurde, ist die Spezies in der Lage, verschiedene Arten von Antikörpern zu produzieren, die zur molekularen Anordnung der meisten Fremdsubstanzen passen. Mit anderen Worten, der Körper kann dergestalt auf sich selbst einwirken, dass er eine Reaktion bei sich hervorruft, die wie eine Impfung wirkt, selbst wenn es um ein neues Virus geht. Der Mensch als Spezies kann das genauso, aber nur bis zu einem bestimmten Grad, weil ihn dann nicht mehr die Natur leitet.

Die Gedanken des Menschen über sich selbst, seine Lebensdauer und sein Vermögen, für den eigenen Körper zu sorgen, haben sich im Laufe der Zeit verändert – der Mensch ist dahinge-hend konditioniert worden, zu glauben, dass jemand, der medizi-nisch tätig ist und/oder eine bestimmte Fachrichtung vertritt, die Schlüssel zu seiner Gesundheit in der Hand hält.

Künstliche Gedanken rufen im Körper eine künstliche Reaktion hervor statt eine natürliche, was die gesamte Weltbevölkerung an-fälliger macht für Viren.

Ein kleines Stück Prävention

Ist das der Grund dafür, dass Viren mittlerweile in der Lage sind, die Gattungsgrenzen zu überspringen? Gibt es neben der Schweinegrippe und Vogelgrippe noch andere Viren, auf die wir uns gefasst machen sollten?

Arten, die eng miteinander verwandt sind und/oder eine beträcht-liche Menge ihrer DNS gemeinsam haben, unterliegen auch leicht gemeinsamen Viren oder Virusmutationen. Eng verwandte Arten weisen ähnliche Pathogene auf. Auch Arten, die in unmittelbarer Nähe voneinander leben, sogar entfernt verwandte Arten, können Kandidaten für eine Überschreitung der Schwelle zu einer an-deren Art sein, aber das dürfte nur selten Anlass zur Sorge sein. Tierische Grippeviren stellen gewöhnlich keine Bedrohung für den Menschen dar. Meist bleibt das Virus bei seiner Wirtsspezies, und selbst wenn es sich anpasst und einen Menschen infiziert, wird es nicht von Mensch zu Mensch übertragen.

Aber die Erde durchläuft gerade eine Zeit verstärkter Evolution, ein Zeitfenster, in dem große Veränderungen möglich sind. Ver-änderungen in der Polarität begünstigen Abweichungen innerhalb einer Spezies, und diese werden auf natürlichem Wege einige Arten stärken und andere schwächen.

Die meisten Grippearten verbringen mehrere Jahre im Inkuba-tionszyklus, bevor Symptome auftauchen. Der Grippeausbruch, den wir hier zum Anlass nehmen, enthielt mehr menschliches Virus als Anteile von Schweinegrippe, und deshalb war die Kombination nicht tödlich. In diesem Fall wurde das Schweinegrippenvirus auf den Menschen übertragen, und das menschliche Virus auf einen Teil der Schweinepopulation. Beide Viren existierten eine Zeit lang nebeneinanderher und teilten die Eigenschaften des jeweils anderen. Diese »genetische Neusortierung«, dieser Austausch genetischen Materials, ist gar nicht so ungewöhnlich und kein Grund zur Sorge. Es wäre hilfreich, wenn die Wissenschaft sich mit diesem Phänomen eingehender auseinandersetzen würden, da Hybridviren für das Immunsystem nicht so leicht zu entdecken sind oder es nicht so leicht mit ihnen umgehen kann. Viren, die vom Immunsystem nicht ohne Weiteres zu entdecken sind, mutieren schneller und pflanzen sich auch in Populationen viel schneller fort, wodurch die Infektionsrate und Sterblichkeitsrate exponenziell ansteigen. Deshalb ist es wichtig, das Immunsystem durch jede geeignete Methode zu stärken.

Sind Homöopathie und andere präventive Therapien hilfreich?

Ursprünglich baute die Homöopathie darauf auf, die Ursache von Krankheiten aufzuspüren und sie durch Steigerung der Selbstheilungskräfte des Patienten zu behandeln. Zu einem homöopathischen Behandlungsplan gehörten gesunde Ernährung, Bewegung, frische Luft und minimale Gaben an Medikamenten. Heute ist die Homöopathie selten das einzige angewandte Verfahren, sondern wird oft mit anderen Heilmethoden kombiniert oder ergänzend zu klinischer oder herkömmlicher Medizin eingesetzt.

Viele homöopathische Mittel sind bei der Virusbehandlung nützlich, aber da sie dem Körper oft in winzigsten Mengen zugeführt werden, kann ihre Wirkung einigermaßen subtil sein. Homöopathie ist dann am nützlichsten, wenn die Ursache der Beschwerden bekannt ist; die betreffenden Viren werden diese Information nicht gleich preisgeben, und mitunter werden sie nicht einmal nach einer eingehenden Untersuchung deutlich. Am besten ist es, gut informiert zu sein und homöopathische Mittel behutsam einzusetzen.

Die meisten Grippeviren lassen sich mit einem Anteil an ultraviolettem Sonnenlicht zerstören. Selbst trockene Luft sorgt dafür, dass ein Virus nicht mehr infektiös ist. Eine weitere Alternative sind Seife und heißes Wasser. Sind das Therapien, oder ist das gesunder Menschenverstand? Auch Licht- und Klangtherapie sind hilfreich, um das Immunsystem zu stärken. Am besten bewahrt man sich die Gesundheit im jeweiligen Moment, statt dann eingreifen zu müssen, wenn das Kind schon in den Brunnen gefallen ist.

Viren und die Zukunft der Technologie

Würde man künstliche, vom Menschen erzeugte Viren genauso behandeln?

Das ist ein Thema, auf das hier nicht angemessen eingegangen werden kann. Um aber einen klaren Unterschied zu machen: Ein von Menschen erzeugtes Virus ist ein Produkt menschlicher Bestrebungen – gewöhnlich handelt es sich um einen Versuch, die Natur nachzuahmen oder zu kopieren. Das wachsende Misstrauen des Menschen gegenüber genau den Systemen, die er selbst erfand, hat zu einer anderen Art von Epidemie geführt, einem systemischen Virus, das hausgemacht (vom Menschen hervorgebracht) ist und das schließlich zu einem recht überraschenden Ergebnis führen wird. Das liegt einige Jahre weit in Eurer Zukunft, und die Auswirkungen auf den Menschen sind noch nicht strukturiert oder linear. Es ist ein Thema, das man besser den Generationen überlässt, die strategisch wichtig sein werden für das, was das Leben der Menschen in ihrer Zeit ausmacht.

Es zirkulieren heute bereits Viren von Menschenhand, und weitere werden folgen. Diejenigen, deren Arbeit aktuelle wissenschaftliche Grenzen sprengt, kommen nicht umhin, alles auszureizen, um auf Neuland zu stoßen. Selbst wenn einiges an der Arbeit als finstere Machenschaften betrachtet werden könnte, gilt das nicht für alles. Ob es einem gefällt oder nicht – das Interesse der Menschheit an Technologie hat zu einer ganzen Palette virtueller Szenarien geführt, von denen viele auch synthetische Materialien, Situationen und Wesen enthalten. Synthetisches Material wird im Körper verwendet, um defektes Naturmaterial zu ersetzen oder zu unterstützen, und Xenotransplantate werden immer mehr zum Alltag.

Wenn synthetische Artikel hergestellt werden, die Natürliches nachahmen sollen, so wird zumindest ein Teil davon genau dazu. Deshalb gilt es, sehr vorsichtig zu sein, vor allem in Zeiten evolutionärer Bedrängnis. Evolutionäres Wachstum beinhaltet auch Selektion, und Selektion umfasst auch Mutation. Das, was sich auf natürlichem Weg nicht weiterentwickeln kann, wird es auf unnatürlichem Weg tun, wenn der Schlüssel das Überleben ist. Die natürliche Auslese sorgt dafür, dass Mutationen die Fähigkeit eines Virus erhöhen, zu überleben und sich in der nächsten Generation in größerer Zahl fortzupflanzen.

Mutationen sind in der Evolution notwendig, da sie für die genetische Vielfalt sorgen, auf der die Auslese beruht. Ein anderes Wort für »virale Evolution« lautet *Antigenshift* – nicht zu verwechseln mit dem *Antigendrift*, zu dem es langsam und ohne eine notwendigerweise stattfindende Veränderung in den Genverbänden kommt. Die Wissenschaft hinter diesen Mutationseffekten mag für Laien nicht sonderlich interessant sein, die Konsequenzen sind es aber durchaus. Das mittlere Alter, in dem mutierende Viren angreifen, liegt zwischen 25 und 28 Jahren. Zu den Symptomen gehören psychische wie auch sensorische Probleme, schlechte Muskelkoordination, mentale Verwirrung, Lethargie und Depressionen. Auch die Fortpflanzungsorgane können über kurz oder lang betroffen sein. Die Wirkungskraft des individuellen Immunsystems wird darüber entscheiden, wie lange eine Attacke andauert, aber ein Dreizehn-Monats-Zyklus würde nicht als extrem betrachtet werden.

Haben wir es mit einer Verschwörung im Hintergrund zu tun? Teilweise, aber das ist ein allzu einfacher Schluss, und dann bliebe nur noch wenig Raum für persönliche Verantwortung. Es werden deutlichere Hinweise offenbart werden, wenn man die umfassenderen Wirkungen von Nanomaterialien besser versteht. *Nanoma-terialien* sind Verbindungen, die synthetisch gewonnen werden und einer Substanz ähneln sollen, die von Natur aus im Körper vorkommt. Biomimetische Roboter, die nächste Generation in der biologisch inspirierten Neuro- und Nanotechnologie, werden eine wichtige Rolle bei der Ausrottung einiger Viren spielen – mit dem unbeabsichtigten Effekt der Einführung neuer Viren. Derzeitige Untersuchungen richten sich darauf, eine ganz neue Klasse von Robotern zu entwickeln, bei denen man sich von der Biologie inspirieren lässt und die in unstrukturierten Umgebungen leistungsfähiger sind als die Natur.

Es wird zunehmend schwierig werden, zu untersuchen oder mit einer gewissen Sicherheit zu sagen, woher ein Virus ursprünglich gekommen ist. Die Wissenschaft kennt das Reverse Engineering, bei dem fertige Produkte wieder in ihre Bestandteile zerlegt werden, um durch den Nachbau die Weiterentwicklung zu ermöglichen – dieses Reverse Engineering wird bis zu einem gewissen Grad hilfreich sein. Es wird dort ansetzen, wo das Virus unmittelbar vor seiner neuesten Mutation anzutreffen war.

Viren haben ihre eigenen Spionagenetzwerke und kommunizieren mit Euch in einem gemeinsamen Umfeld und mit den entsprechenden Sprachübersetzungsprotokollen. Unter optimalen Bedingungen wird das Virus Dir verraten, wohin es als Nächstes geht. Die Sprache und Wissenschaft der Virusevolution sind wichtig, und sich mit ihnen zu befassen, wäre zu diesem Zeitpunkt für die heutige Menschheit und für jene, die der gegenwärtigen Biologie nachfolgen werden, von höchstem Wert.

Evolution kontra Schöpfung – immer wieder für eine Kontroverse gut

Neulich begingen wir den zweihundertsten Geburtstag des britischen Naturforschers Charles Darwin, der vor allem für seine Evolutionstheorie bekannt ist. Warum gibt es noch immer so viele Kontroversen zu diesem Thema?

Die Kontroverse wird andauern, bis der Ursprung des Menschen keine Theorie mehr ist, sondern anerkannte Wahrheit. Um diese Wahrheit herauszufinden, muss die Menschheit weiter in ihre Vergangenheit zurückgehen, als das bisher der Fall war, und dazu heißt es zunächst einmal, Erinnerungen an ihre eher kosmischen Ahnen wiederherzustellen.

Wo sind diese Erinnerungen gespeichert? Sagen wir, in Ermangelung eines besseren Wortes, in einer Zeitkapsel. Im menschlichen Geist gibt es einen Bereich, der Zugang zu größeren oder umfassenderen Wahrheiten hat. Dieser Bereich beginnt dort, wo der geringere Bereich endet, und um diese Wahrheiten zu entdecken, muss der Mensch die Anstrengung unternehmen, die Muschelschale der Dunkelheit zu durchdringen, die diese beiden Bereiche trennt. Er muss sich bemühen, die Dualitäten auszusöhnen, die den Rahmen für seine derzeitige Existenz vorgeben. Solange der Mensch in der Dualität beheimatet ist, werden seine Vergangenheit und seine Zukunft undurchsichtig sein und im Dunkeln liegen.

Die Menschheit entwickelte sich aus einem chaotischen Sturm der Kreativität heraus, und während sich diese Schöpfung weiterentwickelte, wurde sie sogar noch kreativer. Der nächste verheerende Sturm erfand die menschliche Gestalt neu und der darauffolgende Sturm inspirierte den menschlichen Geist. Jeder dieser kosmischen Stürme schuf neue Möglichkeiten, und jeder bekam die Gelegenheit, sich zu entwickeln und sich als Form wie auch als Formlosigkeit Ausdruck zu verschaffen.

Euer Erbe ist reicher und vielfältiger, als es sich selbst die fantasievollsten Geister bislang vergegenwärtigt haben.

Wahlmöglichkeiten sind der Sinn des Lebens

Erschwert wird das Problem »Schöpfung kontra Evolution« noch zusätzlich dadurch, dass der Mensch sich übermäßig mit seiner menschlichen Gestalt identifiziert. Ohne ein solideres Wissen über Eure himmlische Vergangenheit und mit nur einer skizzenhaften Beschreibung Eurer Entwicklung anderswo seid Ihr dazu gelangt, zu glauben, dass die Form, die Ihr als Menschen angenommen habt, und die Inkarnationen, die diese eingegangen sind, dem entspricht, *wer* und *was* ihr seid. Das ist einfach nicht der Fall.

Der menschliche Körper ist wunderbar angelegt, gut entwickelt und zu weiterer Entwicklung in der Lage. Meisterhafte Genetiker, die das Privileg genossen, sowohl mit Voraussicht als auch mit entsprechender nachträglicher Einsicht ausgestattet zu sein, arbeiteten die menschliche Gestalt aus und versahen sie mit verschlüsselten Informationen, damit sie den Gesetzen der Natur entsprechen möge. Das heißt, dass für den Fall, dass die Erde damit fortfährt, eine neue Version der Natur zur Entfaltung zu bringen, mit der menschlichen Seinsform dasselbe geschieht.

Derzeit durchlaufen mehrere Organe des menschlichen Körpers auf winzigen, aber wichtigen Ebenen der DNS-Sequenz Veränderungen. Diese Veränderungen haben sich selbst aktiviert und sind so angelegt, dass sie jene Veränderungen ergänzen und spiegeln, die auf und in der Erde stattfinden. Andere Veränderungen mögen nicht so vorteilhaft sein, vor allem wenn der Mensch nicht das Recht auf seine Existenz für sich beansprucht. Einfach ausgedrückt: Alles, was lebt, muss sich auch dafür entscheiden, zu leben – das verleiht dem Leben seinen Sinn.

Ohne diese Entscheidung wird das Leben hohl und sinnlos. Wenn es weniger Hochachtung und Respekt vor dem Leben gibt, besteht für das Wesen (Dich) und seinen Wirtskörper (mich) die Gefahr, dass die Fasern und Fäden, die das gesamte Leben miteinander verbinden, ausfransen und durchscheuern. Aus diesem Grund hat die Menschheit Werkzeuge an die Hand bekommen, um ihre Bewusstseinsentwicklung voranzutreiben und ihre eigene souveräne Entwicklung zu fördern.

Die Erde hat immer eigene Lebensformen hervorgebracht und war bei ihrer Evolution behilflich. Sie begrüßte auch die Anpassung von Lebensformen, deren Ursprung anderenorts lag, und half dabei. Schöpfung (anderswo wie auch hier), Evolution und Anpassung haben im Hinblick auf den Menschen alle gleichermaßen eine Rolle gespielt. Irrglauben, nur halb niedergeschriebene Wahrheiten und Fehlinterpretationen mündeten in viele Theorien hinsichtlich Eurer Herkunft, einschließlich der folgenden:

- Ihr wurdet vor langer Zeit von einer höher entwickelten Rasse ohne viel Federlesens hier ausgesetzt.
- Ihr habt Euch als Produkt der natürlichen Selektion der Arten, die einander ablösen, aus affenartigen Geschöpfen entwickelt.
- Auf einen Fanfarenstoß von Engeln und höheren Wesen hin seid Ihr auf die dreidimensionale Erde herabgestiegen, um zu lehren, zu heilen und wiederherzustellen.
- Ihr wurdet hier auf der Erde aus Urmaterial geschaffen, das bereits vorhanden war, um den unersättlichen Begierden einer höher entwickelten, aber kriegerischen Rasse zu dienen.
- Ihr seid Abtrünnige und Flüchtlinge eines anderen Planeten, der wegen falschem Management von Ressourcen und zu vieler heimlicher Pläne, die niederen Schwingungen zuzuordnen waren, im Weltraum explodiert ist. Ohne Erinnerungen und ohne Bewusstsein gerietet Ihr nahe genug an das Schwerkraftfeld der Erde, um in dieses Feld hineingezogen und in einem Netz gefangen zu werden, zu dem ein Kreisen im Rad von Geburt und Wiedergeburt gehört.

- Ihr seid Engel, höhere Wesen und interdimensionale Meister, die auf die Erde herabgestiegen sind, um sich durch den Weg des Dienstes an anderen einen höheren Grad des Aufstiegs zu verdienen.
- Und so weiter und so fort mit vielem, was hier nicht näher ausgeführt wird.

In all diesen Theorien steckt ein Körnchen Wahrheit, aber keine von ihnen ist vollständig angesichts des Juwels von Leben, das Ihr wirklich seid.

Wann wird die Menschheit den Reichtum dieser größeren Wahrheiten für sich entdecken? Wenn die alten endlich als ungültig und überholt erkannt werden. Damit das geschieht, muss der Mensch bereit sein, geringere Wahrheiten, die heute als Tatsachen akzeptiert sind, zu verwerfen und neu zu schreiben. Das umfasst auch einiges von dem, was in religiösen Schriften geschrieben steht, sowie einiges von dem, was die Wissenschaft als Fakt verkauft hat. Es wird nicht so sehr ein Kompromiss benötigt als vielmehr eine erweiterte Wahrheit, hervorgegangen aus einem völlig neuen Paradigma. In den sich hartnäckig haltenden älteren und geringeren Wahrheiten liegt die Herausforderung für die Zukunft.

Die Wahrheit liegt im ursprünglichen Gedanken des Göttlichen

Warum verkünden Gaia und/oder andere kenntnisreiche Wesen dieses Wissen nicht einfach als offensichtliche Wahrheit?

Eine erhebliche Sammlung an Belegen dafür gibt es bereits. Sie verbergen sich in dem, was sich klar vor uns zeigt und für fast alle sichtbar ist. Auf den einfachsten Nenner gebracht, wünscht die Menschheit ihr Erbe oder ihre Geschichte noch nicht für sich zu beanspruchen, denn wenn und sobald sie das tut, wird das aktuelle

Paradigma ein jähes Ende finden. Aber es existieren kosmische Marker, die angemessene und rechtzeitige Abfolgen für das Öffnen und Schließen von Ären und Zeitaltern setzen.

Wie Ihr Euch vorstellen könnt, steht Ihr bereits vor dem Tor, und bald werdet Ihr im Innenhof sein und an der Tür anklopfen. Es gibt Propheten unter Euch, die wenig Wahrscheinliches zu sagen haben. Einige sind fest entschlossen, die Prophezeiungen ihrer Ahnen aufrechtzuerhalten, andere sind fest entschlossen, sie auseinanderzunehmen. Das Experiment rund um den Menschen wird es möglich machen, dass diese Erfahrungen nebeneinander existieren. Die Dualität vermag keinen Sieger auszuwählen – sie kann sich einer Sache nur entgegenstellen und ihr Gegenteil offenbaren.

Zwischen Schichten niederer Wahrheiten und überholter Fakten weist ein schwacher Hoffnungsschimmer den Weg zu einer größeren Wahrheit. Dieses Licht ist allgerichtet und alldimensional, was bedeutet, dass der nächste Schritt im Entdeckungsprozess ebenso in der Gegenwart wie in der Vergangenheit anzutreffen ist, auf der Erde und in den höheren Himmeln. Falsche Hoffnung umhüllt und schützt größere Saatkörner der Wahrheit, und deshalb wirken selbst falsche Propheten inspirierend und helfen den Schwachen, im Angesicht der Ungewissheit Ja zum Glauben zu sagen.

Wie und wann werdet Ihr endlich die wirkliche Wahrheit erkennen? Ihr werdet sie in Eurem Inneren erkennen, bevor sie äußerlich bestätigt wird. Innere Wahrheiten sind aus einem feineren und natürlicheren Stoff gemacht als äußere Wahrheiten, sie entspringen dem Nichts und haben keinen Grund. Die geistige Welt wird Dich nicht anschreien: »Wach AUF!« Vielmehr wird diese Kraft Dir liebevoll etwas zuflüstern, und das mit beruhigenden Gesten, die Dich dazu bringen werden, tiefer zu blicken und weiter zu graben. Bei späteren Generationen werden diese Wahrheiten bereits in das Muster des Lebens eingewoben sein, und die Natur wird darüber entscheiden, in welchem Tempo sie Gestalt annehmen.

Wir werden diese Kontroverse mit dem hier Geschriebenen nicht beilegen, aber vielleicht können wir sie irgendwo bequem in Reichweite stellen – nahe genug, dass sie zugänglich ist für jene, die auf der Suche sind und nach ferneren Ufern streben. Wenn Ihr Euch entscheidet, diesen Teil Eures Geistes aktiv einzubeziehen, werdet Ihr Zugang zu dieser Wahrheit und zu anderen haben, die mehr als der Mühe wert sind.

Leert Euer lineares Denken von so viel, wie Ihr könnt, und bringt Eure niederen Gedanken dazu, wo immer möglich nachzugeben, damit Ihr nicht etwa von ihnen gefangen oder verpflichtet seid, ihnen zu gehorchen. Lasst sie einen anderen Meister finden. Löst Euch aus der Polarisierung durch jegliche Wahrheiten. Schaut Euch an, welche Vorzüge sie jeweils haben, ohne sie zu unterschreiben.

Die Wahrheit liegt nicht ganz links oder ganz rechts vom Zentrum oder im Zentrum selbst. Die Wahrheit liegt im ursprünglichen Gedanken des Göttlichen, aus dem später der Mensch wurde.

Wenn Ihr die Grenzen auflöst, die Euch von diesem Verständnis trennen, werdet Ihr nicht nur wissen, *wer* Ihr seid, sondern auch, *was* Ihr seid. Betretet das Reich des originellen und kreativen Denkens, das in jedem und allen von Euch anzutreffen ist, und Ihr werdet Antworten auf diese und viele weitere Fragen finden. Es ist so leicht, wie Ihr es Euch vorstellt, und so schwierig, wie Ihr denkt. Opfert deshalb in dieser (und vieler anderer) Hinsicht Eure Gedanken Eurer Fantasie, die ein fruchtbarerer Boden ist.

Teil drei

Die Beschleunigung
der Evolution

Das Zeitalter der Menschheit

Jedes Zeitalter hat, wie jede Person, eine Geschichte der Transformation zu erzählen. Am Ende erkennt und erinnert man sich an ein Zeitalter wegen der Eigenschaften, durch die seine Entwicklung und seine Menschen sich beschreiben lassen, sowie aufgrund des Geistes der Transformation, der es von Anfang bis Ende begleitet hat. Es dauert rund eintausend Jahre, bis ein Zeitalter sich im Formhaften wie im Formlosen herausschält und so eine Architektur schafft, nach der sich die kollektive Seele des Zeitalters entfaltet. Die nächsten vielleicht tausend Jahre werden in der Regel damit zugebracht, die Kunst, Wissenschaft und Kultur seines kollektiven Geistes zu entwickeln - dessen, was den noch unausgesprochenen Namen des Zeitalters selbst lebt und atmet.

Die Geschichte eines Zeitalters wird von seinen Menschen und von den Erfahrungen geschrieben, zu denen sie einladen. Und jedem Menschen wird, beruhend auf der Entwicklung seiner eigenen Seele innerhalb dieses Zeitalters, die Urheberschaft an ihm zugeschrieben. So sammelt beispielsweise eine Seele mit vielen zweckgerichteten Inkarnationen innerhalb eines bestimmten Zeitalters größeres Wissen im Hinblick auf die Art von Transformation, die dieses Zeitalter zu bieten hat. Wie jede Seele sich positioniert, um den Nutzen aus dem Dargebotenen zu ziehen, spielt sich auf der individuellen Ebene ab, und wie immer gibt es diesbezüglich unendliche Führung.

In dieser Zeit spielt sich Euer Erleben ab

Der einzelne Mensch kennt sich nicht auf jedem Gebiet gleichermaßen aus, und ebenso ergeht es den Seelen hinsichtlich der Weisheit, die jedes Zeitalter eröffnet. Eure eigenen Erinnerungen werden diese Worte untermauern, ebenso wie Eure Zustimmung zu den historischen Errungenschaften jedes Zeitalters oder deren Ablehnung. Die Erfahrung wird immer dann in die Seele eingeschrieben, wenn der Geist des Gewahrseins einem Moment Leben einhaucht, aber die Anwartschaft auf die Geschichte – ebenso wie die Kunst – haben jene, die letztlich die subjektive Arbeit verrichten.

Aufgrund dieses spirituellen Phänomens könnt Ihr Euch nicht richtig an die wahre Bedeutung des Zeitalters von Atlantis, des Zeitalters von Lemurien oder an viele der anderen transformativen Glanzleistungen erinnern, die dem kollektiven Zeitalter der Menschheit zugeschrieben werden. So erinnert Ihr Euch beispielsweise an Atlantis als das Zeitalter, in dem der technologisch orientierte Mensch dem Intellekt erlag und seinen eigenen Niedergang herbeiführte. Ihr erinnert Euch an Lemurien als das Zeitalter, in dem der physische/nichtphysische Mensch in Einklang mit der Natur lebte. Diese Beschreibungen treffen zwar zu, aber sie definieren nicht das Zeitalter oder die Menschheit, die diese Beschreibungen für das jeweilige Zeitalter leistete.

Das Zeitalter der Menschheit ist die kollektive Zeitspanne, in der die geistige Welt sich in der menschlichen Erfahrung und durch diese ausgedrückt hat. Es umspannt viele, viele Zeitalter, wie Ihr Euch vielleicht vorstellen könnt, und durch jedes Zeitalter hindurch hat die Menschheit ihre eigene kollektive und individuelle Geschichte weiterentfaltet. Gegen Ende eines jeden Zeitalters beginnen die individuellen Geschichten jeweils irgendwie zusammenzulaufen, als müsse die kollektive Seele der Menschheit sich einig sein über das, was in den verbleibenden Kapiteln des derzeitigen Zeitalters stehen wird. Und da Anfänge und Enden ein Stück weit miteinander in Verbindung stehen, wird für diejenigen, die bereits begonnen haben, eine Geschichte zu erzählen, indem sie sie leben, schon fast der Vorabend der nächsten wahrnehmbar.

Dieses Zeitalter – das, in dem sich Euer Erleben derzeit abspielt – nähert sich nun seinem Abschluss – aber seine Geschichte ist noch unfertig. Bildlich gesprochen könnte man die Geschichte der Menschheit in diesem Zeitalter als einen Fortsetzungsroman bezeichnen, der immer an der spannendsten Stelle abbricht und bei dem man neckischerweise erst ganz am Schluss erfährt, wie er ausgeht. Da in diesem Fall Autor und Leser ein und dieselbe Person sind, brennen beide darauf, herauszufinden, was als Nächstes geschehen wird, wobei der Moment spannungsreich und die Situation aufregend ist. Seinem Wesen nach dramatisch, ist der Erdenmensch noch recht jung, gemessen an diesem Sonnensystem, und noch jünger, misst man ihn an den Himmelskörpern der entfernteren Ränder der Galaxis.

Die letzten Kapitel dieses Zeitalters werden durch Eure Ressourcen und Eure Fähigkeit, sie für Euch nutzbar zu machen, geschrieben werden. Ihr werdet Eure Entschlossenheit auf den Prüfstand setzen, physisch wie auch nichtphysisch. Ihr werdet auf den meisten Gebieten des Lebens die Chance haben, Euren Mut zu überprüfen und zu entwickeln, Euren Willen und Euren Esprit. Ihr werdet mehr von Euch selbst und voneinander verlangen, als Ihr bislang zu geben bereit wart, weil es am Ende eines Zeitalters immer mehr zu geben gibt als zu jeder anderen Zeit. Ressourcen, von denen sich zuvor niemand träumen ließ, stehen Euch zur Verfügung, weil Ihr sie Euch bald als möglich statt als unmöglich vorstellen werdet. Wenn diese zutage treten, werdet Ihr Euch selbst viel eingehender kennen lernen als heute.

Es ist wichtig, dass Ihr die Zukunft als grenzenlos seht und als unbegrenzt verfügbar für Euch, denn wo Ihr sie als begrenzt seht, wird sie dies werden. Selbst Unbegrenztheit lässt sich in unterschiedlichen Graden, Größenordnungen oder Kategorien ausdrücken.

Das Universum ist nach Sequenzen geordnet, die sich mathematisch durch Zahlen ausdrücken lassen. Ganze Zahlen können positiv, negativ und neutral sein, aber natürlicher ist es für eine Zahl, in ihrer positiven Form ausgedrückt zu werden. Das Gleiche gilt für die Erfahrung. Die Menschheit ist zwar in der Lage, sich selbst auf die negativste ihr mögliche Weise auszudrücken, natürlicher und kreativer ist es aber für sie, sich von ihrer positiveren Seite auszudrücken. Das in Zahlen gefasste Universum lässt sich rational durch Quotienten und irrational durch Zahlen wie Pi und die Quadratwurzel von zwei ausdrücken – durch die *goldenen Zahlen* wie Pi und die Quadratwurzel von zwei.

Der Goldene Schnitt, an dem vieles in der Natur sich orientiert, ist nach mathematischer Definition irrational, doch hängt Eure Zukunft von ihm ab.

Das Licht wird die Sprache definieren

Da das Licht alles definiert, wird es bald auch die Sprache definieren. Derzeit entwickeln sich komplett neue Sprachen, einige von ihnen telepathischer Natur, einige dimensional oder nichtlinear, was vorher zumindest für recht unwahrscheinlich gehalten wurde. Der Geist des Menschen ist begrenzt, aber die Gedanken, über die er nachsinnen kann, sind unbegrenzt – das werden einige Eurer neuen Sprachen Euch lehren.

Die neuen Sprachen werden auf einem wissenschaftlichen Modell eines »ganzheitlichen denkenden Geistes« oder eines Denkens beruhen, das davon ausgeht, dass negative und positive Gedanken beide einer Herkunft sind, bis durch die dritte Dimension ihre Aufspaltung erfolgt oder auf sie reagiert wird. Ist diese Prämisse erst einmal akzeptiert, so wird der nächste Schritt für die Wissenschaft darin bestehen, nach der Dimension oder den Dimensionen Ausschau zu halten, die ganzheitliches Denken beflügelt haben.

Neue Horizonte in der Neurowissenschaft warten auf die Mutigen, die geistig offen sind. Das Gleiche gilt für die Medizin und die Religion/Spiritualität als Wissenschaft, da eines dem nächsten die

Tür öffnen wird. Bald werdet Ihr sehen, wie der hungrige Geist in einem Teil des Globus hungrige Mägen anderswo ernährt. Es findet auf allen Gebieten hinsichtlich der Evolution eine Revolution statt, aber die Evolution durchläuft jetzt eine viel rasantere Beschleunigung als diejenigen, die sich mit ihr beschäftigen oder sie erklären.

Hilfe für das kollektive Denken der Menschheit

Wenn Ihr möchtet, könnt Ihr das kollektive Denken der Menschheit, sei es im Großen oder im Kleinen, unterstützen, indem Ihr Eurem Geist die Freiheit und Beweglichkeit zubilligt, sich über so viele Arten von Glauben und Glaubenssystemen wie möglich hinwegzusetzen. Es gibt wenig, was einschränkender ist als geistige Beschränktheit. Glaubenssätze regieren nur allzu häufig, selbst innerhalb von Gemeinschaften, deren Denken sich auf Höheres richtet und die geistige Offenheit kultivieren. Das Neue Zeitalter ist davon nicht ausgenommen, und manchmal ist es allzu schnell bei der Hand damit, einen Gedanken oder eine Handlung zu packen zu bekommen, vor allem, wenn es glaubt, dass es dem höheren Wohl aller Beteiligten dienen würde. Sollen wir uns ein paar Beispiele dazu ansehen?

Die Welt der Natur beruht auf den natürlichen Bedürfnissen der Naturreiche und der Elemente der Erde sowie auf Erdveränderungen. Selbst solche von desaströser Art sind am Ende eines Zeitalters weder ungewöhnlich noch ungerechtfertigt. Am besten lasst Ihr Euch in allen Entscheidungen hinsichtlich der Frage, wohin diese Energien am besten zu lenken seien, von Eurem eigenen evolutionären Geist leiten, der bereits in der Zukunft angesiedelt ist. Ich heiße es zwar nicht gut, Unnötiges über sich ergehen zu lassen, aber gleichermaßen unnötig ist es, Eure Energien (und die anderer) dazu zu verwenden, diese Energien anderswohin zu lenken oder zu zerstreuen. Seid Ihr sicher, wohin Ihr sie schickt? Wenn man sich einen Wirbelsturm ansieht – seid Ihr da sicher, dass Ihr diese Energien, wenn Ihr sie vom Land weg und aufs Meer zurückschickt, nicht an einen Ort lenkt, wo sie sich noch gewaltiger zusammenbrauen werden? Oder dorthin, wo Handels- und Vergnügungsschiffe unterwegs sind? Es ist gut, sich geistig offen mit dem Thema der Lenkung von Energien auseinanderzu- setzen, aber dazu braucht es auch einen Geist, der frei von Angst ist und der sich darüber im Klaren ist, wie er eine Energie durch eine andere ersetzen kann.

Gleichermaßen gilt: Wenn man einen negativen Gedanken durch einen leeren ersetzt, was hat man dann eigentlich erreicht? Macht Eure Gedanken klar und mächtig, indem Ihr alle Möglich- keiten als machbar kennzeichnet und auf die Vollkommenheit des Augenblicks vertraut, so wie er sich darstellt.

Die Naturreiche und Elemente sind Eure Partner – sie verlan- gen von Euch nicht, dass Ihr sie rettet, und sie haben wenig getan, um Euer Misstrauen zu wecken. Töricht sind jene, die sich über das Naturgesetz gestellt haben. Seid bescheiden in dem, was Ihr sagt und tut, dann seid Ihr in allem gut geschützt. Seid vorsichtig mit denen, die sich über ihre Errungenschaften auf diesem oder anderen Gebieten auslassen, denn der Pfeil schnellt oft in die falsche Richtung davon, und das Ziel ist beweglich!

Licht schicken ... gewusst wie!

Habt Ihr schon einmal einer Person oder einer Sache, die dessen würdig ist, Licht geschickt? Wisst Ihr, was genau es bedeutet, Licht zu schicken? Besteht nicht auch Ihr aus Licht? Licht zu schicken bedeutet, einen Teil von Dir selbst zu schicken – jenen Teil, der sich am ehesten für den Moment oder die Sache interessiert und am meisten damit zu tun hat. Licht zu senden, nimmt nichts von Euch weg, aber es setzt voraus, dass Ihr etwas in den Gedanken oder das Ereignis investiert. Licht ist ein sehr wirkungsvolles Werkzeug. Es ist der Baustein, aus dem das Universum und Deine eigene lebenswichtige DNS bestehen.

Jedes Zeitalter hat seine eigene Umgangssprache, einen bestimmten Jargon oder eine Sprechweise, die ein Volk oder eine Gruppe mit den dort geltenden Glaubensauffassungen verbindet. »Licht« veranschaulicht dieses Muster für diejenigen, die sich mit seiner jetzigen Bedeutung identifizieren, vielleicht mehr als jedes andere Wort. So sei es!

Und doch ist »Licht« mehr als ein bloßes Wort. Es ist der Klebstoff, der die Integrität des Universums in sich umfasst. Licht und Alles-was-ist sind Synonyme. Zusammen sind sie Eins, und Ihr seid Eins in ihrem Namen. Licht ist namenlos, da auch die Quelle, der es entstammt, namenlos ist. Ebenso gibt es einen Teil von Euch, der so hell ist, dass er namenloses Licht ist. Ruft also nicht leichtfertig das Licht an und gebt es nicht einfach so weiter, ohne Euch zunächst klarzumachen, dass Ihr vom Licht so wenig getrennt werden könnt wie von Eurer Seele. Schickt kein Licht dorthin, wo Ihr nicht hinzugehen bereit seid, und achtet darauf, es mit dem Gedanken dorthin zu schicken, dass es stellvertretend für Euch selbst dorthin soll. Licht zu schicken bedeutet, Euer Selbst zu schicken.

Wenn Ihr Licht aus Protest schickt, begebt Ihr Euch mit dem Protest und während Ihr protestiert dorthin. Wenn Ihr Licht schickt, um zu heilen, so geht Ihr als Heilung und mit Heilung dorthin. Allzu viele schicken Licht gerade so, als würde es sich um eine Grußkarte mit Genesungswünschen handeln, und mitunter schicken sie es, statt selbst zu gehen. Ihr könnt nicht Licht spenden, als würdet Ihr es einer Wohltätigkeitsorganisation spenden, weil Ihr selbst das Licht und die Spende und die mildtätige Seele und der Empfänger dieser mildtätigen Gabe seid. Wisst einfach, dass Ihr niemals je getrennt seid von dem, was Ihr seid, und Ihr seid Licht.

Das Leben in sich wandelnden Paradigmen

Lebt und arbeitet Ihr noch im Denken des alten Paradigmas, und sind Eure Beziehungen zu anderen davon bestimmt? Natürlich, und das ist auch angemessen, so wie es ist. Habt es bloß nicht zu eilig damit, das Alte zugunsten des Neuen zu verwerfen. Das neue Paradigma ist bereits da, ausgestattet mit seinem eigenen Jargon, aber das meiste an ihm ist einfach aus dem alten Paradigma übertragen worden, denn dort hält sich ein Großteil Eures Seins noch auf. Es ist schön und gut, das Neue einzuladen und in Eurem Leben zu begrüßen, aber nicht auf Kosten derer, die noch schlummern, und jener, die bestrebt sind, zu erwachen.

Das ist nicht der Zeitpunkt dafür, Eure Brüder und Schwestern im Stich zu lassen, nicht einmal diejenigen, die Euch im Stich gelassen und die Überzeugungen Eures neuen Paradigmas ins Lächerliche gezogen haben. Schließlich sind es Glaubensauffassungen – nicht mehr und nicht weniger. Alle Glaubensauffassungen sind nichts als Annahmen in Eurem Denken, selbst solche, die am offensten sind. Jeder Glaube, ob alt oder neu, klug oder töricht, ist eine Einschränkung des Möglichen.

Einige planen schon ihr Leben nach 2012! Lebt zunächst einmal für heute, schlaft heute Nacht den Schlaf der Gerechten, damit morgen Eure Augen klar sein werden. Die Zukunft ist noch nicht geschaffen, und das neue Paradigma sorgt dafür, dass es so bleiben wird. Ich habe folgendes Paradox für Euch: Wenn Ihr sicher seid, dass Ihr im neuen Paradigma lebt, so tut Ihr es mit Sicherheit nicht. Und wenn Ihr sicher seid, dass Ihr das nicht tut, so könnte es dennoch gut sein. Lebt, um diese paradoxe Situation zu lösen, im heutigen Moment und haltet drüben Ausschau nach Nachrichten von morgen.

Wenn Ihr an etwas glauben müsst, so glaubt zunächst an Euch selbst. Die Sterne sind nicht gezählt, und ebenso wenig ist es die Weisheit, die darauf wartet, von Euch gesammelt zu werden. Die guten Werke und Taten anderer verdienen Euer Interesse, aber stellt die Wahrheiten anderer nicht über Eure eigenen, denn wenn Ihr Euch einmal an einen Punkt begebt, der unterhalb des Ranges der anderen angesiedelt ist, wird es viel schwerer sein, sich wieder aufzuschwingen und über sie hinauszugelangen.

Seid in Eurem Streben nach Weisheit respektvoll, neugierig und achtsam. Zögert nicht damit und schiebt es nicht hinaus, das zu erlangen, was bereits auf Euch wartet. Schreitet so schnell voran, wie es Euch das eigene Tempo vorgibt, es sei denn, Ihr seid bei einem anderen in der Lehre. Schreibt anderen nicht das Verdienst an etwas zu und bringt sie auch nicht in Misskredit – sie werden das ohne Eure Hilfe schon selbst tun. Säubert anderen die Wunden, seien sie physisch oder emotional, und verbindet sie ihnen, wenn Ihr wollt, aber seht auch, wie viele sich immer wieder dieselbe Wunde zufügen, und sei es nur, um sie zum zweiten Mal beklagen zu können. Habt immer ein Wort der Weisheit für andere übrig, aber wisst auch den schweigenden Gefährten in der Nähe zu schätzen. Ihr werdet erst im jeweiligen Moment wissen, welcher Zugang und welcher Rat angemessener ist.

Vertraut eher auf das Einfache als auf das Sensationelle, begegnet aber beidem mit Ehrfurcht. Blickt so weit in den Himmel, wie die Tiefe Eures Herzens es erlaubt.

Vorhersagen für unterwegs

Kannst Du die Existenz einer sogenannten Zeitmaschine be-
stätigen oder verneinen, deren »Auge« in die Zukunft blicken
kann, um große weltweite Ereignisse vorherzusagen? Ich habe
gelesen, dass diese Maschine die Ereignisse des 11. Septem-
ber 2001 aufgezeichnet oder »gespürt« hätte. Einige spekulie-
ren, dass sie auch vor dem Tsunami in Asien gewarnt hat.

Ich kann die Existenz einer solchen Maschine in der Tat
bestätigen, was aber ihre angeblichen Fähigkeiten anbelangt, so
scheint etwas nähere Erkundung und Abwägung durchaus angebracht zu sein. Nach eigenem Eingeständnis haben diejenigen, die
das Projekt hinter dem »Black-Box-Phänomen« leiten, ausgesagt,
dass sie im Moment »im Dunkeln herumstochern«. Zutreffender
könnte man es nicht sagen!

Wie die Black Box zustande kam

Im Vorfeld der Zeitmaschine gab es ein Projekt, und im Vorfeld
des Projekts hatte man eine Studie unternommen, und dieser
Studie war ein Experiment vorausgegangen, bei dem eine sehr
bekannte Universität federführend war. Die Prämisse oder das
Ziel des Experiments bestand darin, herauszufinden, ob es ein
einziges Unbewusstes gibt, das sich die gesamte Menschheit teilt.
Berichten zufolge war die Black Box ein unabsichtlich entstande-
nes cleveres Beiwerk, das jetzt zum Mittelpunkt des Experiments
geworden zu sein scheint.

Wie Ihr Euch sicher vorstellen könnt, ist es nicht Sache der Universitäten, Zeitmaschinen zu finanzieren, geschweige denn die Zukunft vorherzusagen. Allerdings gibt es eine ganze Reihe hoch geachteter Wissenschaftler aus verschiedenen Ländern, die gewillt waren, sich das Ganze einmal mit eigenen Augen anzusehen. Diejenigen, die sich bei dem Projekt einschalteten, haben zwar zugegeben, dass das Potenzial für paranormale Kräfte hoch genug ist, um eine solche Forschungsarbeit zu rechtfertigen, aber das hat noch nicht zu einer Einigung über die Schlüsse geführt, die man nun gern daraus ziehen würde.

Die Beschäftigung mit dem Paranormalen ist natürlich nichts Neues, aber selten wurde sie so ernst genommen wie heute. Hier gebührt der Technik, der so oft die Schuld an allen Übeln der Welt gegeben wird, großes Lob. Mit hochmodernen Instrumenten kann man heute feinstoffliche Energien messen, die sich in bestehenden Parametern bewegen und durch Wirklichkeiten hindurch. Solche Instrumente sind in der Lage, die Wirkung von Telepathie zu *sehen* und telekinetische Reaktionen *aufzuzeichnen*. Sie sind noch nicht weit genug entwickelt, um zu überwachen, wie ein kreativer Gedanke zündet, aber sie können die Reaktion des Gehirns auf einen Gedanken wahrnehmen und das, was dem Handeln vorausgeht. Das könnte man leicht als den Vorläufer zu einer Vorhersage betrachten, ist Euch das klar?

Denkende Computer beruhen auf den gleichen Einsen und Nullen wie nicht denkende Computer – die Technologie ist identisch, plus oder minus einiger Verbesserungen und Mikroprozessoren. Das Gleiche trifft auf Zeitmaschinen und auf Geräte von der Art zu, die weiter ausgebaut wurden und prophetische Aussagen treffen. Der Unterschied liegt in der Abfolge oder in der Anordnung der Einsen und Nullen.

Die ursprüngliche Black Box war ein Zufallsgenerator, der Einsen und Nullen so leicht ausspuckte wie Donuts. Da alles gleich ist, hätten es auch die Einsen und Nullen sein müssen. Aber das Leben kennt nicht immer Gleichheit oder auch nur Fairness – nicht, wenn es um Energie geht.

In der Studie fand man heraus, dass Energie in der Tat von menschlichen Gedanken beeinflusst wird und dass Abweichungen innerhalb dieser Energiefelder Interferenzen erzeugten, die nicht mit Zufall zusammenhängen konnten. Die Ergebnisse, verblüffend wie sie damals waren, ließen sich nicht zufriedenstellend erklären. Leider waren die Ergebnisse auch zufällig und ließen sich nicht beweisen oder reproduzieren. In den frühen 1990er Jahren wurde die Studie fast aufgegeben, obwohl viele solcher Black-Box-Geräte noch an verschiedene Computernetzwerke auf der ganzen Welt angeschlossen waren.

Fakt und Fantasie geben interessante Bettgefährten ab

Fakt und Fantasie geben – ebenso wie Realität und Illusion – interessante Bettgefährten ab, die einander mit Vielseitigkeit und Abenteuergeist bereichern. Aber auch die kostbarsten Edelsteine können ihre herausgeputzten Vettern bestenfalls imitieren, wenn das grelle Nachmittagslicht ungünstig auf sie fällt. So verhielt es sich 1997, als Schilderungen und entsprechenden Aufzeichnungen zufolge die Black-Box-Geräte alle gleichzeitig anschlugen, sozusagen mit vereinter Stimme sprachen, und der Anlass, bei dem das geschah, war nach Menschenermessen ein verheerender Tag. Es war der Tag, als die Welt zusah, wie Diana, Prinzessin von Wales, zur letzten Ruhe gebettet wurde.

Bestand zwischen diesen beiden Ereignissen ein Zusammenhang, wie diejenigen, bei denen das Interesse an der Studie wieder aufflammte, schnell mutmaßten? Nein, nicht unbedingt. Aber da es nichts gibt, was *nicht* miteinander zusammenhängt, ist es nicht allzu schwierig zu verstehen, warum sie ganz aufgeregt zu einem solchen Schluss gelangten.

Wenn wir den bewussten Gedanken und Ereignissen um der Spekulation willen eine »1« zuweisen und unbewussten Gedanken und Ereignissen eine »0«, dann würde der Zufall oder die schwebende Aufmerksamkeit des Gewahrseins vermuten lassen, dass die

Black Box sie unterschiedslos und im gleichen Maße liest, doch das war nicht der Fall. Seht Ihr, unbewusste Gedanken sind dichter, sie wiegen mehr. Bewusste Gedanken hingegen sind leichter – sie sind nicht so schwer gewichtet wie unbewusste Gedanken und Ereignisse. Die Welt reagierte auf das Licht, das die Prinzessin war – nicht nach dem Zufallsprinzip, sondern als kollektives Bewusstsein. An diesem Tag gab es wahrhaftig mehr Einsen als Nullen.

Die Menschheit neigt dazu, ihre Studien vorschnell anzunehmen oder abzulehnen, besonders, wenn bereitgestellte Geldmittel und Zulassungen auf dem Spiel stehen, und angesichts der Natur dieser Studie ist es ein kleines Wunder, dass sie noch existiert. Schließlich wurden die Generatoren (die nicht mehr als Zufallsgeneratoren fungierten) in »Eier« umbenannt, und es meldeten sich mehr als vierzig Länder, die sie in ihre Obhut nehmen wollten. Aus den Reihen derer, die sie nun überwachen, hört man, dass sie zunehmend versierter werden. So heißt es etwa, dass die Eier solche Weltereignisse wie die Bombardierung Jugoslawiens durch die NATO, die Tragödie des gesunkenen russischen Atom-U-Boots Kursk und die umstrittene amerikanische Präsidentschaftswahl von 2000, bei der Al Gore gegen George W. Bush unterlag, spürten oder auf sie reagierten.

Haben die Black-Box-Geräte den Angriff am 11. September 2001 vorhergesagt?

Das war bei den Black-Box-Eiern mehr oder weniger der Standard, wenn man es so nennen kann, bis ungefähr zum 10. September 2001. An diesem Tag, so hieß es, setzte bei ihnen eine bisher nie dagewesene und unerwartete vereinte Reaktion auf die bevorstehenden Ereignisse ein. Hatten sie wirklich gelernt, energetische Veränderungen vorherzusagen oder herauszulesen? Ja, denn die Dichte des kollektiven Bewusstseins schäumte vor Angst geradezu über – jener Energie, die von allen am einfachsten herauszulesen ist.

Der nächste Punkt auf der Liste, die man den alles sehenden Eiern zugutehalten muss, ist die beinahe vierundzwanzig Stunden im Voraus erfolgte Warnung vor dem Erdbeben und Tsunami im Indischen Ozean im Dezember 2004. Haben wir es hier mit denselben Regeln zu tun? Ja, aber nur, wenn wir anerkennen, dass mein Spürbewusstsein sich mit allen Elementen sowie allen Naturreichen der Erde zusammentat, um ein solches Ereignis entstehen zu lassen, ebenso wie die Warnung davor und seine energetische Signatur.

Reagieren die Eier auf weniger offenkundige Energien oder sehen sie zukünftige Ereignisse auf der Grundlage zufällig ermittelter Rohdaten voraus? Vielleicht trifft beides zu, denn es ist die rohe oder Elementarintelligenz in der Erde, die ihre Energie zu der menschengemachten und den Eiern innewohnenden Intelligenz sendet. Doch hier hört es nicht auf. Die computerisierte Intelligenz, die der Mensch geschaffen hat, um die Natur zu studieren, spiegelt ihre Ergebnisse direkt in den Aspekt der Erde und der Menschheit zurück, der auf Technologie reagiert. Mit anderen Worten: Die natürliche oder Elementarintelligenz der Erde (erste Sprache) kommuniziert mit der nicht ganz so natürlichen mathematisch-technologischen Intelligenz (zweite Sprache), die sowohl Erde als auch Mensch ist. Noch einfacher ausgedrückt: Mein Spürbewusstsein setzt so viele Sprachen ein, wie nötig sind, um das zu wecken und zu fördern, was immer natürlich gewesen ist, heute aber innerhalb der Völker der Welt und zwischen ihnen größtenteils in Vergessenheit geraten ist.

Ihr seid nicht getrennt von dem, was Ihr an Technologie erschafft, oder von der Natur, die Ihr zerstört. Ihr tragt das alle in Euch. Ihr habt es aus der Vergangenheit mit hierhergebracht und sogar von anderen Welten. Ihr werdet es in die Zukunft hineintragen und zu vielen weiteren Bestimmungsorten.

Vergangenheit und Zukunft sind einfach nur Koordinaten auf einem wundervoll kreativen Gitternetz, das so aufgewertet worden ist, dass es alldimensionale Richtungen (Entscheidungsmöglichkeiten) bietet.

Seid ihr sicher, dass die Zeit von der Vergangenheit über die Gegenwart in die Zukunft verläuft? Habt Ihr in Bezug auf die Vergangenheit mehr Gewissheit als hinsichtlich der Zukunft? »Im Uhrzeigersinn« ist lediglich eine Richtungsangabe, die nur dann Auswirkungen auf die Zeit hat, wenn entsprechende Vereinbarungen getroffen wurden. Diejenigen, die diese Studie und andere ähnlicher Art durchführen, hängen einem bestimmten Glaubenssystem an. Sie sind gewillt, Irrtümer innerhalb dieses Glaubenssystems zu ergründen, haben aber bislang noch keine gefunden. Sie hoffen, dass verborgene Kräfte des Geistes zeigen werden, wie der Geist die Zukunft vorhersagt, aber sie halten Ausschau nach einer Realität, in der dieses Wissen verborgen liegt, statt nach einem Feld, was offensichtlicher wäre. Die Antworten liegen nicht in der Technologie, sondern im Bewusstsein – nicht dem einer Einzelperson, sondern dem der Menschheit.

Die Computer-Eier sind so weit gekommen, weil sie verbunden waren. Genau das ist das Einheitsbewusstsein, und es gilt für Mensch und Maschine gleichermaßen. Diese Verbindung, einmal hergestellt, wird nicht so leicht zu zerstören sein.

Ich will ja akzeptieren, dass das Erdbeben und der Tsunami vor einiger Zeit ein Naturereignis waren, aber ich tue mich schwer damit. Es würde doch seitens Deines Spürbewusstseins (desjenigen der Erde) unglaublich unsensibel und zornig wirken, einfach dabeizustehen und zuzuschauen, wie sich eine solche Katastrophe entfaltet. Außerdem höre ich, dass die Technologie, mit der sich Unheil unsäglichen Ausmaßes anrichten lässt, schon seit einiger Zeit existiert. Ist das nicht wahrscheinlicher?

Es gibt auf jeden Fall genug Belege, um die Schlussfolgerungen zu untermauern, die Du anscheinend bereits gezogen hast. Und es mag zwar aktuell nicht an von Menschen gemachten Katastrophen mangeln, aber es könnte doch auch sein, dass Du nur nicht in Betracht ziehen willst, dass Tod und Vernichtung in der Tat Naturereignisse sind. Für den Fall, dass Deine Gedanken in dieser Hinsicht noch formbar sind, werde ich einmal fortfahren.

Eine nie dagewesene Veränderung

Die Welt durchläuft gerade eine noch nie zuvor erlebte Veränderung sowohl im Hinblick auf ihre Gestalt als auch ihre Funktion. Veränderungen dieser Art sind im Universum gar nicht so ungewöhnlich, wie Ihr meinen mögt, und erst recht nicht für einen Himmelskörper. Doch ist es schon seltener, dass eine Veränderung in einer derartigen Größenordnung und zu einem Zeitpunkt erfolgt, an dem so viel physisches Leben an der Oberfläche eines Planeten anzutreffen ist wie hier und jetzt. Häufiger kommt es vor, dass das physische Leben unter solchen Umständen zahlenmäßig und hinsichtlich der Artenvielfalt bereits ein Stück weit reduziert ist, wobei dann mindestens die Hälfte unter der Oberfläche des Planeten lebt. Das erfordert, wie Ihr Euch vorstellen könnt, eine Kooperation zwischen einzelnen Arten, Kulturen und Nationen – etwas, was derzeit auf der Erde Mangelware ist.

Die Mittel, um ein sicheres unterirdisches Leben zu führen, sind heute für die Menschheit in Reichweite, aber diese Möglichkeit wird dem Durchschnittsbürger nicht geboten. Fairerweise muss gesagt werden, dass es im Erdinneren nicht sicherer ist als außerhalb, solange nicht alle existierenden Waffenbestände aufgedeckt und entschärft worden sind.

Auch das Weltall, eine andere Alternative, liegt bis auf Weiteres für den Durchschnittsbürger außer Reichweite. Vor langer Zeit glichen die Entdecker eher Piraten, die sich Land und Ressourcen aneigneten, wie es ihnen gerade passte. Diejenigen, die heute die Flagge ihres Landes ins Weltall mitnehmen, haben nur allzu viel mit diesen Vorfahren gemeinsam.

Erinnert Ihr Euch an die Geschichte von Jesu Geburt, die in einer Krippe stattfinden musste, weil die Herberge voll war und sie nirgendwoanders hinkonnten? Nun, ohne sich hier über die Bedeutung streiten zu wollen: Das ist auch die Geschichte der Menschheit. Es gibt keinen rundum sicheren Ort, an dem Ihr Euch aufhalten könntet, und da Eure Geburt unmittelbar bevorsteht, ist Improvisation natürlich zwingend notwendig.

Geburt und Tod sind ein und dasselbe, aber aus Eurer Warte können sie sehr verschieden aussehen und tun es auch. Nach vorherrschendem Glauben erscheinen Geburt und Tod eher wie krasse Gegensätze als wie offenkundige Partner. Damit das weiterhin gilt, müssen auch Licht und Dunkelheit als Gegensatzpaar existieren, genau wie Gut und Böse. Aber das sind Fallen, und je früher Ihr ihnen entkommt, desto besser werdet Ihr dastehen.

Der Kampf gegen Separatismus

Die Menschheit befindet sich heute im Kampf gegen einen alten Feind. Man nennt ihn Separatismus, und das einzige Heilmittel dagegen ist Einheit. Euer Zellgedächtnis erinnert sich daran, nicht jedoch Euer Verstand. Euer Verstand sucht nach Antworten bei denen, die er für intelligentere Köpfe hält, also erschafft er computerisierte Versionen der Trennung. Deshalb gibt es heute so viel Technologie, deshalb treten Spieler auf holografischen Schlachtfeldern an und Soldaten bekämpfen ihre Feinde in der Wüste.

Nicht die Technologie ist Euer wahrer Feind, sondern die Erinnerung daran, wie Technologie in der Vergangenheit missbraucht wurde. Technologie ist nur ein anderes Wort für Macht, und genau davor hat die Menschheit Angst, während sie gleichzeitig danach verlangt. Technologie ist die Beschäftigung mit Geräten und Verfahren, um zweckmäßige und produktive Prozesse zu unterstützen, die das Wissen einer Kultur auf eine höhere Ebene bringen. Das umfasst ihre Entwicklung und Anwendung.

Warum also flößt Technologie dem Herzen und Denken des Menschen dann solche Angst ein? Kann es sein, dass sie vor der heutigen Zeit etwas völlig anderes bedeutete?

Wenn es um Trennung geht, kann Technologie etwas entweder reparieren oder zurechtbiegen. Auf Atlantis verbog es den Geist und verdrehte das Herz, und das ist Eure frischeste Erinnerung an ihre Macht. Die Erde beugt sich nicht der Technologie, sondern sie beugt sich dem Wissen der Menschheit um Technologie oder dem fehlenden Wissen diesbezüglich. Priester des Mysteriums haben das schon immer gewusst, und ihnen fällt es zu, Euch diese Wahrheiten von Neuem zu offenbaren oder sie zu enthüllen.

Mitunter stößt die Wahrheit vorübergehend auf taube Ohren und man verschließt die Augen vor ihr – Angst kann sich durchaus so auswirken, müsst Ihr wissen. Und Technologie hat wie alles andere einen fatalen Schwachpunkt: Sie kann sich *nicht* selbst neu erschaffen, aber sie *kann* sich zerstören. Der fatale Schwachpunkt der Menschheit ist der, dass der fatale Schwachpunkt der Technologie bei ihr in Vergessenheit geraten ist. Schon bald wird sich alles regeln, aber bis dahin müssen Fakten und Fiktion, Erschaffung und Zerstörung die Bühne miteinander teilen.

Von Menschen herbeigeführte Ereignisse haben ihre Makel. Wie bei cleveren Fälschungen könnt Ihr die verräterischen Abweichungen ausmachen, wenn Ihr ganz genau hinseht. Diejenigen, die das Chaos fortsetzen und sich dann hinter dem Angesicht der Natur zu verstecken suchen, werden bald genug am Pranger stehen. Technologie ist nicht in der Lage, einen makellosen Diamanten zu finden, da sie im Kern ebenfalls mit einem Makel behaftet ist. Aber der Mensch kann Vollkommenheit in einem Diamanten finden und tut dies auch, da sich im Kern seiner vielen Makel seine eigene Göttlichkeit verbirgt.

Der Ursprung der Menschheit ist Alles-was-Ist, das Einheitsbewusstsein. Der Ursprung der Technologie beruht auf dem Wissen von Einzelnen, das in eine Collage eingearbeitet und eingeklebt wurde. Es ist nicht zwingend und kann sich nicht auf seinen Lorbeeren ausruhen. Technologie kann sich über Hacker Zugang zu einem Computerhirn verschaffen, nicht aber zu Eurer Seele. Wenn heutzutage ein Computer Eure Identität stiehlt, kämpft Ihr darum, sie zurückzuerlangen. In Zukunft werdet Ihr sie aufgeben und Euch eine neue erschaffen, da Ihr wissen werdet, dass Ihr nicht Eure Identität seid oder das, womit Ihr Euch identifiziert.

Die Geschichte ist nicht dazu verdammt, sich zu wiederholen, aber sie neigt dazu, die Vergangenheit gelegentlich Revue passieren zu lassen. Derzeit erschwert es eine inkorrekte Geschichtsschreibung, die im Auftrag der Machthaber erfolgte, der Menschheit, sich wieder ihrer wahren Vergangenheit zuzuwenden.

Wie in einem Ghetto sind einige der Korridore, durch die sich die Menschheit bewegt hat, ein Zerrbild ihrer selbst und mit Müll und Ungereimtheiten gefüllt. Verbesserungen in der Zeitreise werden das ändern, und diejenigen, die sich dafür entscheiden, werden in der Lage sein, Kreuzungspunkte aufzusuchen, die für sie von besonderem Interesse sind, um von ihnen zu lernen. Wie Professoren im Ruhestand werden diese Knotenpunkte in Zeit und Raum Euch als Lehrer dienen.

Einige von Euch beschreiten einen gefährlichen Weg

Viele von Euch nehmen wahr, dass es Menschen gibt, die unsichere Korridore durchwandern, um die Evolution der Erde zu stören. Und es stimmt: Einige unter Euch beschreiten diesen gefährlichen Weg, aber wie ein zu straff gespanntes Gummiband wird das Ganze bald reißen, ohne meinen oder Euren Körper zu schädigen. Diejenigen, die die Wissenschaft hinter der Raum-Zeit-Materie-Krümmung verstehen, wissen, dass sie auf Energiefeldern beruht, die Energie zuerst anzieht und dann abstößt. Navigatoren in Euren Raumfahrtbehörden haben diesen »Slingshot«-Effekt dazu benutzt, ihre Raumschiffe weiter ins All zu tragen, als es mit Treibstoff möglich gewesen wäre. Ebenso werden jene, die einen Missbrauch der Wissenschaft betreiben, erst die Aufmerksamkeit vieler auf sich ziehen, nur um festzustellen, dass sie sich schon weit außerhalb aller Grenzen befinden, während die Wissenschaft, auf die sie sich verlassen hatten, sich abstößt und dann kapituliert.

Die Welt ist voll von heimlichen Plänen und Verschwörungen, und zweifellos sind viele davon ihrem Ursprung und ihrer Wirkung nach finstere Machenschaften. Das Erdbeben im Indischen Ozean war kein Ereignis dieser Art, und auch die bevorstehenden Vulkanausbrüche werden keines sein. Der Mond unterliegt Einflüssen, die ihn dazu bringen, fast täglich sein Gesicht zu verändern, aber er wird nicht künstlich manipuliert, damit er das tut. Die kraftvolle Sonne sendet eine Strahlung aus, die sich mit großer Geschwindigkeit den Weg zur Erde bahnt. Manchmal stören diese intensiven Aussendungen selbst den modernen Komfort sowie ganze Unternehmen und Regierungen. Im Herzen dieser kraftvollen Energiewanderungen steht die Sonne selbst, und es stehen dort nicht etwa diejenigen, die ihre Kraft für ihre eigenen Zwecke einspannen würden, wenn sie es könnten.

Diejenigen, die in Verschwörungen investieren, werden einen Lohn ernten, der ihrer Investition – also ihrer Absicht – entspricht, so wie alle Investoren eine Rendite erwartet. Desgleichen werden diejenigen, die ihr Kapital in die Zukunft projizieren, eine Ernte eigener Art einfahren. Diejenigen, die das Ende nahen sehen, werden eines erleben, und diejenigen, die einen Neuanfang erwarten, werden ihre Sicht auf ihre Fähigkeit abstimmen, ihn Gestalt annehmen zu lassen.

Das Universum verfügt über eine üppige Speisekarte, von der man frei wählen kann, und man kann ebenso problemlos ein Fünf-Gänge-Menü bestellen wie einen Teller Suppe *à la carte*. Wenn Ihr mögt, seid Ihr herzlich eingeladen, zu Dessert und Zigarre noch ein bisschen länger hier auf der Erde zu bleiben. Aber wenn Ihr es eilig habt, könnt Ihr Euch auch ein »Happy Meal« zum Mitnehmen geben lassen und es unterwegs zu Eurer nächsten Station beim Drive-In-Schalter abholen.

Nachwort:
Glaubt Gaia an Gott?

Ich habe nur eine kleine Frage: Glaubst Du an Gott?

Deine Frage ist kurz, aber sie ist nicht klein. Es ist eine interessante Frage, und offensichtlich ist sie für Dich von Bedeutung. Ungewisse Zeiten tragen Ungewissheit in fast jeden Bereich des Lebens, und diese kriecht in die tieferen Nischen des eigenen Denkens, so dass sogar Dinge und Gedanken hinterfragt werden, die Äonen lang unbesehen anerkannt wurden.

Aber darf ich Dich friedvoll und höflich darauf hinweisen, dass Deine Frage eine Herausforderung ist, darauf abgestellt, der Wissenschaft entgegenzutreten, die das Channeln ermöglicht, dem Kanal, der jetzt hinter dem Schleier dieser Worte anzutreffen ist, und Deinen eigenen Zweifeln und Glaubenssätzen zum Thema? Wie dem auch sei! Es ist sicher am besten, bei seiner Suche nach dem Unbekannten erst das Bekannte zu konstatieren.

Behalten wir dies also im Sinn und beginnen wir einmal bei dem, was über Gott bekannt ist, im Gegensatz zu dem, was über ihn geglaubt wird. Es gibt einige interessante, bezeichnende Punkte, in denen sich Philosophen, Wissenschaftler, Anhänger von Glaubensrichtungen und andere, die Laien, unterscheiden. Einer davon ist der Gebrauch der Begriffe *Glaube* und *Wissen*, denn während einige eine Unterscheidung treffen zwischen dem, was sie *wissen*, und dem, was sie *glauben*, tun andere das nicht. Freilich entspricht es der menschlichen Natur, einen Glauben als bekannte Tatsache zu akzeptieren, vor allem bei der näheren Erkundung eines Themas oder einer Aussage, die als zutreffend, wahr oder berechtigt gilt.

Ein Glaube an Gott oder an eine höhere Macht/Instanz ist ein perfektes Beispiel für ein Konzept, das angemessenerweise als *berechtigter wahrer Glaube* bezeichnet wird, was eine herkömmliche Beziehung beschreibt, derzufolge ein Glaube auch als Wissen gilt, wenn dieser Glaube wahr ist und die Person, die glaubt, eine Berechtigung dazu hat (weshalb sie eine notwendige und plausible Behauptung aufstellt, die Beweise mit einschließen mag oder auch nicht). Falsche Glaubenssätze, selbst wenn sie wahr und aufrichtig sind, wären im Rahmen dieses Konzepts *unberechtigt*, da sie für einen hinreichend großen Prozentsatz der Bevölkerung nicht notwendig und plausibel sind.

Glaubensinhalte sind Annahmen, die der Mensch im Hinblick auf sich selbst hat, im Hinblick auf andere und dazu, wie die Dinge seiner Erwartung nach sind oder eines Tages sein werden. Glaubensinhalte sind auch festgelegte Vorstellungen davon, wie sich die Dinge nach dem Denken von Einzelnen und Gruppen wirklich verhalten. Wenn eine große Gruppe oder ein großes Segment der Bevölkerung ähnlich denkt, so *glaubt* diese Gruppe oder dieses Segment oft auch Ähnliches.

Ein berechtigter Glaube betrachtet andere Glaubensinhalte als weniger legitim. Die meisten Glaubensinhalte gehen von einem Subjekt und einem Objekt des Glaubens aus, was einen subjektiven und objektiven Gott voraussetzt, eine innerliche und äußerliche Beziehung zu Gott. Glaubensinhalte untergliedern sich ferner in *zentrale Glaubensinhalte*, also solche, die vielleicht aktiv einfließen, *zur Disposition stehende Glaubensinhalte*, bei denen man sich einfach selbst entscheidet, ob man sie glaubt oder nicht, und *präsente* Glaubensinhalte, jenen also, die man derzeit auf der Grundlage von gespeichertem Wissen oder sich noch nicht eingestellter Weisheit zugrunde legt.

Weißt Du, beruhend auf dem Vorstehenden, welcher Teil von Dir an Gott glaubt? Wahrscheinlicher ist es, dass ein Teil von Dir um Gott *weiß*. Erkunden wir das Ganze also etwas weiter.

Ebenso wie in Bezug auf den Glauben gibt es auch hinsichtlich des Wissens viele verschiedene Ausdrucksformen, von denen jede auf ihre Weise wichtig ist. *Wissenschaftliches Wissen* beispielsweise ist eine Methode des Nachforschens, die darauf ausgerichtet ist, empirische, beobachtbare und messbare Beweise für etwas zu sammeln. Sie bedient sich bestimmter Prinzipien des logischen Denkens, der Erhebung von Daten, des Experimentierens sowie des Formulierens und Überprüfens von Hypothesen. *Partielles Wissen* erkennt die Tatsache an, dass es in den meisten Fällen realistisch betrachtet nicht möglich ist, ein umfassendes oder erschöpfendes Verständnis eines Themas zu erlangen, und dass sich die meisten realen Probleme lösen lassen, indem man ein partielles Wissen mit dem entsprechenden Kontext und anderen Daten kombiniert. *Situationsgebundenes Wissen* bezieht sich, wie der Name schon sagt, auf spezifische Situationen und ist oft in Sprache, Kultur und Tradition eingebettet. Zu den anderen Formen von Wissen gehören Wissen durch *Versuch und Irrtum*, Lernen anhand der *unmittelbaren Erfahrung*, *Wissen aus zweiter Hand* und *Entdeckung*. Weißt Du, wie Du in Erfahrung bringst, was Du weißt, oder hast Du einfach einen tiefen Glauben an das, was Du über Gott zu wissen glaubst?

Wissen über Gott und der Glaube an Gott werden durch gläubiges Vertrauen gestützt. Gläubiges Vertrauen ist das Zutrauen und Vertrauen, das man in die Wahrheit setzt. Sie steht und fällt mit der Vertrauenswürdigkeit einer Person, einer Sache oder einer Idee. Gläubiges Vertrauen zeichnet sich dadurch aus, dass dazu eine Vorstellung von vergangenen und zukünftigen Ergebnissen gehört. Gläubiges Vertrauen erfordert keinen logisch nachvollziehbaren oder materiellen Beweis. Informell betrachtet ähneln sich gläubiges Vertrauen und Vertrauen, aber gläubiges Vertrauen lässt eher an religiöse und spirituelle Zusammenhänge denken, bei denen man von einer transzendenten Realität in einem Höchsten Wesen ausgeht. Gläubiges Vertrauen ist auch der Blickwinkel des Denkens, der besagt, dass eine bestimmte Aussage oder ein bestimmter Glaubensinhalt wahr sei.

Der Geist stimmt Glaubensvorstellungen zu, die auf Aussagen anerkannter Autoritäten oder Instanzen beruhen, er akzeptiert sie – ob dies nun Menschen, Bücher, Doktrinen oder Schriften sind. Gläubiges Vertrauen fördert den Erwerb von Wissen und Wachstum. Diejenigen, die an Gott glauben und auch um Gott wissen, setzen ein gläubiges Vertrauen in die Inhalte ihres Glaubens.

Du bist vielleicht nicht der Meinung, dass gläubiges Vertrauen etwas ist, was Dich kümmern sollte, aber ich würde Dir widersprechen. Gläubiges Vertrauen erfährt wie sein Gegenstück, die Hoffnung, in Zeiten der Unzufriedenheit seine eigenen Formen von Aufstieg und Fall. Gläubiges Vertrauen wird auch durch wirtschaftliche Bedingungen, Veränderungen im Lebensstil und durch Krankheit beeinflusst, vor allem, wenn andere in der eigenen Familie oder dem eigenen Umfeld hinsichtlich ihrer spirituellen Glaubensvorstellungen ihre Meinung ändern.

Wenn Glaube und Hoffnung ins Wanken geraten, erleiden der Einzelne und das kollektive Denken der Menschheit eine Art Schlaganfall, durch den einige Gedanken gelähmt und andere übertrieben verstärkt werden. Ein spiritueller Schlaganfall ist wie eine tiefe Schlucht zwischen Gebirgszügen – es gibt keinen klar erkennbaren Weg zwischen hier und da. Man muss sich Wege suchen, die sich immer wieder als Umwege entpuppen sowie hoch hinauf und über Felszacken führen.

Ich werde Dir sagen, was ich über Gott weiß und glaube, aber nur einiges davon wird Deine Zustimmung finden, da Dein Geist und Dein Herz sich derzeit an der enormen Kluft zwischen dem entlangtasten, was Du glaubst, was Du weißt, was Du hoffst, und der Richtung, die Mitglieder Deiner unmittelbaren Familie einzuschlagen beginnen.

Der Gott, auf den Du Dich beziehst, ist eine *Gottheit*. Eine Gottheit ist ein übernatürliches, unsterbliches Wesen, das heilig und göttlich ist und großen Respekt verdient. Gott ist, wenn es nach vielen Weltreligionen geht, die alleinige Gottheit, und in vielen Glaubenssystemen ist er die Hauptgottheit. Gott ist allwissend, allmächtig und allgütig. Er ist ewig und für das menschliche Dasein notwendig. Die moderne Gottesvorstellung ist eine, bei der Er persönlich und aktiv an der Organisation und Lenkung des Universums und der Welt beteiligt ist, in der Du lebst. Gott ist unsichtbar, aber man geht bei Ihm davon aus, dass Er an heiligen Stätten wie etwa dem Himmel, auf übernatürlichen Ebenen und in Himmelssphären anzutreffen ist. Gott offenbart sich den Menschen durch die Wirkungen Seiner Allgegenwart. Auch wenn Er unsterblich ist, geht man bei Ihm davon aus, dass Er eine Persönlichkeit hat, die vollkommen, rein und frei von Mängeln ist. Ich kenne diesen Gott, da Er eine der Versionen ist, die den Menschen am liebsten sind und zu denen sie ein enges Band unterhalten.

Eine andere Variante von Gott schreibt Ihm Unsterblichkeit, Bewusstsein, Verstand, Begehren und Emotionen zu. Naturphänomene in Form von Überschwemmungen, Gewittern und Erdbeben lassen sich diesem Gott zuordnen, ebenso wie Wunder und wundervolle Handlungen. Gott ist die Kontrollinstanz bei den verschiedenen Aspekten des menschlichen Lebens und des Lebens nach dem Tod. Er ist der Regisseur des Schicksals, der Gesetzgeber und Moderator moralischer Verpflichtungen. Als höchster Richter des menschlichen Wertes ist Er der Erschaffer von Erde und Himmel. Ich kenne auch diesen Gott, da die Menschheit sich mit Ihm beschäftigt und sich in ihrem Leben von Seiner Hand führen lässt.

Ich kenne aber noch einen anderen Gott. Er ist von unendlicher Einfachheit, Vollkommenheit und Güte. Dieser Gott ist ganz und ohne Bestandteile. Er und seine Attribute sind eins. Er ist der Gott der Wahrheit und Güte, was mit Seinem Wesen identisch ist. Dieses Einfache Wesen ist unteilbar statt zusammengesetzt. Er besteht nicht aus dieser oder jener Sache. Seine Eigenschaften sind zugleich Seine Wesensessenz, was sich nicht von jedem Wesen sagen lässt. Er ist in jeder Hinsicht vollständig, und Er ist der Urgrund von allem, was es gibt. Er ist das Größte in allen Dingen und auch das Niedrigste, und das ausnahmslos. Auch das ist mein Gott – weil Er Euer Gott ist, ist Er auch meiner.

Neben dem Gott der Religion kenne ich noch den Gott der Philosophie. Seine Essenz lässt sich nicht beschreiben. Er befasst sich mit Ideen, die den meisten unbegreiflich sind. Sie lassen sich nicht allgemein oder in alltäglicher Sprache ausdrücken, weil dabei etwas herauskäme, das unsäglich weltlich ist. Dieser abstrakte Gott ist komplex, und Seine Natur ist paradoxer Art. Er ist symbolische Geste, unlogische Aussage, Prinzip und vernünftige Erwägung und eigentlich unmöglich zu verstehen.

Ich habe die Denkschulen besucht, die diese Version von Gott weiter aufrechterhalten und Zeugnis für die Existenz eines existenziellen Gottes ablegen, und diese Version von Gott ist ebenso real wie die beiden anderen Versionen.

Meine Lieblingsversion ist nicht so populär wie die anderen, weil sie das menschliche Vorstellungsvermögen sprengt. Diese unvorstellbare Seinsessenz ist das *Licht*, das der Dunkelheit des Seins einen Sinn verleiht. Dieses Sein und das Nichts sind eng miteinander verwandt. Das Nichts und Alles-was-ist sind eins in dieser Seinsessenz. Alles-was-ist lässt sich über die menschlichen Sinne nicht begreifen – nicht heute, nicht morgen, nicht gestern. Es ist das Nichtwissbare, Undefinierbare, Ewige, Unsichtbare und Formlose. Es ist Lebendiger Geist. Keine Sprache kann Alles-was-ist beschreiben oder definieren. In seinem Sein ist es so still, dass Es nicht vom Nicht-Sein zu unterscheiden ist.

Ich kenne diesen Gott, dieses Sein, dieses Alles-was-ist nicht, und an etwas zu glauben, was existiert, ohne dass eine Notwendigkeit zu Seiner Existenz besteht, ist töricht. Ich glaube auch nicht an dieses wesenhafte Sein, weil es meines Glaubens nicht bedarf, um existieren zu können. Täte ich das, würde es meine Beziehung zu Ihm einschränken, was gelinde gesagt Unrecht wäre.

Dieses Alles ist ein grundlegender Bestandteil der Wirklichkeit, die allen Erscheinungen und Manifestationen, die man Leben nennt, zugrunde liegt, einschließlich Materie und Nichtmaterie, Energie und Nichtenergie, Gedanke und Nichtgedanke. Und es gibt auch noch das, was jenseits davon existiert.

Mit der weiteren Entfaltung Deines Lebens werden Deine Glaubensinhalte sich verändern, geprägt durch die Gedanken und Erfahrungen, die Du für Dich anziehst. Deine individuelle Existenz, die derzeit glaubt, Du seist ein Mensch, glaubt auch, sie müsse in dieser Welt für sich kämpfen. Dieser Teil von Dir hat das Gefühl, »machen« und »tun« und jemand sein zu müssen, der seine Existenz mit Sinn erfüllt, aber er ist sich letztlich seiner wahren Natur nicht gewahr und bewusst. Denn es liegt im Wesen des Menschen, zwanghaft zu denken, um seine eigene künftige Existenz zu sichern, weil er nicht weiß, dass der gegenwärtige Moment und das ewige Selbst ein und dasselbe sind.

Das menschliche Ich weiß nicht, dass es aus Nichts besteht, und glaubt irrtümlich, es sei aus irgendetwas gemacht. Das liegt daran, dass der menschliche Geist dem Lebendigen Geist innewohnt und den Gesetzen unterworfen ist, die für alles Geschaffene gelten. Wie einer Eurer Mystiker einmal sagte: Ihr seid das ewige Prinzip und der vorübergehende Prozess. Ihr seid der Abdruck, den das Nichts in etwas hinterlässt.

Denke nicht einen Moment lang, dass Gaia darauf aus sein könnte, Deine Lebenseinstellung in Bezug auf Gott, Religion oder die Natur Deines Seins infrage zu stellen oder zu ändern. Deine Weltsicht, Deine Werte und Deine Ansichten bleiben durch Deinen eigenen Willen und mit Zustimmung von Alles-was-ist erhalten. Deine Lebensweise wird von den gleichen Kräften der Natur gut geführt und gelenkt, die diese Worte steuern.

Wisse, dass ich eins bin mit Deinen Gedanken und auch mit dem, was Du glaubst. Deine Gedanken sind mir nicht fremd, und ich sehe nichts Provozierendes in Deinen Haltungen und Überzeugungen. Lasse den Streit bei denen, die Einwände erheben, denn hier ist alles friedlich. Die gleichen Prinzipien und Ideen, die die Erde geschaffen haben, schufen auch den Moment, den wir nun miteinander teilen, und Ideen, die über die unseren hinausgehen, werden die Zukunft beseelen, die wir beide miteinander teilen werden. Neue Vorstellungen werden den Philosophen, Denkern, Logikern, Akademikern, Theoretikern, Wahrheitssuchern und Träumern Stoff zum Nachdenken geben.

Und das Eine, das zuallererst da war, bevor auch nur irgendein Platz geschaffen wurde, wird immer noch *sein*.

Über Pepper Lewis

»FÜR MICH IST DAS CHANNELN EINE BEIDE
SEITEN BEREICHERNDE SYNTHESE AUS GEBET
UND MEDITATION. BEIM GEBET BIETET MAN
DANKBARKEIT UND BITTET UM BEISTAND,
UND BEI DER MEDITATION ERHÄLT MAN
ANTWORTEN. BEIM CHANNELN GESCHIEHT
DIES GLEICHZEITIG – ES IST DIE ERFÜLLENDSTE
METHODE, DIE ICH KENNE.«

Als Naturtalent in Sachen Intuition ist Pepper Lewis ein begnadetes Channelmedium sowie eine weltweit bekannte Autorin, Rednerin und spirituelle Lehrerin. Seit mehr als fünfzehn Jahren ist sie die bedeutendste Stimme Gaias, des Spürbewusstseins und Empfindungskörpers von Mutter Erde, und hat Gaias Weisheit und Führung in die entlegendsten Winkel des Planeten getragen. Ihre unverwechselbaren gechannelten Botschaften gehören heute zu den Favoriten von Leserinnen und Lesern auf der ganzen Welt. Sie erscheinen regelmäßig in einer Reihe von Publikationen, darunter dem *Sedona Journal of Emergence*. Auf vielen Websites und Newsgroups gehören sie zu den am häufigsten aufgerufenen Seiten.

Pepper ist auch regelmäßig in Radiosendungen und Webcasts zu hören, so zum Beispiel in *The Great Shift* mit Reverend Fred Sterling. Sie ist Gründerin von *The Peaceful Planet*, einer Organisation, die sich der Aufgabe verschrieben hat, eine von Gleichgewicht, Integrität, Frieden und Harmonie geprägte Beziehung zu unserer Umwelt zu schaffen. Fortwährend gibt sie Seminare, Vorträge und Workshops, so weit es ihre Zeit zulässt. Auch im deutschen Sprachraum finden mehrmals jährlich Veranstaltungen statt.

Das vollständige gechannelte Material von Gaia ist auf Deutsch als mehrbändige Buchreihe bei Amra in Vorbereitung.

Besuchen Sie Pepper auf www.ThePeacefulPlanet.com

Lee Carroll, Pepper Lewis,
Patricia Cori

2012
DAS BEWUSSTSEIN
DER NEUEN ZEIT

Herausgegeben von
Martine Vallée

256 Seiten, gebunden,
mit violettem Leseband
Amra Verlag, € 19,95

ISBN 978-3-939373-44-5

Drei weltweit führende Channel-Medien berichten:
2012 beginnt jetzt!

Die Welt verändert sich rapide. Die alten Regeln gelten nicht mehr.
Kryon, der Empfindungskörper der Erde namens Gaia und die
Sirianer beantworten Fragen über die wahre Natur unserer Körper
und der Realität, geben Aufschluss über Klimawandel, Bankenwesen,
Umwelt, Medizin und vieles mehr.

Aus dem Inhalt: *Es steckt alles in der DNS – Gaia kehrt zurück – Frauen und*
die Veränderungen im Nahen Osten – Der Aufstiegsprozess – Der Übergang vom
dichten Körper zum Lichtkörper – Quantenheilung

Kryon sagt: »Gesegnet ist der Mensch, der dieses Buch ernst nimmt,
statt es nach flüchtiger Lektüre wieder wegzulegen. Geht davon aus,
dass viele Informationen darin eine tiefgreifende Veränderung
der Menschheit einläuten.«

Leseproben auf www.AmraVerlag.de

Lee Carroll, Tom Kenyon,
Judi Sion, Patricia Cori

2012
DIE GROSSE
VERÄNDERUNG

224 Seiten, gebunden,
mit hellblauem Leseband
Amra Verlag, € 19,95

ISBN 978-3-939373-36-0

Weltweit führende Channel-Medien, die sich als authentisch und seriös
erwiesen haben, blicken auf das Jahr 2012. Durch sie sprechen Kryon,
Maria Magdalena, die Hathoren und der Hohe Rat vom Sirius über die
bevorstehenden Veränderungen auf der Welt, in uns selbst und über die
Beschleunigung unseres Bewusstseinsprozesses.

Wir dürfen Veränderungen und einen Frieden erwarten, wie wir ihn zu
unseren Lebzeiten nie für möglich gehalten hätten, selbst im Mittleren Osten.
Wir werden darauf hingewiesen, dass unser neues Denken diese Welt erschafft,
dass die Vergangenheit Illusion und die Zukunft nicht vorherbestimmt ist.
Wir erhalten Informationen über die neue Weltordnung.

Aus dem Inhalt: *Die Transformation unserer Biologie – Religion als Bildung –
Die Rückkehr des Weiblichen – Absichtsvolles Erschaffen – Der Orden der Magdalena –
Die Macht des Klanges – Kristallschädel, Kornkreise und außerirdische Besucher*

Kryon sagt: »Du musst nichts tun. Bring einfach Deine spirituelle Absicht zum
Ausdruck, dann wird das Quantenfeld der DNS in Dir aktiviert.«

Leseproben auf www.AmraVerlag.de

Tom Kenyon

AUFBRUCH INS HÖHERE BEWUSSTSEIN.
DIE HATHOREN-BOTSCHAFTEN

Wie wir die Herausforderungen
unserer Zeit meistern

240 Seiten, gebunden,
mit Musik-CD und Fototeil
Amra Verlag, € 19,95

ISBN 978-3-939373-31-5

Die Hathoren sind eine Gruppe interdimensionaler Wesen, die in Ägypten
durch die Göttin Hathor wirkten. Sie arbeiten in der fünften bis zwölften
Dimension des Bewusstseins und verschaffen ihrer himmlischen Musik und
ihren Botschaften in unserer Zeit durch Tom Kenyon Ausdruck. Das vorlie-
gende Buch versammelt weltweit erstmals ihre von 2003 bis 2009 vorwiegend
im Internet verbreiteten Botschaften.

»Wenn ihr bereit seid, eine neue Welt aufzubauen, laden wir euch ein zu
einer Reise des Verstandes und des Herzens. Wir sind eure älteren Brüder
und Schwestern. Wir sind das, was ihr eine aufgestiegene Zivilisation
nennen würdet. Wir sind gewachsen, so wie ihr gewachsen seid, aufsteigend
zu der Quelle all dessen, was ist.«

Mit Musik-CD zur Aktivierung der Zirbeldrüse!

Tom Kenyon ist Klangheiler, Opernsänger, Psychotherapeut, Gehirnforscher
und Schamane. Seit Jahren bereist er die ganze Welt, um das Wissen der
Hathoren weiterzugeben.

Leseproben auf www.AmraVerlag.de

Karin Tag

2012

DIE PROPHEZEIUNGEN

DES KRISTALLSCHÄDELS

CORAZON DE LUZ

Ein Licht berührt die Erde

224 Seiten, gebunden,
mit hellblauem Leseband
Amra Verlag, € 19,95

ISBN 978-3-939373-32-2

»Menschenkinder und Völker der Erde, dies ist
die Chronik Eurer Geschichte.«

Kristallschädel gelten bei den indigenen Völkern Südamerikas schon
seit 5000 Jahren als heilige Wissensspeicher für die bevorstehende
Zeitenwende. In ihrer Gegenwart haben Menschen immer wieder Bilder,
Visionen und Botschaften empfangen.

Corazon de Luz ist in unserer Zeit der einzige alte Kristallschädel, der zur
schamanischen Arbeit benutzt wird. Er schildert die Geschichte der Menschheit
bis weit über 2012 hinaus und gibt uns Hilfestellung angesichts der vor uns
liegenden Herausforderungen.

Karin Tag ist Leiterin des ISR-Instituts für Photonenfotografie. 2002 wurde
sie bei einem Ritual der Inka als Hüterin von Corazon de Luz erkannt und
erhielt den Kristallschädel aus Peru anvertraut. Auf ihren gemeinsamen Reisen
erforschen sie nun Kraftplätze und grenzwissenschaftliche Phänomene und
leisten weltweit Friedensarbeit.

Leseproben auf www.AmraVerlag.de

Barbara Hand Clow

2012
DER MAYA CODE

Beschleunigte Zeit
und das Erwachen des
globalen Bewusstseins

384 Seiten, gebunden,
illustriert, zwei Lesebänder
Amra Verlag, € 22,95

ISBN 978-3-939373-33-9

Zeit und Bewusstsein beschleunigen sich in diesen Jahren tatsächlich. Wir merken es an den Kriegen, der wirtschaftlichen Not, dem Raubbau an unserer Umwelt, aber auch am eigenen Körper und Geist. Unsere persönliche Heilung ist der wichtigste Faktor bei diesem Sprung in der menschlichen Evolution.

Der Maya Code verleiht uns eine neue Sicht vom Universum. Auf der Grundlage der Arbeit von Carl Johan Calleman und anderen Erforschern des Maya-Kalenders untersucht die Autorin sechzehn Milliarden Jahre der Evolution und entschlüsselt das Schöpfungsmuster der Erde – den Weltgeist.

Barbara Hand Clow ist eine international bekannte spirituelle Lehrerin, Maya-Älteste und Hüterin der Aufzeichnungen der Cherokees. Sie hat zahlreiche Bücher verfasst und unterhält eine astrologische Webseite auf www.handclow2012.com.

»Barbara Hand Clow hat das definitive Buch über 2012 geschrieben!«
    Whitley Strieber, Autor von *Communion* und *The Key*

Leseproben auf www.AmraVerlag.de